U0895497

[企业管理案例与评论]

企业管理的研究与经济学研究的方法不同：
经济学将企业看成是一个“质点”，主要采取演绎的方法进行研究；企业管理研究则
深入到企业内部或者说
对企业实行“解剖”，主要采取归纳的方法进行研究。

案例研究包含两个基本的方面：一个是描述，这要求客观真实，不因人而异；
另一个是评论，这要求深入挖掘，其价值判定将各不相同。

张承耀/编著

企业管理案例与评论

（教学案例-5）

经济管理出版社

图书在版编目（CIP）数据

企业管理案例与评论/张承耀编著. —北京：经济管理出版社，2009.6

ISBN 978-7-5096-0655-1

Ⅰ. 企…　Ⅱ. 张…　Ⅲ. 企业管理—案例—分析
Ⅳ. F270

中国版本图书馆 CIP 数据核字（2009）第 097215 号

出版发行：经济管理出版社
北京市海淀区北蜂窝 8 号中雅大厦 11 层
电话:(010)51915602　　邮编:100038

印刷:北京银祥印刷厂　　经销：新华书店

组稿编辑：勇　生　　责任编辑：勇　生　杨佛尘
技术编辑：杨国强　　责任校对：超　凡

720mm×1000mm/16　　14.25 印张　263 千字
2009 年 8 月第 1 版　　2009 年 8 月第 1 次印刷

定价：28.00 元

书号：ISBN　978-7-5096-0655-1

前 言

企业管理的研究与经济学研究的方法有着重要的不同：经济学将企业看成是一个“质点”，主要采取演绎的方法进行研究；企业管理研究则深入到企业内部或者对企业实行“解剖”，主要采取归纳的方法进行研究。换句话说，案例研究是企业管理研究的重要方法。实际上，许多重要的研究成果都是从一个个具体的案例研究中得出的。

案例研究又包含两方面的基本内容或者说是分成两个基本的层次：一个是描述，要求客观真实，不因人而异；另一个是评论，要求深入挖掘，其价值判定各不相同。当然，在个案描述的基础上也可以有综述性质的研究。

我已经出版过几本企业管理案例的书籍，也曾将若干评论汇集成《企业管理案例与评论》出版过 4 本。摆在您面前的第 5 本主要包括笔者近年来在报纸、杂志上所写的评论文稿，也有参加完成的专题调研报告或讲话，等等。

从结构安排上看，本书主要是从形式上考虑和划分的，分案例、时评与访谈等三大部分。“案例”是针对某一案例所写的，后面附有背景资料；“时评”是独立的评论，比较短小；“访谈”为记者的媒体采访整理。从内容上看，本书有的内容，比如国有企业改革、铁路发展等前后会有重复交叉。

在案例部分，本来按照文字产生的逻辑顺序应是案例在先评论在后，但是，本书则是评论在先了。这是想把评论作为导读，给读者一个大致的介绍；如果读过案例再回过头来看评论也可以有新的认识。

第一部分“案例”包括 13 篇，其中后面两篇没有配发评论；第二部分“时评”包括 8 篇；第三部分“访谈”包括 4 篇，最后一篇是《上海证券报》的经济学人士专栏介绍文章，有中间成果的出处可供参考。

本书的读者主要为企业管理研究人员、企业界人士以及企业管理类的研究生和大学生。

在本书即将出版之际，我想对所有提供帮助的报社、杂志社的记者、案例编写者的朋友们表示衷心的感谢。在这里还特别要感激经济管理出版社的勇生同志，他的真诚和热情打动着我，给了我信心，使得这本书能得以面世。

作 者

2009 年 2 月于北京

目录

第一部分 案 例

第 1 篇 神马之“神”在哪里 …… 3
案例：合肥神马的品牌之道 …… 5
第 2 篇 一位“农民代表”“反弹琵琶”的启示 …… 14
案例：赛飞亚：以鸭富农 …… 17
第 3 篇 还能叫杭钢吗 …… 26
案例：杭钢多元化之道 …… 27
第 4 篇 做哪一档的企业 …… 37
案例：中海基业常青的元素 …… 38
第 5 篇 产权与品牌的对决 …… 46
案例：双星“脱鞋” …… 48
第 6 篇 国投素描 …… 54
案例：国投：一个国企典型的创新活力 …… 56
第 7 篇 对“中国人寿”的 X 光透视 …… 64
案例：中国人寿的新征途 …… 66
第 8 篇 豪华盛宴 后来居上 …… 75
案例：北京奔驰的帝国反击战 …… 76
第 9 篇 中国企业变革的缩影 …… 85
案例：中铝之变 …… 86

第 10 篇　民营企业与党组织的高度融合
——浙江万向集团党组织建设模式案例分析 …… 93
第 11 篇　危中有机
——上海科技“小巨人”企业“入冬如春”案例的启示 …… 103
第 12 篇　冀东水泥组织结构与流程 …… 107
第 13 篇　以价值增值为导向的煤矿精益管理 …… 125

第二部分　时　评

第 14 篇　消费者网络购物的三层次思考
——从世纪电器网刷新一项国内网购纪录所想到的 …… 143
第 15 篇　企业管理创新的一个方向 …… 149
第 16 篇　城市综合改革试点的可喜探索 …… 155
第 17 篇　经济体制改革的方向性问题
——重温蒋一苇先生的“经济民主论” …… 164
第 18 篇　2007 年中国企业改革评估 …… 171
第 19 篇　国有企业改革评论 …… 185
第 20 篇　旅游饭店管理的双重复合特征 …… 188
第 21 篇　组织变革的本质 …… 190

第三部分　访　谈

第 22 篇　铁路运输大发展的时代 …… 195
第 23 篇　中国企业改革 30 年回顾 …… 200
第 24 篇　关于商帮的谈话 …… 212
第 25 篇　用两只眼睛仔细看企业 …… 215

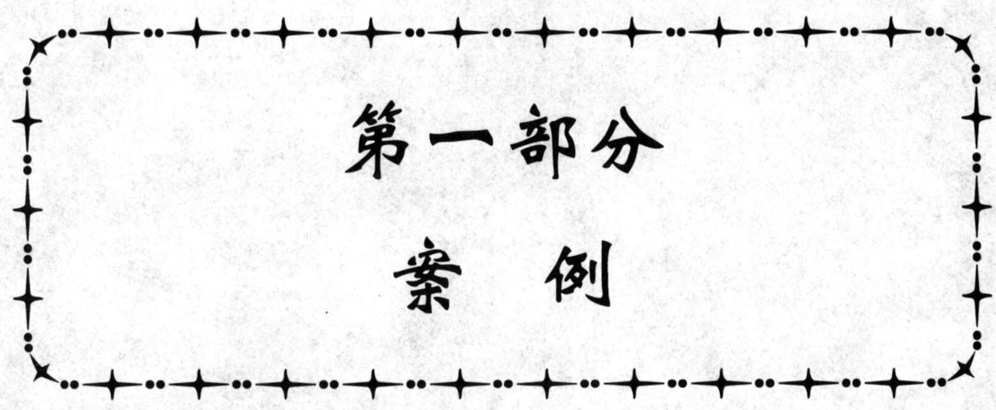

第一部分

案 例

第 1 篇　神马之“神”在哪里[①]

合肥神马科技股份有限公司是我国电线电缆的明星企业。尽管近年来电线电缆行业的市场环境很好，但是，合肥神马的成功还是有着自己的独到之处的，至少有以下几点。

第一，现场主义。合肥神马的岳光明是有着硕士研究生学历的高级工程师，是有名的科技攻关能手。他除了公务接待，只要进公司就是一身蓝色工作服。按照他本人的说法，是因为“一身工作装可以随时上操作台，随时发现问题、解决问题”。在这里，我们看到了一个“现场主义”的老总。如果一个企业的老总主要时间是听汇报，大概就有问题了。因为那样就可能已经染上了类似于某些官员的官僚主义弊病，企业也搞不好。

第二，品牌战略。合肥神马的制胜法宝之一是品牌战略。所谓的品牌效应在生活资料领域效果最明显，因为某些生活消费品功能雷同、价格差异也不大，消费者无法选择。这时，名牌则凝结了产品质量、服务等一系列因素，成为了一种产品与另一种产品区别的最显著的标志。但是，电线电缆除了家庭装修的一小部分外，基本上属于生产资料。按理说，生产资料的品牌效应没有消费品那么明显，因为这时是“专家购买”，而不是普通消费者的“非专家购买”。不过，当线缆产品同质化也很严重的时候，“专家”也变成了“非专家”。合肥神马抓住了品牌的制高点，是非常明智的。

第三，国际竞争。合肥神马的国际化战略也很成功，比如其产品出口到 20 多个国家和地区、2007 年在美国克利夫兰和泰国曼谷举行的国际线缆设备专业展会上大放异彩、2008 年将利用与南中香港公司合资经营的契机继续开拓国际市场等等。合肥神马是在国内激烈竞争中取得优势并乘胜出击国际市场的。这个过程比较

---

① 《经济》杂志 2008 年第 1 期。

自然，也符合规律。在当年日本家电行业企业在国内竞争充分的情况下，一些企业不得不到国外去想办法。但是，中国的一些企业不是这样，比如中国的汽车，“民族品牌”在国内还没站稳脚就走向世界了，这是因为国内环境不好，保护主义严重，消费理念高度扭曲。另外，国内某些能源、基础设施领域的企业在国内称王称霸，也不能算是英雄好汉。

第四，自主创新。合肥神马的竞争优势来自于自主创新。现在，“自主创新”成了一个非常时髦的名词，但是，自主创新不应该仅仅是一句空洞的口号，那样给人的感觉会变了味，成了“为了自主创新而自主创新”。合肥神马自主创新的根源在于竞争领域，在于压力下的生存。因此，自主创新首先应该是企业本身生存的需要，同时也是发展和实现理想的需要。因此，喊了半天口号，不如把企业放到竞争的环境之中。换句话说，自主创新不是乞求来的，而是环境逼出来的。自主创新不是“要我创”而是“我要创”。

第五，成本涨价。作为“料重工轻”的行业，电线电缆产品的成本构成占全部成本的80%以上，原材料价格上涨，合肥神马当然受到一定的影响。由于他们早在一年之前就已经开始关注原材料价格的上涨了，很早就做好了应对准备，因此原材料价格快速上涨并没有对其生产成本造成过大的影响。他们抓住机遇，借此机会扩大市场占有率，提高了品牌影响力。这一点在其他某些行业的情况有所不同。比如有的家电生产已经过剩了，本来应该重新洗牌，但是政府出面帮忙解决问题，这时的企业好比是“永远长不大的婴儿”；还有的能源、基础设施企业，一有价格问题，转嫁给下游以及消费者便完事大吉，这样怎么会提高管理水平？

第六，组织再造。合肥神马本身就是内部整合、重组的产物，其原有的模式是关联台资企业华新电工，从事产品销售和技术开发，合肥神马负责产品制造和售后服务，效果并不好。2007年两个企业进行重组，消除了研发、生产、销售供应链上的障碍，效率大大提高。特别是公司更名为合肥神马科技股份有限公司，弃用“华新”品牌打出“神马”品牌。为了实现资源的合理配置，企业内部、集团内部、策略联盟成员之间实施组织再造都是值得考虑的。

第七，规模经济。实现规模经济、提高行业集中度是许多行业共同面临的问题。电线电缆行业也有这方面问题。发达国家线缆行业集中度前十位企业总销售收入一般占所在国家或地区市场的2/3以上，而我国还很低。现在的问题依然是，通过市场的力量整合，遇到地方保护主义的阻力；通过政府行政力量强行捏合，结果又会“大而不强”。因此，如何科学、合理、巧妙地借助市场与政府的力量，确实是一个难题。

第八，中部崛起。合肥神马在属于中部地区的安徽合肥，假如神马在上海、浙江或广东，也许就不那么“神”了。以前东部沿海特区、西部大开发、振兴东北等，常常是想要特殊政策和资金投入，这形成了“改革惯性”。现在又要搞“中部崛起”，但是已经没有什么特殊政策。合肥神马在国家级合肥经济技术开发区，但是，企业发展归根结底靠自己去占领市场，政府也许会帮助某些供给，但是不可能包办市场，不可能包办需求。合肥神马不仅是中部崛起的典范，也是中国崛起的典范。

第九，国有企业。电线电缆属于竞争性领域，也许应该是民营企业干的活。确实，在许多竞争性领域，国有企业干不过民营企业。但是不应该绝对化，要看实际效果。应该说，国有企业并不是没有人才，有的民营企业就是从国有企业挖人才的。那么，只要改换机制，就完全有可能搞得好。这不是纯粹概念性的问题，而是实践的问题。

第十，公公合资。从隶属关系看，2005 年神马公司 97.25%的股份已转让给中国轻工业机械总公司，因此应该算做央企旗下的子公司。现在看来，这个格局还值得探讨。在计划经济时代，中央企业与地方企业界限分明，靠行政手段划来划去。在市场经济条件下，应该有更科学合理的办法。中央企业可和外商合资，地方国有企业可以和外商合资，为什么中央企业与地方国有企业不可以合资？这个问题陆续已有突破，比如最近的鞍钢与本钢就要以换股的方式实现联合，京沪高速铁路也是中央与地方资本的联合，等等。因此，合肥神马还应该再向前跨一步：改成中央与地方的联合持股，那样效果会更好。

合肥神马的品牌之道

从我国第一根电缆诞生起，生存的“本能”就促使线缆业踏上了自主品牌创新的道路。2007 年，“合肥神马”作为国产线缆的自主品牌出现在美国克利夫兰和泰国曼谷举行的国际线缆设备专业展会上，并名噪一时。

从诸如此类企业的身上，我们可以看出高举自主创新的旗帜并非只是一种姿态，或是“为了自主创新而自主创新”，它首先是生存的需要，也是发展的需要，更是为了实现理想的需要。

从 2007 年看，电线电缆工业发展过程中虽不无波澜，但不论是发展速度还是运行质量的提高，都是前所未有的。业内有关人士认为，“十一五”期间通信升级，铁路电气化建设、城镇化建设进程加快，汽车及船舶行业的快速发展等都将为电线电缆行业带来巨大的发展机遇，预计电线电缆需求将保持稳定的增长。

自主品牌，国内的电线电缆企业正以实际行动有声有色地演绎着。

一、品牌为本

“万米工业厂房的投产使用有效地缓解了公司生产面积严重不足的矛盾。”岳光明说，除此之外，即将调试完成的卧式加工中心、5 米立式车床等加工设备也将显著地扩大公司的生产能力。走在合肥神马科技股份有限公司新建成的工业厂房中，如果不经介绍我们很难将身边这位谦和的中年男子与央企二级公司的掌门人联系在一起。岳光明多年养成了个习惯，除了公务接待，只要进公司就是一身蓝色工作服。这位有着硕士研究生学历的高级工程师，在合肥神马是出了名的科技攻关能手。“一身工作装可以随时上操作台，随时发现问题、解决问题。”岳光明说。

“不断研发新产品，坚持做自主品牌并及时投放市场是企业巩固和发展市场的重要一环。”岳光明将自主研发和自主品牌当做企业的头等大事来抓。2007 年初，合肥神马电缆机械股份有限公司更名为合肥神马科技股份有限公司，经过市场调研，研发出了异形线生产设备、铜包铝导体生产机组等新产品。

位于国家级合肥经济技术开发区的合肥神马科技股份有限公司，是目前中国产品种类最多、产销量最大的电工专用设备制造企业之一，2007 年完成产值 2.5 亿元，销售收入 2.4 亿元，同比 2006 年增加了 1 倍。

“时至今日，同质化竞争已让身处在线缆行业中的许多企业举步维艰。”岳光明说。很明显，众人都去争夺一碗水，即使你的力气再大，争夺的花样再“超凡脱俗”，你得到的也仅仅是一碗水，甚至有的时候你会得不偿失。如果各个竞争者深陷于此而无法自拔，那应该是整个线缆行业的悲哀。

面对着只增不减的线缆市场竞争程度，以岳光明为代表的合肥神马人清醒地认识到，从价格优势走向技术优势、从线缆产品优势走向品牌优势，是整个线缆行业未来的一个必然走向。2007 年神马产品的品牌优势逐渐显现，9000 万元的出口订单使神马的外销始终保持良好势头。产品出口国别已扩展到伊朗、越南、印度、俄罗斯、泰国、韩国、叙利亚等 20 多个国家和地区。

如何能够在整体上把握市场的竞争结构，真正高明的竞争策略不是与人“拼”，而是从品牌上来持续拓展企业的竞争平台和竞争优势。

“当前电线电缆行业产品的同质化程度较高，这就使得‘价格与价值相等’的传统消费观念受到现实的挑战。”岳光明说。线缆客户在购买力相同的情况下，市场上符合他们要求的线缆产品往往不止是一种，传统的消费观念使他们陷入了一种取舍两难的境地。

“我们的客户怎样做出他们的选择呢？”岳光明自问。有人认为客户除了对线缆产品品质和价值上的认同外，还有一种力量正在影响着他们的选择，那就是品牌文化力。品牌文化与客户内心认同的文化和价值观一旦产生共鸣，这种力量就显得非常强大。因为它是除了服务以外，品牌所赋予产品的又一附加值。正是这种无形的附加值影响了客户对同质化线缆产品的选择。

线缆行业是我国经济建设重要的配套产业，占我国电工行业1/4的产值。自20世纪90年代以来，我国的电线电缆制造业飞速发展，目前规模已居世界第一位。电线电缆行业产品品种满足率已高达95%以上，国内市场满足率已高达90%以上，产品生产能力已大大超过了市场需求。

其实，中国电线电缆工业在经历了“十五”期间的结构调整和能量积蓄之后，已经到了全面释放的时候。这既是由产业发展规律所决定的，也是由宏观经济环境所决定的。随着势力的再组合、市场的再划分、利益的再分配，电缆企业的竞争面临着空前复杂的局面，充满了风险，也充满了机会。我们欣喜地看到，越来越多的企业认识到了技术的重要和品牌的力量。

二、重组之年

电线电缆行业是一个为国民经济各部门提供配套产品的行业，必然会随着国民经济的发展而保持一定的增长速度。问题在于，电线电缆行业产品结构趋同化和生产能力明显过剩，市场需求的限制已成为电线电缆行业经济增长的核心问题，它导致行业内低水平过度竞争和经济效益低下。

过去的2007年对于合肥神马来说是改制重组的关键性一年。合肥神马原有一个关联企业，即台资企业——合肥华新电工有限公司。按照原有的模式，合肥华新从事产品销售和技术开发，合肥神马则负责产品制造和售后服务。这一模式割裂了一个完整的生产经营过程，由于两个企业的股东不同，导致发展目标存在冲突，在具体运作上出现了管理环节繁多、交易费用巨大等诸多弊病，极大地制约了企业的发展。

2007年合肥神马着手同外商进行磋商，收购了台资原持有的合肥华新的全部股权，继而将两个企业进行重组，合肥神马科技股份有限公司全盘吸收合肥华新电工有限公司股权，合并为同一公司。合肥华新电工有限公司的所有债权债务均由合肥神马科技股份有限公司负责。

目前，电缆行业中像合肥神马等真正能引领行业发展方向、占领市场制高点的行业领跑企业并不多。随着市场机制的日益完善和市场总量的不断增长，现在业内的竞争已摆脱原有无序的发展思路，转向品牌、科技和人才、文化实力的较量，中国电线电缆工业的发展水平正在提升，这令人欣慰。

据了解，为妥善处理由于改制重组给企业带来的负面影响，早在一年前，合肥神马就逐步放弃使用“华新”品牌，果断地在市场上重新打出“神马”品牌。经过一年多的努力，“神马”品牌已为市场接受和认可。这次重组，神马对内理顺了管理关系、整合了资源、提高了企业的运行效率，对外则集中塑造了合肥神马在国内外市场的新形象。

我国是个线缆大国，却不是强国。目前，电线电缆行业数量多、规模小。据统计，我国线缆生产企业已达5000家，规模型线缆企业不多，最大的线缆生产企业寥寥无几，更多的是小企业。从整个行业的发展水平来看，线缆行业集中度低、技术力量分散，科技含量低，另外，一些特种电缆的原材料还需要国外进口，这些都严重制约了我国线缆业的发展。相反，西方发达国家的线缆行业经过了上百年的发展，两极分化明显，市场集中度比较高。美国前十名占有市场份额为67%，日本前六名占有市场份额为65%，法国前五名占有市场份额达到90%。

从其他产业发展的经验来看，要进行产业整合，就要积极把部分企业做大做强。不难看出，规模化经营是线缆业实现产业整合、优化结构的根本途径，也是提高国际竞争力的根本途径，但在实现规模化的过程中，还需要社会各界的广泛支持。在线缆市场需求旺盛的高速增长时期，产业结构的优化整合、企业的优胜劣汰是很难依靠市场机制来完成的，尽管市场竞争十分激烈，但市场的容量和选择的多样性为各类企业提供了生存的条件。要逐步实现产业的整合与优化，必须从多角度、多层次出发，必须依靠政府、企业、协会以及社会多方努力，依靠市场机制的成熟和完善。

三、为铜所困

被誉为国民经济的“血管”和“神经”的电线电缆行业，肩负着为电力和通信两大国民经济支柱行业配套的职能，在国民经济中占有极其重要的地位。作为主要原材料，铜的价格及供求变化对整个电线电缆行业都具有举足轻重的作用。

作为“料重工轻”的行业，铜、铝、塑料等原材料在电线电缆产品的成本构成中占全部成本的 80%以上。2007 年以来，能源价格、运输费用以及人力资源成本的上升，尤其铜价的高位运行，使生产成本大大增加，受影响最大的就是中小型企业，这些企业普遍存在流动资金短缺、市场竞争力不强等劣势，生产经营更是举步维艰。一些规模更小的企业难以承受铜价飙升的压力，纷纷停产倒闭，寻找新的商机，而仅存活下来的几家也处于无获利状态。

线缆企业该如何应对铜价强势提升，这个萦绕在所有线缆企业头上的问题摆在了岳光明的面前。在他看来，铜价上涨带来的不只是压力。岳光明每天上班的第一件工作就是登录上海期货交易所查询当日铜价，给分销商发期铜市场最新行情以及相应的网线调价信息。然后，他还要花费大量的时间和分销商、集成商以及用户进行沟通。

“一方面，我们在资金周转上的问题相对较小，因此不会出现无法及时供货或者需要‘按单生产’的问题。我们不会盲目地降低生产量，而是采用控制成本、平衡销售价格、控制库存等方法来降低原材料价格浮动对我们的影响。另一方面，早在一年之前我们就已经开始关注原材料价格的上涨了，很早就做好了应对策略，因此原材料快速的涨幅对我们生产成本的影响并没有其他公司那么严重。”岳光明说。

在岳光明看来，铜价上涨并不可怕，关键是看如何应对？抓住机遇者借此机会扩大市场占有率，提高品牌影响力。反者将如履薄冰，经营会越发窘迫。

当然，所有的这些变化，只不过才刚刚开始。客观地说，“大而不强”仍是电线电缆工业产业结构的主要矛盾，“高端产品供不应求，低端产品供过于求”的局面还没有得到根本的改变。我国仅有 30%的线缆品种达到国际市场能接受和可参与竞争的水平，还有 70%的线缆品种急需提高产品水平和档次。特别是，作为竞争主体的企业还没有能够与电缆跨国公司相抗衡的，因此，必须坚定不移地走创新之路，维护这种良好的发展趋势。

[访谈]

“做”线缆的品牌艺术

——专访合肥神马科技股份有限公司总经理　岳光明

中国电线电缆工业尽管前路依然不平坦，面临重重困难，但是，目前电缆企业内可以说万象更新、生机勃勃，特别是优势企业发展不断提速，业内显示出了快速整合迹象，产业集中度将逐步提高。

百舸争流

《经济》：2007年初，公司更名为合肥神马科技股份有限公司（原合肥神马电缆机械股份有限公司），在刚刚过去的这一年里，神马在提高国内外电线电缆专用设备市场占有率以及规模经营生产上有何成效？

岳光明：2007年，合肥神马新订合同额已达到31272万元人民币，比上一年增长了67%，加上2006年结转的合同额，累计超过4亿元，比上一年翻了一番，创下历史新高。其中，2007年新订出口合同额8965万元人民币，加上2006年结转合同额，累计达12268万元人民币。

《经济》：您认为在今后一个时期内，线缆产品的需求会呈现怎样的态势？业内认为，今后一段时期对线缆品种和水平的需求将是一个发展的旺盛期，您如何评价？

岳光明：我们预测，由于国家重视基础设施建设，如城乡电网的改造、信息高速公路的发展、通信事业的腾飞、用电设备的更新换代和节能化的要求等，这必将对电线电缆的品种和水平不断提出新的要求。

近年来，电线电缆在我国工业生产总值中占有较大比例，电网建设加快、特高压工程相继投入建设给电线电缆行业创造了巨大市场。据统计，近15年来，行业年均增长达15%以上。目前，行业总产值已超过4000亿元，成为我国仅次于汽车行业的第二大产业。

中国在全球同行的地位举足轻重，电线电缆总产值已超过美国，成为世界上最大的电线电缆生产国。从世界格局看，欧洲、日本和美国早已进行了战略性并购和重组，产品系列分工重组、目标市场重新定位、形成规模化或专业化生产。其特点是产业集中度较高，前十位企业总销售收入分别占所在国家或地区市场的2/3以上。一个明显的趋势是，世界电线电缆生产重心继续向亚洲转移，带动了中国、越南、菲律宾和中东地区产业的快速发展。

从整体看，行业通过大量的技术引进、消化吸收以及自主研发，已经形成巨大的生产能力。与之配套的电缆材料、电缆设备制造业也初步形成了较完整的配套体系。大型企业在市场竞争力方面具有明显的优势，赢利能力较强；中小型企业资产营运能力较好。

《经济》：目前，电线电缆行业产品结构正在调整，可以说“上新品种、上高水平”的兴旺期已到，竞争更为激烈。神马如何在“新”上做文章？

岳光明：现在国家在大力倡导自主创新，但是很多线缆企业对此的理解还较片面、初级，以为自主创新首先就是高难度的高、精、尖技术创新。其实，综合就是创新，自主创新的目的是为了增强企业的核心竞争优势，技术创新固然很关键，但未必最重要，条条大路通罗马，在技术更迭不断加速的今天，技术优势未必是胜出的核心优势。

无可否认，国内线缆企业的实力还很弱，缺资金、缺人才、缺渠道，为此我们必须面对本土线缆企业的现实境况。其实，比技术创新成本更低、更切合本土线缆企业需要的是做强品牌。比技术自主创新投入的费用更低，更能创造出可持续稳健发展的核心竞争力来，也是现有企业都能够身体力行的事情。所以，最佳发展之路是谋势、造势、乘势而起，通过低成本的传播方法和策略将自己的品牌打响，通过借用人才、渠道，没有必要一定要投入大量的资金才能打响品牌，注重品牌等轻资产运营是快速崛起的关键；未必需要投入辛苦赚来的血汗钱才能货畅其流的。

品牌之帆

《经济》：目前，国产电线电缆专用设备的整体价格如何？这种整体价格能否合理地反映出整个国产电线电缆专用设备行业的状况和水平？是否影响到了企业的经济效益？

岳光明：目前，原材料价格居高，产品质量差别较大。线缆是“料重工轻”的行业，主要原材料是铜和铝。随着铜、铝材料价格的不断上升，加上能源和运输成本上升，促使企业成本进一步加大，行业毛利率下滑，影响了企业的经济效益，这也是业内的共识。通过“十一五”期间技术水平和质量水平的提高，预计今后一段时期，国产电线电缆专用设备的价格会逐步走向合理。

《经济》：然而，市场在变化、消费在升级，由不得你不做品牌。从长远发展来看，应该说中小型线缆企业创建品牌后的前景是诱人的，但也要承认在其发展初期，由于自身抗风险能力很弱，每走错一步都有可能坠入“死亡之谷”。那么，像合肥神马这种线缆企业如何走品牌之路呢？

岳光明：20 年来的实践证明，“小而专”、“小而精”、“创名牌”、“加强专业化协作”和“建立主机厂与专业部件厂战略同盟军”等的产业组织形式已被行业确认。

第一，创建品牌首先做产品。好的产品是品牌的生存之本。对于像神马这样中小型线缆企业而言，品牌建设的落脚点首先是产品。用户使用的是产品而非企业的名字，即便是全球 500 强企业，同样也是靠优秀的产品和服务名扬天下的。

第二，制定适合自己的品牌战略。必须认清自己的综合实力和所处的市场环境，1亿元的企业有1亿元的做法，1000元的企业有1000元的做法，故步自封、拔苗助长都不可取。

第三，塑造品牌形象。当中小型线缆企业有了比较突出的品牌形象后，企业的产品会越来越畅销，但随之而来的就是同类产品同质化竞争。线缆企业必须制定长远的品牌战略，塑造企业强有力的品牌形象，突破思维定式，从新的特定角度、特定情境中发掘产品的新价值，以良好的产品品质形象打动用户。

第四，品牌打造要持之以恒。一个强势品牌不是由创意打造的，中小型线缆企业在品牌建设之初就应该有百年大计的战略眼光，企业在变，但品牌形象定位不能变。

《经济》：线缆行业的专家们预测，“十一五”期间，由于国家重视基础设施建设，如城乡电网的改造、信息高速公路的发展、通信事业的腾飞、用电设备的更新换代和节能化的要求等，必将对电线电缆的品种和水平不断提出新的要求。2008年神马将如何应对新形势下的新需求?

岳光明：我们2008年的目标定在销售收入25000万元，实现利润1500万元。合肥神马在2008年适时地调整产品结构，扩大市场占有率；利用与南中香港公司合资经营的契机，继续开拓国际市场。

《经济》：截至2005年9月，神马公司累计97.25%的股份已转让给中国轻工业机械总公司。作为央企旗下的子公司，神马将如何利用现有资源、整合优势逐步发展成具有中国电线电缆专用设备特色的世界名牌企业?

岳光明：线缆市场竞争愈加激烈，像合肥神马这样的中国线缆企业更要从损害多方利益的“价格战”慢慢转向成熟的“品牌战”。但是在品牌影响力上还远远不及国外品牌，因为当前在线缆行业中有国际竞争力的品牌往往经过了较长时间的市场竞争考验，有自己的核心优势。这种优势既包括丰富的商业文化内涵，更依托自主创新的核心技术，并有完善的知识产权保护。

对此，神马要正视这个问题，企业开发产品的目的是提供价值，用户最终购买的还是品牌，只有品牌才是企业参与市场最基本的单元，未来的竞争将是品牌与品牌之间的竞争，而不是企业与企业之间、产品与产品之间的竞争。在今后一段时期，神马要做出合理的品牌定位，加强品牌管理，倡导品牌创新。

目前，随着市场份额的不断上升，国内线缆企业通过自主技术研发、加强同国际品牌合作等形式，让技术竞争力得到了全面的提高，我们正在一步步靠近和攻克高端线缆技术。

尽管中国线缆业的品牌建设仍有一段艰难的路要走，但从一些线缆企业的崛起我们可以看到，中国线缆企业要想打造出强势品牌，真正与进口品牌相抗衡，应该侧重于某一个产品领域，加大研发投入、增强自主创新能力、不断开发出产品的核心技术，从而取得在这一领域的领导地位，成为这类产品的代名词。

自主创新百年大计，品牌建设任重道远。唯有花更大力气于自主创新，努力发展线缆核心技术，品牌建设才能获得发展的底气和壮大的实力。

第2篇 一位“农民代表”“反弹琵琶”的启示[①]

赛飞亚集团坐落在一个不太出名的、非常普通的北方农村——内蒙古自治区赤峰市宁城县汐子镇，其核心产品“鸭子”也与普通消费者所熟悉的“烤鸭”相差甚远。我们的启示主要集中在四个微观问题和四个宏观问题上：四个微观问题主要是企业经营管理的问题；四个宏观问题则是更大范围的思考。

首先来谈四个微观问题。赛飞亚集团以及企业家李秉和将自己20年成功经验和经营管理特色概括为“四化”。四个微观问题就是对这“四化”的评价。

第一，产业体系化。赛飞亚是“养鸭子”的。但是，它的产业链在延伸，一条是主链，一条是辅链。所谓主链是指向上游的鸭雏农户饲养和向下游的肉鸭加工；所谓的辅链是指饲料生产和饮食服务等。当然，也可以把饲料生产当成向更上游的延伸，把饮食服务当成向更下游的延伸。这样，赛飞亚就建立了从田间地头到养殖户到加工厂再到连锁餐饮的一整套产业链条。

可以看出，集团在不断地调整产品结构与产业结构，总的趋势是向“多元化”方向发展。一直以来，学界就有“归核化”与“多元化”之争。那么，赛飞亚的“核心能力”或者说“核心竞争力”到底是什么？我们可以认为是适应市场的能力和整合供应链的能力。

第二，利益联结紧密化。赛飞亚整合供应链的能力表现在合理调整相关经济主体的利益。比如，集团以“公司—农场—农户”的方式在企业和农户之间建立起100%合同计划管理机制；按照企业行为、政府行为、科技行为、金融行为、农户行为、协会行为、客户行为“七位一体”的格局，与农户、科研单位、社区行政组织、专业协会分别在产业链条的各个环节投入资金和要素，从而形成资金链；为养殖户提供鸭雏发放、毛鸭回收的全程跟踪服务，并率先在全国为农户提供担保，为

① 本文是为《经济》杂志写的评论。

农户提供低息贷款扶持；同时实行农户之间互保等方式，并对标准化出口农场给予建设补助费；等等。

总之，集团在建设“农业+牧业+工业+服务业”的过程中，已经完全超出单一企业的范围，形成了复杂的主体结构。集团成为调动外部组织资源进行供应链管理的主体，这是传统单一企业管理的飞跃。

第三，全过程科技质量化。科技质量化贯穿在企业生产销售的全过程之中。首先，集团先后投资1000多万元建设了以ERP企业资源计划管理为目标的神经中枢，建成了由质量控制、生产、库存、销售、供应、财务、养殖管理等模块组成的“ERP”企业资源计划管理系统；集团先后通过了绿色食品认证、ISO9001质量管理体系认证、HACCP食品卫生安全体系认证。其次，在最终产品方面，建成了覆盖全国30多个大中城市的市场销售网络，并出口到韩国、日本、菲律宾、俄罗斯等多个国家；集团狠抓品牌建设，其产品品牌被认定为“中国驰名商标”。

在这里，我们可以看到技术与品牌等无形资产的带动作用，正所谓“无形带动有形”。这是对传统观念以及目前还在一些地方相当流行的“争资金、争项目”行为惯性的否定。

第四，产业闭合式循环化。所谓闭合式循环化，就是建设闭合式鸭业产业的循环经济。例如，赛飞亚以保护生态环境、保持地区农业可持续发展为切入点，以鸭肉产业为龙头，以沼气热电联产为纽带，以特色鸭肉制品和有机蔬菜加工销售为驱动，着力构建集“种植业、养殖业、食品深加工、有机肥生产、再生能源利用”为一体的“种、养、加、肥、能”五环产业并举的循环经济模式；集团积极实施农村“三堆变三料”工程，通过连续转化增值将农业初级产品变废为宝，将农产品及其副产品变成工业原料；等等。

可以认为，所谓的“开放式”就是不考虑投入、靠牺牲环境而得到产出；“闭合式”就是变废为宝，废料是放错了地方的资源。赛飞亚的经验说明，企业应该也可以成为循环经济的主体，而不是把“三废”推到社会上去。

总之，集团提出的“四化”就是对传统企业管理的四项突破。下面再来谈四个宏观问题。

第一，新型中国企业。现在，“新型中国企业”已经成为了值得关注的课题。赛飞亚从20年前的小养殖场发展成为一家民营大型企业集团。显然，它并不是传统的国有企业。现在，赛飞亚在国内禽类加工同行中位列第三，其商业模式对投资者具有一定的吸引力。赛飞亚已经在进行上市前的准备工作，计划到美国纳斯达克上市。赛飞亚的目标是建设成为中国著名、区域特色、时代特征、塞外特点、行业领先、世界知名的现代化企业。

现在看来，所谓的“中国新型企业”是一种产权清晰、建立了现代企业制度、管理规范、有一定规模和组织体系、科技领先、具有市场领导力和一定的国际竞争力的企业，在现代企业制度与管理方面实现了与国际的接轨。这是中国的希望。

第二，“企业办社会”。细心的读者可以发现，集团帮了政府的忙甚至干了许多似乎政府应该干的事。例如，企业每年上缴税金近千万元，带动第三产业等其他税收也大幅增加，有效缓解了国家贫困县地方财政困难的状况；企业养殖基地和饲料用玉米辐射两省区28个乡镇，涉及总人口20万人，带动了当地建筑、运输、加工、商贸、餐饮服务等各个产业的快速发展；集团正在启动食品工业园、生态种鸭园、生态移民园三大园区及八个建设项目；赛飞亚每年投向镇村建设和公益事业发展的捐助达几百万元，用于小城镇基础建设和改善教育卫生、体育文化等公益事业，促进镇村基础建设、房地产开发、小城镇人口增容；等等。

在传统国有企业“主辅分离”、剥离“企业办社会”的时候，赛飞亚却在努力实现自己的“社会责任”，其本质就是帮政府解难。这似乎是完成了又一个“企业办社会”的轮回。显然，这与传统国有企业的“企业办社会”有着本质的不同。

第三，“东西南北中”究竟缺什么？20年前，赛飞亚从内蒙古自治区赤峰市宁城县汐子镇的一家仅有18名员工的养殖场起步，如今已经发展成为一家民营大型企业集团，赛飞亚牌“草原鸭”获“中国名牌农产品”称号，集团连续七年被中国农行内蒙古分行评为AAA级资信企业。按条件，北部不如东部、农村不如城市。那么，集团究竟得到了多少政策优惠？肯定有政府的支持，但企业发展并不主要靠外部资金的投入，而是扎扎实实地靠市场、技术和科学管理。

这使我们想到，确实地区之间存在着条件上的差异，但是，我们搞“振兴××”或“×部大开发”，绝不应该是争资金和争项目。外因通过内因起作用，练不好内功，外部再多的投入也是白搭，不过是在培养“败家子”。

第四，为什么是“农民代表”？在这次全国人民代表大会上，赛飞亚的企业家仍然属于“农民代表”。赛飞亚是一个一头联农民、一头联市民，一头联产地、一头联销地，一头联农村、一头联城市，一头联富人、一头联穷人的龙头企业。企业的使命是消弭城乡差距，拉近工农距离。

现在看来，传统城乡划分的二元格局已经不适合中国的发展了。比如在深圳已经没有农村，那是否就没有“农民代表”了。一个管理着众多企业的企业家只是被认定为农民，实在有些已经过时了的感觉。

总之，李秉和提出的“反弹琵琶”很有趣味。本来，“反弹琵琶”是敦煌飞天的造型，具有生动的形象感。显然，在这里的“反弹琵琶”是反传统、反潮流的意思。如果说四个微观问题是四个“小反弹琵琶”的话，那么，四个宏观问题就是四个“大反弹琵琶”了。

可以认为，“反弹琵琶”的本质是“正弹”，“反弹琵琶”才是正道。

赛飞亚：以鸭富农

1988年，在内蒙古自治区赤峰市宁城县汐子镇的一家养殖场里，18名员工正为他们所效力的养鸭场的前景感到担忧。此时，这家养殖场的老板李秉和刚刚得到了银行贷款5万元，他打算背水一战。

20年后，李秉和回忆起当年的创业场景，至今历历在目。他赌赢了，当年的小养殖场，如今已经发展成为一家大型民营企业集团。现在，赛飞亚集团头顶多项荣誉：“赛飞亚集团”荣获了中国驰名商标，赛飞亚牌“草原鸭”获“中国名牌农产品”称号。集团连续七年被中国农行内蒙古分行评为AAA级资信企业。

2007年，赛飞亚实现产值12.56亿元，其产值和利税分别比2000年增长10倍和8倍。该集团的肉鸭养殖带动养殖户3400多户，创社会综合效益4亿元。

一、新农业时代

李秉和把赛飞亚20年成功经验概括为产业体系化、利益联结紧密化、全过程科技质量化、产业闭合式循环化。

赛飞亚建立了一套完整的产业链条。

2002年，赛飞亚肉鸭产业被列入国家肉类食品深加工示范项目。集团紧紧抓住项目建设的发展机遇，启动食品工业园、生态种鸭园、生态移民园三大园区及八个建设项目，促进赛飞亚全面发展。

自1997年国家计委批准立项建设肉鸭产业以来，赛飞亚集团10年累计投资5亿元，经过一、二、三期过程扩建，集团的肉鸭产业达到了年出鸭雏3300万只、加工肉鸭3000万只、生产饲料30万吨的生产能力。

通过股份（合作）制等模式与农户结成利益共同体，赛飞亚集团把生产、加工、储藏、运销、保鲜、包装等联成一体，把鸭产业建设成一体化经营的综合性产业，形成了特色鲜明的加工产业带和产业集群。

业内专家表示，目前我国农产品加工业已经从被动发展的“工业依附型”，即只考虑对剩余农产品进行加工，开始向主动发展的“市场主导型”现代农产品加工业转变，即以销定加、以加定产，发展市场农业、加工农业和效益农业，引导农民为加工而种、为加工而养，形成市场需求什么企业加工什么、农民种养什么的“反弹琵琶”的新格局。

赛飞亚把握住了农业变革的拍子。李秉和认为，赛飞亚集团是农业结构调整的“转化器”、农业大户的“孵化器”、农业产业化的“推进器”、农业功能的“拓展器”和农业产业层次的“提升器”。

据悉，该集团以肉鸭养殖加工为主导的价值链，按照企业行为、政府行为、科技行为、金融行为、农户行为、协会行为、客户行为“七位一体”的格局，与农户、科研单位、社区行政组织、专业协会分别在产业链条的各个环节投入资金和要素，从而形成了资金链，通过把每一个构成产业的各个环节和要素进行对接，进而形成了产业链。

赛飞亚集团通过加工业的带动，向前延伸把龙头触到田间地头，向后把龙尾甩到餐桌超市，自身成为产业体系的中流砥柱，前后呼应，相得益彰，不断把终端市场信号传导给农业母体，为其注入前所未有的生机和活力。

李秉和介绍说，集团把优良鸭雏发放到农户的养殖场进行饲养，共建养殖场176座，同时年加工转化玉米12万吨，带动玉米种植户60000多户；为延长肉鸭产业链条，从农户中收购成鸭后进行精深加工，并在北京、呼和浩特建立了连锁餐饮业，形成了餐饮业加盟连锁体系。鸭熟食产品的开发，实现了肉鸭产品的深加工、精加工和多重转化、多重增值、多层次开发，最终形成了利益链和就业链，把小生产连接成为大产业，把小农户带到大市场，更多地反哺农民和养殖农户，在更大范围和更高层次上实现区域资源的优化配置。

尽管李秉和是在农村从事传统产业，但是，多年来，为搞好项目配套建设，赛飞亚集团先后投资1000多万元建设了以ERP企业资源计划管理为目标，以财务管理体系、企业核算体系和经营管理控制体系为核心的“龙形经济”神经中枢，建成了由质量控制、生产、库存、销售、供应、财务、养殖管理等模块组成的“ERP”企业资源计划管理系统，在现代管理上实现了与国际接轨。

二、循环经济样板

闭合式鸭业产业循环经济，也是李秉和常常挂在嘴边的一个概念，读起来或许有点拗口，但正是通过建立闭合式鸭业产业，赛飞亚得到了实惠，也成为当地循环经济的样板。

多年来，赛飞亚集团根据国家的可持续发展要求，借助项目建设机遇，发展循环经济的思路，在肉鸭产业规模不断扩大的同时，积极寻找肉鸭产业、发展生态农业，以保护生态环境、保持地区农业可持续发展为切入点；自2004年开始，不断延伸产业链条，以鸭肉产业为龙头，以沼气热电联产为纽带，以特色鸭肉制品和有机蔬菜加工销售为驱动，着力构建集“种植业、养殖业、食品深加工、有机肥生产、再生能源利用”为一体的“种、养、加、肥、能”五环产业并举的循环经济模式。

李秉和介绍说，该模式主要是绿色基地种植玉米、大豆等原料，加工做饲料养鸭和加工废弃物发酵，产生沼气发电，再造能源供给企业，沼气残渣残液生产有机肥料，供给基地种植，实现了“植物生长——动物转化——微生物发酵还原”的循环往复，达到了变废为宝、能源再利用，做到了肉鸭产业生态链条封闭式大循环。

目前，该集团引导农民为加工而种养，这样就会出现大量的专用加工品种，玉米专门为鸭饲料生产，鸭专门为加工专用、餐饮专用。鸭产品生产加工将从单纯食用向工业用、能源用、生态用的“多元”方向发展。

建立闭合式鸭业产业也极大提升了集团的科研实力。李秉和介绍，一批成熟的高新科技成果，如生物工程技术、超高温灭菌、冷冻保鲜、分子蒸馏和从鸭产品中提出各种蛋白、脂肪、纤维和各种新营养素等技术，将在该集团得到推广应用，使加工精深程度大大提高。

将肉鸭养殖业与发展生态农业、保护生态环境、保持地区农业的可持续发展紧密地结合起来，使龙头企业的辐射带动和科技示范带动作用得到了更有效的发挥。

据悉，在肉鸭系列产品加工销售上，赛飞亚集团本着“绿色、安全、健康”的理念，内抓质量管理，外抓品牌建设，先后通过了绿色食品认证、ISO9001质量管理体系认证、HACCP食品卫生安全体系认证，并被认定为“中国驰名商标”，建成了覆盖全国30多个大中城市的市场销售网络，并出口到韩国、日本、菲律宾、俄罗斯等多个国家。

专家表示，建立闭合式鸭业产业加快了地区生态农业、环保农业发展，进而为实现更大地域和更多产业间的循环经济发展创造条件，不仅为增加农民收入开辟了新的发展领域，而且有效避免了环境污染和生态破坏，促进了镇容村貌的改观。

李秉和表示，集团将积极实施农村“三堆变三料”（粪堆、垃圾堆、秸秆堆变燃料、饲料、肥料）工程，重点加大秸秆气化工程实施力度，进一步实现秸秆多层次开发与利用，带动秸秆固化、气化发电、制造有机复合肥料等相关产业，延长产业链条，将农业初级产品通过连续转化增值变废为宝，将农产品及其副产品变成工业原料。

目前，赛飞亚正在进行整体规划，加快自主创新步伐，在全力抓好肉鸭养殖加工主导产业的基础上，建设生物有机肥料、蔬菜繁育及深加工等项目，使赛飞亚成为发展循环经济的现代化企业，进入国家循环经济工业园行列。

三、建设新农村

今天的汐子镇处处呈现生机勃勃的农村工业化的繁荣景象。

在赛飞亚的带动下，当地传统养殖业的养殖方式向规模化、科学化养殖转变，2007 年赛飞亚鸭产业占全县农业总产值的 40%以上。此外，赛飞亚还促进了当地粮食就地转化增值。因肉鸭产业规模发展提速加量，2007 年加工饲料 22 万吨，转化玉米 20 万吨，带动玉米种植户 50000 户。

李秉和表示，赛飞亚各个产业的快速发展带动和促进了地区新农村建设。赛飞亚每年投向镇村建设和公益事业发展的捐助达几百万元，用于小城镇基础建设和改善教育卫生、体育文化等公益事业，使镇村基础建设、房地产开发、小城镇人口增容、财政收入增长以及三产业变化都十分显著，并强有力地带动了当地建筑业、商贸运输、饮食服务、有机肥生产等相关产业的发展，加快了地区新农村建设步伐。

据悉，赛飞亚通过加快肉鸭产业发展，不断增加辐射带动作用，推动了农牧业结构的调整，带动当地建筑、运输、加工、商贸、餐饮服务等各个产业的快速发展和社会公益事业的不断进步，每年创造社会综合效益达 4 亿元以上，全县 60 万人口人均增收 680 多元。

赛飞亚的发展也加速了当地的建筑、运输、加工、商贸、餐饮、服务等第三产业和社会公益事业的快速发展。汐子镇主要公路全部铺上了柏油路，该镇开发了商业街，建起了商业楼。企业为小城镇安装了路灯，提高了城镇居民生活质量。随着沼气发电项目投产，镇区和企业将实现集中供暖、供沼气计划。公司围绕肉鸭食品示范过程项目建设的 18 个生态、绿色、花园式工厂全部都在农村，由企业统一规划、指导建设的 178 个养殖场也分布在农村。

李秉和表示，赛飞亚通过创造现代工业化养殖加工运行模式，不但转变了农民的思想观念，提升了素质和能力，而且培养锻炼了一大批农村乡土人才和致富带头人。

截至目前，赛飞亚对 5000 多农户进行了系统养殖、加工等技能培训，并通过送出去、请进来的方式培训各种技术管理人才，使大批农民成长为懂经营管理的企业管理和技术人才，有的成为地区优秀的企业家，彻底改变了地区农民的思维方式，提高了一方农民的素质。现在，当地有各类乡土人才 1800 多人，学有所长、懂经营、会管理、有技术、有头脑的致富带头人 2400 多人。

赛飞亚集团采取以“公司加农场，农场连农户”的方式，按照双赢共荣的原则，在企业和农户之间建立起 100%合同计划管理机制，农户为企业做基地，企业为农户做市场、搞服务，企业和养殖户形成了稳定的利益联结机制。

在农户建设养殖基地中，赛飞亚集团不断改进和完善服务体系及激励政策，突出“质量、防疫、效益”三个重点，实行了“五到门、四保证、三让利”的支农办法，为养殖户提供鸭雏发放、毛鸭回收的全程跟踪服务，并率先在全国为农户提供担保，为农户提供低息贷款扶持，同时实行农户之间互保等方式，对标准化出口农场给予建设补助费，激发了农民养鸭的积极性，带动了地区种养结构的调整。

李秉和表示，通过肉鸭养殖，每只鸭养殖纯利润在 2 元以上，以每户平均批次养殖 3000 只为例，一年养殖出栏 5~6 批，每户平均收入在 30000 元以上。企业每年上缴税金近千万元，带动第三产业等其他税收也在大幅增加，有效缓解了国家贫困县地方财政困难的状况。

目前，赛飞亚养殖户已辐射两省区（内蒙古、辽宁省），四旗县（宁城县、喀喇沁旗、元宝山区、建平县），28 个乡镇，176 个养殖农场，3420 个养殖户。截至 2006 年末，养殖基地和饲料用玉米辐射两省区（内蒙古、辽宁省），四旗县（宁城县、喀喇沁旗、元宝山区、辽宁省建平县），28 个乡镇，涉及总人口 20 万人。

[专访]

“农民代表”李秉和

赛飞亚集团董事长李秉和 2008 年 3 月再次来到北京参加“两会”，他的另外一个身份是第十、十一届全国人大代表。虽然李秉和的集团年产值已经超过 12 亿元，但他现在仍然是农民代表。

来北京之前，李秉和草拟了好几份提案草稿，内容大都是建议中央加大对畜禽产业基地建设扶持力度。李表示，尽管赛飞亚取得了长足进步，但是现在仍面临着一些困难。为此，记者对李秉和进行了一次专访。

因地制宜

《经济》：您当时是怎样想到把养鸭作为创业起点的？

李秉和：我们宁城县是国家商品粮基地，粮食资源丰富，玉米的产量很大，同时农村富余劳动力也很多。所以，我当初就想到了养殖业，这样既可以充分利用当地的玉米做饲料加工，同时也解决了人口就业问题。我们给农民的收购价格高于国家标准，农民增收，我们获利，这是一举两得的好办法。

《经济》：您提出了"企业—农民利益联结机制"，能否具体介绍一下这究竟是怎样一种机制？

李秉和：我们首先摒弃了传统的"公司+农户"的方式。因为这种模式有个缺陷，农民在与公司进行价格谈判时处于劣势。采取以"公司加农场，农场连农户"的方式，按照双赢共荣的原则，在企业和农户之间建立起100%合同计划管理机制，农户为企业做基地，企业为农户做市场、搞服务，企业和养殖户形成了稳定的利益联结机制。

具体来说，在农户建设养殖基地中，企业不断改进和完善服务体系及激励政策，突出"质量、防疫、效益"三个重点，实行"五到门、四保证、三让利"的支农办法，为养殖户提供鸭雏发放、毛鸭回收全程的跟踪服务，并率先在全国领先为农户提供担保，为农户提供低息贷款扶持，同时实行农户之间互保等方式，并对标准化出口农场给予建设补助费，激发了农民养鸭的积极性，带动了地区种养结构的调整。

《经济》："企业—农民利益联结机制"实施后，取得了哪些成效？

李秉和：将中央的重大战略决策落实到实处，就必须发展农产品加工业，发挥赛飞亚集团等成千上万个龙头企业一头联农民、一头联市民，一头联产地、一头联销地，一头联农村、一头联城市，一头联富人、一头联穷人的经济利益传导效应作用，消弭城乡差距，拉近工农距离，共建共享和谐，这才是长效之策和治本之策。

目前养殖户已辐射两省区（内蒙古、辽宁省），四旗县（宁城县、喀喇沁旗、元宝山区、建平县），28个乡镇，176个养殖农场，3420个养殖户。截至2006年末，养殖基地和饲料用玉米辐射两省区（内蒙古、辽宁省），四旗县（宁城县、喀喇沁旗、元宝山区、建平县），28个乡镇，涉及总人口20万人。养殖户户均增收8000元，运输户年均增收20000多元，种植户每吨玉米多收入60多元。近两年，虽然受禽流感影响严重，但赛飞亚集团农企共赢的宗旨始终如一，得到地区农民的广泛支持和信赖。

《经济》：您是如何贯彻“不求规模最大，但求质量最好”的经营思想的？

李秉和：赛飞亚集团坚持“不求规模最大，但求质量最好”的经营思想，科学发展肉鸭产业，按照“生态、绿色、产业化”的特点，累计投资 5 亿多元建设了赛飞亚肉鸭产业化核心园，园区集肉鸭加工、销售、熟食、羽绒、饲料、沼气发电、生物肥加工为一体，每一个环节、每一个生产要素、每一个员工、每一道工序都渗透着科技的作用。

依托科技的支撑，我们在肉鸭系列产品加工销售方面，本着“绿色、安全、健康”的理念，内抓质量管理，外抓品牌建设，先后通过了绿色食品认证、ISO9001 质量管理体系认证、HACCP 食品卫生安全体系认证，并被认定为“中国驰名商标”。我们建成了覆盖全国 30 多个大中城市的市场销售网络，并出口到韩国、日本、菲律宾、俄罗斯等多个国家。最终将肉鸭养殖业与发展生态农业、保护生态环境、保持地区农业的可持续发展紧密地结合起来，使龙头企业的辐射带动和科技示范带动的作用得到了更有效的发挥。

农业产业化前景

《经济》：赛飞亚近 10 年来飞速发展，未来集团的发展空间在哪里？

李秉和：从目前赛飞亚集团构建现代鸭业产业体系的各种迹象看，根据国内外同类产业发展的规律，未来一个时期，集团将向如下几个方向发展。首先，加工原料向专用化方向发展。目前，集团引导农民为加工而种而养，这样就会出现大量的专用加工品种，玉米专门为鸭饲料生产，鸭专门为加工专用、餐饮专用。鸭产品生产加工将从单纯食用向工业用、能源用、生态用的“多元”方向发展。

其次，加工程度向精深化方向发展。以生物技术、信息技术等高技术应用为主要动力，把鸭产业建设成为技术密集型的现代产业。一批成熟的高新科技成果，如生物工程技术、超高温灭菌、冷冻保鲜、分子蒸馏和从鸭产品中提出各种蛋白、脂肪、纤维和各种新营养素等技术，将在集团得到推广应用，使得加工精深程度大大提高。

再次，加工能力向规模化方向发展，加工产品向方便化和功能化方向发展。集团内部涌现出围绕主业但又不断拓展的一大批规模大、效益好、带动能力强、辐射面广的企业，产业的集中度将达到 80%以上。

最后，产加销向一体化和集群化方向发展，建立多渠道全方位的社会化服务体系，把鸭产业建设成为高度社会化的新型产业。通过股份（合作）制等模式与农户结成利益共同体，把生产、加工、储藏、运销、保鲜、包装等联成一体，把鸭产业建设成为一体化经营的综合性产业，形成特色鲜明的加工产业带和产业集群。

预计到“十一五”期末，我集团年肉鸭养殖加工将达到3000万只以上，加工饲料30万吨以上，熟食加工2.5万吨，年产沼气500万立方米，固液态有机生物肥5万吨，全集团实现产值30亿元，利税1.5亿元，创社会综合效益10亿元，企业资产总量达15亿元；并争取设施养殖加工5000万只肉鸭的扩建项目。

《经济》：您如何看待肉鸭产业未来的发展前景？

李秉和：赛飞亚集团虽然取得了长足发展，但是与发达国家相比还存在较大差距，面临许多严峻的挑战。从外部环境看，跨国企业正伺机进入肉类、饲料加工等行业，对国内企业构成巨大挑战，国内大豆行业实际加工总量的80%以上已由外商独资或参股的企业控制。

另外，人民币升值、能源和劳动用工价格的持续上涨，导致生产成本快速增加；企业融资难，资金供需矛盾比较突出；发达国家在农产品及加工农产品进口方面技术壁垒日趋体系化，我国加工鸭产品出口受到很大制约；肉鸭产业是弱质产业，不仅有日益激烈的市场竞争，而且有更为严重的疫病风险，各种自然灾害对原料来源构成风险，而有关部门并未建立相应减灾防灾机制，无法减轻由此带来的产业威胁。

肉鸭产业化经营产业链条较长、涉及面广、占用资金额大，特别是流动资金占用量大，需要各级政府和有关部门在资金、用地、基地建设、防疫等方面给予支持；管理体制上存在多头管理，行政资源和扶持资金难以整合，这对我国鸭产品加工业的发展形成很大制约。

《经济》：与国外同行相比，赛飞亚哪些领域还存在较大的提升空间？

李秉和：与发达国家和我国发达地区相比，赛飞亚集团与全国同类企业同样还存在一定差距，主要表现在以下方面：

首先，在加工规模和水平上。与国内外一些大型加工企业比较，产业集中度不高，精深加工比例国外占80%，我国只有30%左右，赛飞亚精深加工企业比例还不大，加工产值与原产值的比值仍需进一步加大。

其次，在加工标准和质量控制体系上。鸭类加工标准体系还不健全，部分标准陈旧，有些重要领域仍无标准。而发达国家不仅质量标准体系健全，而且生产企业普遍实行GMP、HACCP和ISO9000族系体系，实现了全程质量控制。

最后，在资源综合利用上。饲料储存损失率我国为9.7%，而日本、美国等发达国家粮食产后损失率不到1%。我国每年有7亿吨左右的秸秆、1000万吨玉米芯、35 万吨畜牧业粪便等基本没有开发利用。

《经济》：集团做大做强之后会考虑上市吗？

李秉和：目前我们已经在进行上市前的准备工作，计划在 2008 年 6 月份到美国纳斯达克上市。现在，赛飞亚在国内禽类加工同行中位列第三，现有的商业模式对投资者具有一定的吸引力。目前，其第一期私募资金已经到位。如果上市成功，预计将筹集到 7 亿到 8 亿元人民币。未来，我们将积极推进多种融资模式，搞好资本运营，努力把赛飞亚建设成为中国著名、区域特色、时代特征、塞外特点、行业领先、世界知名的现代化企业。

第3篇 还能叫杭钢吗①

杭州以西湖旅游景区闻名全国乃至全球。从一般人的思维看，在这样一个城市就不应该发展钢铁业。多元化发展是许多企业发展的必由之路，但也有一些企业掉入了“多元化陷阱”之中。杭钢的奇迹在于，不仅在旅游城市建设了一个出色的钢铁公司，而且成功地实现了多元化发展。

具体来说，杭钢案例的特点有：

第一，体制改革的双重功效。1994年，杭州钢铁集团公司成立；1995年，杭钢与浙江省冶金工业总公司合并，接收了一批非钢产业企业；1998年，钢铁主业成功上市。集团必须解决非钢企业杂、散、差问题，因此，杭钢的体制改革路径从产业结构看是从单体钢铁产业走向多元化，从体制结构看是现代企业制度改造、股份化、资本多元化和集团化。

第二，突破地域限制。在实现产业多元化与资本多元化的同时，杭钢还实现了地域的扩张。杭钢发展钢铁主业的指导思想一直没有改变，但是，杭州本地已经无法扩张。杭钢成功地重组了宁波钢铁有限公司，使杭钢钢铁主业从400万吨跨向1000万吨，实现了“跳出杭州，发展杭钢”的战略。

第三，稳步实现相关多元化。杭钢产业结构调整的主要内容是退出冶金机械等行业，进入与主业关联度较高的贸易产业、具有较好基础的酒店业、具有多方位发展优势的地产业以及高成长性的环保产业。实践证明，选择这四大非钢产业的决策是正确的。

第四，控制投资风险。多元化有风险，克服风险需要制度的保证。杭钢制定了一套严格的财务管理制度，明确规定下属子公司“不准对外担保，不准对外拆借资金，不准擅自对外投资”等，这些硬性规定，从根本上控制了子公司的资金风险的产生。

---

①《经济》杂志2007年第10期，案例部分由蒋燕编写。

第五，相互支持与反哺。发展主业与发展辅业可能会争资源，有矛盾，但是杭钢却找到了很好的解决之路。早先，可能是钢铁主业支持了其他行业。但是，杭钢通过拍卖方式将地产公司股份资本运作获得的收益投资到宁波钢铁，这就实现了其他行业对钢铁主业的反哺。

第六，主业不主，辅业不辅。到了 2006 年，尽管作为单一产业钢铁贡献还是最大，但无论是在销售收入还是在利润方面，非钢产业总和都已超过了钢铁产业，几项非钢铁产业也越来越强。因此，集团再叫“钢铁”集团已名不副实。

第七，杭钢还是国有企业吗？杭钢原来是纯粹的国有企业，现在也把自己放在国有企业行列。实际上，集团内无论是钢铁主业还是其他行业的企业都已经资本多元化了，杭钢已不是原来纯粹的国有企业，而是一个混合性的企业，其机制已完全从传统的国有企业脱胎出来。因此，把杭钢仍然叫国有企业是不确切的。

总之，杭钢成功的结果是钢铁与非钢铁产业的边界模糊了，资本的性质混合了，国有与民有融合了。

杭钢发展自我的本质是消失自我。

杭钢多元化之道

一个地处国家旅游城市杭州的钢铁企业在未来两年时间内将要突破 1000 万吨规模，这听起来似乎不可思议。但杭州钢铁集团有限公司（以下简称杭钢）正在跳出地理位置和环境保护之限，演绎一个钢铁增长的神话。

2006 年，杭钢的非钢产业实现销售收入 198.15 亿元，利润 6.12 亿元，销售收入和利润双双超过钢铁主业，杭钢也因此连续第四年排名全国最大企业百强行列。依托钢铁主业和非钢产业，杭钢未来要实现 1000 亿元的销售规模。

导演这场传奇故事的是杭钢董事长童云芳，其绝招是多元化战略。

一、集团改制推动多元化

1994 年 10 月，杭州钢铁集团公司成立，杭钢由传统的工厂制度向现代公司制度的转型拉开了序幕。

第二年10月，杭钢与浙江省冶金工业总公司合并组建浙江冶金集团，对杭钢集团公司进行了重组。规模的急剧扩张和产业的急剧多元，以及被确定为现代企业制度改革试点，促使杭钢从传统制度惯性中挣脱出来。

杭钢一方面结合主辅分离改制，剥离企业办社会的负担，着手建立适应多元产业、母子属性关系的集团管理制度；另一方面从现代企业制度建设的高度，尝试集团公司治理结构改革。

1998年，杭钢集团将钢铁主业所属的八个生产厂和部分管理部门等经营性资产投入，采用募集方式设立了杭州钢铁股份有限公司，并于当年3月在上交所成功上市，钢铁主业成功地进入资本市场，集团公司治理结构改革启动。

随着股份公司的上市，杭钢集团开始利用当地地理优势和资源试水多元化。长期以来，杭钢集团钢铁主业发展受限于杭州市城市发展规划和环境保护，在征地上受限，产能瓶颈无法突破。为了突破发展瓶颈，1998年，童云芳在做强主业和做大非钢产业两个方面实现突围，率领杭钢突围。

"当时我们意识到，杭钢100万吨钢的产量不算多，土地征地的可能性也没有，规模上的扩大改造不现实，我们只能充分挖掘内部潜力，进行技术改造，在仅有的土地上搞规模的最大化，也就是今天的400万吨。"童云芳向《经济》记者回忆说。

与浙江省冶金总公司的合并重组，使杭钢在一夜之间接收了一批非钢产业企业。如何在非钢企业建立适应市场化需求的企业制度、经营好非钢产业，是一道难题。

童云芳认为，解决非钢企业杂、散、差问题，必须坚持资源整合、规模化发展和专业化发展的核心原则和方向，这不仅是非钢产业做大做强的唯一出路，也是集团管理体制创新和非钢企业体制创新的基本原则。

不过，由于当时杭钢资金和人力受限，杭钢在多元化上异常小心，量力而行，有进有退。

"我们在1998年的时候还不能把大量资源投入到非钢产业。那个时候主业还需要大量的投资，要进行内部改造，我们不可能有大量的资金投资到新的钢铁企业，现实条件不允许。"

二、非钢产业占据半壁江山

1998年，杭钢确定多元化发展方向后，杭钢非钢产业发展进入了风起云涌的时期。

杭钢20世纪90年代中后期形成的战略意识，逐步演变为"跳出杭州、发展杭钢"战略思路和"钢铁主导、适度多元、创新应变、做大做强"企业发展战略。

杭钢首先侧重扶持与主业关联度较高的贸易产业和具有较好基础的酒店业，并大举进入具有多方位发展优势的地产业以及高成长性的环保产业，同时退出冶金机械等行业。

童云芳解释了确定四大非钢产业的原因："我们始终把是否具有发展前景、是否掌握足够的资源、是否具有技术领先性作为重要依据，只要我们经过调研和论证具备介入和发展条件的，我们就会积极介入，重点扶持和培育。"

2004 年，杭钢集团成立了杭钢置业、杭钢商贸和杭钢旅业三大专业集团，初步形成了统一协调的运作架构，提高共同抵御市场风险的能力，为优势产业实现集团化、规模化发展进一步奠定了基础。

2005 年，按照专业集团"分步走"的整合思路，杭钢工贸公司和杭钢国贸公司合而为一，两家公司合并后从市场业务、经营资源、人力资源等方面进行了全方位优化和重组，为产业集团内部资源深度整合，提供了制度保证。

童云芳说，目前非钢产业中的主导产业日趋规模化，并且形成了专业领域内较强的核心竞争力，这几年来，非钢产业相当于再造了一个杭钢。

2004 年，集团公司销售收入 213.72 亿元，钢铁产业占 43.73%，非钢产业占 56.27%；实现利润 14.68 亿元，钢铁产业占 74.18%，非钢产业占 25.82%。

2005 年，集团公司销售收入 251.55 亿元，其中钢铁产业占 37.90%，非钢产业占 62.10%；实现利润 9.59 亿元，钢铁产业占 42.02%，非钢产业占 57.98%。

2006 年，集团公司销售收入 303.98 亿元，其中钢铁产业占 34.81%，非钢产业占 65.19%；实现利润 10.51 亿元，钢铁产业占 41.77%，非钢产业占 58.23%。

从以上数据可以看出，非钢产业无论是在销售收入还是在利润方面，都在逐年大幅提升，且占的比例越来越大，这说明非钢产业在杭钢集团具有举足轻重的作用，已占据集团公司的半壁江山。

在杭钢四大非钢产业中，童云芳评价说，贸易流通业是非钢产业中规模最大、发展最快、最具备做大做强实力的一个产业，目前有 3 个亿的利润；房地产业通过整合后具备强大的发展后劲，杭钢成立了 4 个房地产公司，其中有两个是股份制的公司，杭钢未来将转移到独资公司；酒店旅游产业对于提升杭钢品牌度，有较大的作用；环境保护产业正处在规模扩张期，发展前景十分看好。

三、多元化反哺钢铁主业

尽管非钢产业的规模和效益不断壮大，但童云芳在采访中不断强调，钢铁仍然是杭钢的命根子，适度的多元化最终还是要落到钢铁主业上来。

"多元化是企业发展的一种路径选择，我们实施适度多元化战略的根本目的就是培育新的经济增长点，开辟第二、第三支柱产业，达到主业与非钢产业共生共荣、互相促进，最终实现企业做强、做优、做大的目标。”童云芳说。

2007 年 3 月 21 日，杭钢通过拍卖方式将深圳的一家地产公司股份成功转让给万科企业股份公司。这笔投资当年是 8400 万元，时过几年，成交价高达 10.05 亿元。

“2006 年我重组了宁波钢铁，我就是用这笔房地产的钱来投宁波钢铁。”童云芳说。

宁波钢铁有限公司前身是宁波建龙钢铁有限公司，于 2003 年 1 月注册成立。后来在国家宏观调控政策实施中，该项目被叫停。

2006 年 3 月，经国家发改委核准，由杭钢集团牵头重组宁波钢铁有限公司。2006 年 7 月，杭钢以第一大股东身份，与南钢、唐山建龙等三家著名民营资本共同重组了宁波钢铁有限公司。

2007 年 6 月 8 日，宁波钢铁正式投产。这家新型混合制钢铁企业的主体厂区坐落于宁波市北仑区，占地 2.33 平方公里，地理位置优越，规模为年产 400 万吨。

宁波钢铁项目总投资为 170 亿元（含外汇 1.875 亿美元），首期投资 90 亿元，资本金 36 亿元，杭钢集团共持有宁波钢铁有限公司 43.85%的股份比例，需投入资本金 15.786 亿元。而这笔钱都是来自杭钢非钢产业的盈利。

重组宁波钢铁对于杭钢的意义重大，这意味着杭钢在十多年的钢铁主业扩张之路上，从 400 万吨跨越 1000 万吨，终于迈出一大步，实现了“跳出杭州，发展杭钢”的战略。

[老总发言]

感悟多元化

——杭州钢铁集团公司董事长　童云芳

因为杭钢的主业扩张受限于杭州市的城市规划，不能增加一分土地，所以，我们要发展，只能在做强主业的同时，全力发展非钢产业；而发展非钢产业，必须选择先进的企业制度。

一方面，先进的制度具有充足的活力，可以使产业增长迅速；另一方面，我们也一直把非钢产业的制度创新视为集团公司和钢铁主业体制、机制改革的先期尝试和探索。经过十几年的实践，我们认为，后者的意义并不亚于前者。

前者使我们形成了巨大的非钢产业规模，使其销售额、利润双双超过主业；后者则为集团的观念与文化转型、体制与机制再造、核心能力建设与形成，带来了全面的、系统的、深刻的、富有深远历史意义的影响。这种影响不仅已经使杭钢产生了深刻变化，使主业发展走出了杭州，成功地与优秀的民营资本共同重组了宁波钢铁公司；而且，在未来的改革发展进程中，仍会更加突出地产生作用。

国企改革需要一个渐进的过程。尤其像杭钢这样的传统大型国企，不仅具有计划经济时期形成的国企典型特征，而且，制度的沉重是最为显而易见的弊端。正是因为规模大、历时长、积弊重，改变起来才非一日之功，任何盲目和盲动都会造成巨大的风险。那么，改革的切入点到底在哪里，该如何推动改革的进程？

我们认为，发展是硬道理，发展契机就是改革契机，只有在发展中才能完成改革的命题。如果说，杭钢采取适度多元战略大力发展非钢产业是由于主业扩张受限而带有某种被迫选择的话，那么，创新非钢产业体制为集团和主业改革开启一扇新风之窗、为全面改革先行尝试与探索则是积极的和有意识的。

十几年来，我们一直致力于在主业与非钢产业之间、集团公司与非钢企业之间，形成全方位的无障碍参照，促进观念改变、体制反思、机制借鉴、管理学习、文化碰撞。这个过程极为必要，是杭钢全面改革水到渠成的必然过程。

当然，抓住非钢产业发展契机、推动企业制度创新也是对我们驾驭整体制度改革能力的考量。我们必须做到客观冷静地认识主业与非钢产业的历史、性质、行业与发展方式的不同，从而采取不同的制度安排战略；同时，我们还必须做到主业与非钢产业二者之间制度改革的相互协调，正确掌控二者之间的差异幅度，科学把握两个系统的进程节奏，既差异化推动，又整体化跟进，形成统一的整体的改革发展态势；更为重要的是，必须处理好两个系统的文化相容关系，制度改革必须在和谐文化中进行，并且促进文化的更大的和谐。

[专访童云芳]

多元化战略要有“度”

——被迫走向多元化

《经济》：2006年杭钢的非钢产业实现销售收入198.15亿元，利润6.12亿元，销售收入和利润均超过钢铁主业，杭钢为什么要搞非钢产业和多元化战略？

童云芳：杭钢搞非钢产业、走多元化发展道路，最初也是形势所迫，是杭钢所处的特殊环境决定的。从宏观背景来说，国家的宏观调控政策直指钢铁、水泥、电解铝等高耗能企业，钢铁产业政策也在限制钢铁企业的产能扩充。因此，必须加快企业合并重组，尽快淘汰落后产能。

从微观机制来说，作为一家国有老企业，体制机制上没有优势，肩上的包袱太重，需要承担的社会责任也多，但企业不可能不发展，必须及时转变发展思路，谋求新的发展空间。

从地理位置来看，杭钢环境保护面临的压力比任何钢铁企业都要突出，再加上我们自己没有矿山，原材料都必须从外地采购，在杭州这块土地上做大钢铁产业的条件显然不具备。

土地征地的可能性也没有，规模上的扩大改造不现实，我们只能充分挖掘内部的潜力，进行技术改造，在仅有的土地上面搞规模的最大化，也就是今天的 400 万吨。

企业要发展，规模又做不大，在这种情势下就必须走第三产业这条发展道路。我们必须积极介入成长性好、发展潜力大的非钢产业，寻求新的发展空间。

因此，杭钢从 1998 年就已经开始搞第三产业；2004 年针对杭钢的实际情况提出了“钢铁主导、适度多元、创新应变、做大做强”的发展战略以及“跳出杭州，发展杭钢”的战略思路，并成立了杭钢置业、杭钢商贸、杭钢旅业三大产业集团。

钢铁主业并未“弱化”

《经济》：2006 年下半年以来，全球钢铁需求不断升温。尽管中国钢铁产能过剩，但由于国际需求旺盛，目前全球和中国钢铁供需仍然平衡，许多中国钢铁公司在这轮钢铁周期中，不断做大做强主业。但杭钢钢铁资产在这几年发展中，增长似乎不是特别大；同时，在杭钢，非钢产业在 2006 年的销售额和利润双双超过钢铁产业。请问，我们在多元化的过程中，是否弱化了主业？

童云芳：在实施适度多元化战略中，钢铁主业并没有弱化，反而地位更加牢固，规模也在扩大。我们也一直强调，“钢铁主业才是杭钢的命根子”，要毫不动摇地做精做强半山钢铁基地，做大做强宁波钢铁基地，因为没有钢铁主业的蓬勃发展作为依托，发展非钢产业就没有资金、人才等各方面的支撑。所以，尽管我们一直在搞适度多元化，钢铁主业的命根子地位始终不曾动摇。

2006 年 7 月份已经成立了新的公司——宁波钢铁股份有限公司，杭钢作为最大的股东，占 43.85%的股份。

2007 年的 5 月份，宁波钢铁有限公司已经投产了，并形成了 200 万吨的规模，预计将在明年 3 月底形成 400 万吨的规模，所有的资金都是杭钢自筹的，而这些资金是来自房地产项目的赢利。所以杭钢非钢产业有了一定的规模和效益，可以反哺钢铁产业。如果没有宁钢我觉得有点缺憾，因为我们的钢铁规模没有人家大，竞争力不够强。现在有了宁钢，我们的主业也做大了。再过一两年，两个地方加起来，估计可以达到 1000 万吨的规模。

我们预计在 2010 年销售 700 个亿，钢铁与非钢产业比例应该保持在 4∶3，钢铁 400 亿元，非钢产业 300 亿元。

《经济》：由于非钢产业的迅猛发展，杭钢的能耗、人均劳效和优特钢比例等主要指标步入国内同类型钢铁企业前列。在过去多年的发展中持续、稳健，没有大起大落。这种局面是否是杭钢当初多元化目标之一？

童云芳：是的，我们走适度多元的发展道路，是企业的实际所决定的，当然不希望大起大落，希望能够保持持续稳健的发展态势。

一方面我们本身的实力在钢铁行业中就不够强，经不起折腾；另一方面我们也不希望非钢产业最终成为企业发展的包袱，拖垮钢铁主业。所以，我们在发展非钢产业的过程中，一直比较慎重。这些年我们建立了一整套重大问题决策制度，重大问题决策比较科学，没有出现过大的失误，确保了企业稳健、较快发展。

这些年，杭钢的钢铁主业通过技术改造和内涵挖潜，生产经营迈上了新台阶，确保了非钢产业有充足的资金支撑；反过来，非钢产业的迅猛发展，也有力地促进了整个企业的发展，形成了钢与非钢共生共荣、相得益彰的良好局面，这是我们所期望看到的。

《经济》：能否举一个例子？

童云芳：我们在深圳的一家房地产公司，与当地的一家民营企业进行的合作，杭钢占 70%的股份，民营企业占 30%的股份。我们利用了对方资源、人才、经验上的优势，对方也利用了杭钢资金实力上的优势。

从 2000 年一直到 2007 年 3 月份，我觉得我们房地产公司可以撤出一部分，于是将深圳 70%的股份进行了公开拍卖，我们投资了 8400 万元，但赚了 10 多亿元。这个钱刚好用在给宁波钢铁的投资上。这是一个很典型的例子。

规避多元化风险

《经济》：全球进行多元化战略的大企业大多数以失利告终，唯一一个成功的是 GE，请问如何保证杭钢多元化的顺利实施，以规避多元化风险？

童云芳：杭钢搞多元化、涉足自己并不熟悉的领域，肯定是有风险的，但好在我们有一个正确的发展思路，有一套良好的重大问题决策制度和一支过硬的干部员工队伍作为保证。

我们进军第三产业有三大原则：第一条原则是思路上要大胆，决策上要慎重；第二条原则是有进有退，万一不行，赶紧撤退；第三条原则是发现好的经济增长点，我们就把它做大。

我们制定和实施“适度多元发展战略”，其中全部的科学含量集中在“适度”二字上。我们坚持适度多元而不是盲目多元，在非钢产业的选择上做到“求精不求多”，不乱铺摊子，集中精力培育新的支柱产业。在介入新的产业之前，我们会进行大量的前期调研和论证，把握多元化的“度”，避免陷入“多元化陷阱”；坚持“收拢五指、整合资源”，及时退出一些发展前景不好的非钢产业，着力培养自己能够掌控的、具有良好市场前景的非钢产业。

同时，我们在经营中始终把风险控制放在第一位，制定了一套严格的财务管理制度，明确规定下属子公司“不准对外担保、不准对外拆借资金、不准擅自对外投资”这“三个不准”的硬性规定，从根本上控制了子公司的资金风险的产生。

《经济》：杭钢在非钢产业的选择上有什么标准？

童云芳：我们在非钢产业的行业的选择上也有三条原则：一是盈利空间比较大的行业；二是发展前景比较好的行业；三是对企业的知名度和影响力有帮助的行业。

在产业的选择上，我们始终把是否具有发展前景、是否掌握足够的资源、是否具有技术领先性作为重要依据，只要我们经过调研和论证具备介入和发展条件的，我们就会积极介入，重点扶持和培育。

房地产盈利空间比较大，环保是发展前景比较好的行业，酒店是对企业的知名度非常有利的行业，所以我们选择了这三个行业。

比如环保产业，搞污水处理，我们与清华紫光进行合作，利用他们技术上的优势，到现在有了6~7个污水处理厂，每年收益有一两千万的利润，虽然没有房地产高，但是这个产业发展前景非常好。

《经济》：许多企业在进行多元化经营过程中，管理跟不上规模的扩张，管理运营非钢产业，与传统的钢铁产业比较，有什么区别？杭钢如何处理？

童云芳：管理都是一脉相承的，万变不离其宗。但是，非钢产业与钢铁产业在管理方式上也有不同之处：钢铁主业主要实行经济责任制管理模式，也就是通过下达产量、质量、安全、环保等各项指标，加强过程管理，定期考核指标完成情况，从而实现各项目标的顺利完成，最终实现国有资产保质增值。

而非钢产业主要实行资产责任制管理模式，集团公司只把握发展方向，制定战略目标，下达营业指标和利润指标，只考核资产保质增值和利润完成情况，不干涉经营过程，子公司的经营自主权较大。多年的实践证明，我们这种管理方式具有良好的适应性和较高的管理绩效，对于提升非钢产业的竞争力至关重要。

[董事长如是说]

《经济》：你现在最崇拜的企业家是哪一位？

童云芳：我觉得很多企业家都有长处。例如郭广昌在资本运作方面的长处，王石保持企业一直稳健发展，每个都有我值得学习的地方。

《经济》：你平时爱看什么样的书？

童云芳：我看书还是比较少，最近在看管理方面的书，吸收一些先进的管理经验。

《经济》：你每天的工作时间是怎样安排的？

童云芳：6 点起床，7 点离开家，7 点 45 分开早会，早会结束后处理日常事务。一有时间，就会到下面去转转、看看，每周都会到宁钢看看。

《经济》：你有什么业余爱好？

童云芳：实在没有时间，有时候为了保持身体健康，我就在家里放了一台跑步机，有时间就跑跑步。

《经济》：你希望杭钢达到什么样的规模？

童云芳： 2010 年要到 700 亿元，2015 年达到 1000 亿元。

《经济》：作为十六大和十七大两任党代表，你对国有企业改革发展有什么建议？

童云芳：我有个建议，像一般竞争性的行业，我觉得国有控股也可以，撤出一部分也可以，不控股也可以。不要所有企业一个模式，还是要因地制宜，根据自身情况选择企业模式。

[链接一]

杭钢集团公司始建于 1957 年，是一家以钢铁为主业、多元发展的大型企业集团，现有职工 1.69 万人，总资产 290.72 亿元，全资及控股子公司 41 家，其中杭州钢铁股份有限公司为上市公司。2006 年，杭钢集团公司实现销售收入 303.98 亿元，利税 19.80 亿元，利润 10.51 亿元，实现国有资产保值增值106.79%。2003~2005 年，杭钢连续三年进入全国最大 500 家大企业集团百强行列（分别排名第 94 位、97 位、97 位）。

[链接二]

童云芳系杭州钢铁集团公司董事长、党委书记，中共浙江省第十一届委员会候补委员，中共十六大、十七大代表。童云芳具有清晰的管理思路，出色的管理才能，自1999年担任杭州钢铁集团公司党委书记兼董事长以来，童云芳努力探索企业发展途径，集团被誉为“国有企业改革发展的一面旗帜”。

第 4 篇　做哪一档的企业[①]

“中海”的名字对许多中国人来说并不陌生，因为我们身边就有一些中海品牌的建筑。通过案例介绍，我们可以知道中海是一个非常优秀的、在海外与大陆都发展良好的企业。那么，如何来评价或划分企业呢？可以有若干不同的视角。

第一个视角是物理力学运动学的视角。物体在运动时，具有位移、速度和加速度等不同的指标。其中，位移指的是物体所在的位置，如果是两个物体比较，有的在前，有的在后；速度指的是位置的变化，即看谁变化得快，如果位置在后面的速度快，就可能超过前面的；加速度指的是速度的变化，如果位置在后面的速度变化快，也可能超过前面速度暂时比较快的。

应用到企业中，产业、产品和绩效好比是位移，产权和理财好比是速度，人才和理念好比是加速度。中海成功地从单纯建筑业转型，品牌知名度高、业绩显赫，可以说是位置靠前；产权变革彻底、财务稳健良好、信誉度高，可以说是速度较快；注重人力资源战略、热衷公益事业、后劲十足，可以说是加速度强劲。因此，中海是一个位移、速度、加速度都很卓越、均衡发展的企业。

第二个视角是通俗的关于企业“人、财、物”的视角。在这里，为了和上一个视角相呼应，有必要把顺序颠倒一下，即“物、财、人”的视角。所谓的物，指的是产业、产品、绩效等实物的内容，这与上一个视角中的位移相一致；所谓的财，是指产权、理财、财务等资金状况的内容，这与上一个视角中的速度相一致；所谓的人，指的是人才、人力资源战略、公益事业、理念等人才方面的内容，这与上一个视角中的加速度相一致。可以看出，中海是一个产业产品结构合理、业绩优秀、财务状况良好、人才储备丰厚、理念超前的企业。

还有一个视角就是“真、善、美”的视角。所谓的真就是讲诚信，所谓的善就是做善事，所谓的美就是和谐，简洁、文化、人才培养等都属于这个方面。实际

① 本文是为《经济》杂志写的评论稿，案例部分由《经济》杂志记者惠鹏权编写。

上，这种三层的划分与前面的两种划分也是完全一致的。可以看出，中海是一个信誉良好、奉献公益事业、讲究节能、环保、致力于培养人才的企业。

总体来讲，企业是有层次之分的，正所谓上、中、下或一流、二流、三流。比较低层次的企业为过日子所迫，能坚守真诚的底线已很不易；中等的企业可以有余力履行社会责任；上等的企业做文化事业，是人才的大学校。

实际上，做人也和做企业一样，比较低层次的苦于过生活，坚守诚信的人格；中等的有余力助人为乐；上等的逃离人间烦恼，健康发展。反过来，做企业也就是做人，人的品位决定了企业的品位。

更进一步讲，整个国家的情况也是如此，较低层次的是温饱，中等的是小康，高等的是文化、和谐。那种偏重经济、为了 GDP 或引进外资而不顾一切的行为必须加以警惕和纠正。

看到中海，感受到了企业的层次性。这也是每个企业、每个人甚至于国家都必须思考的问题。

中海基业常青的元素

中国海外集团有限公司（以下简称中海）于 1979 年 6 月在香港成立，隶属中国建筑工程总公司，业务领域以建筑、地产和基建为主体，经营地域遍布中国香港、中国澳门以及中国内地、阿联酋和印度的许多经济活跃城市，现有员工 14000 余人。

截至 2007 年底，中海累计承接各类工程 775 项，合约总额 1524 亿港元；发展房地产、投资基建及实业 229 项，计划总投资 1787 亿港元；累计完成营业额 2007 亿港元；累计实现利润 177 亿港元；资产总值 709 亿港元，资产净值 233 亿港元。

29 年间，中海始终用高瞻远瞩的眼光、审时度势的策略和可持续发展的方针，把中国龙的筋骨和东方明珠的璀璨交相辉映，谱写着一曲曲美妙、欢乐的旋律。

人：审时度势，培养储备

中海在从小到大、从弱到强的发展过程中，经历了产业结构调整、产权结构调整和市场结构调整三次比较大的战略转型。

20 世纪 80 年代，市场经济的观念和意识在中国内地还处于萌芽状态，姓“社”姓“资”还是绷得很紧的政治红线，房地产更是人们谈虎色变的“禁区”。

1979 年，中海的创业者们冒着丢掉乌纱帽的风险，顶着巨大的压力，毅然涉足香港房地产行业，实现了从单纯的建筑承包为主业向以建筑地产为核心主业的转变，分享了香港房地产业飞速发展的市场机遇，实现了产业结构的转型。

1992 年 8 月，中国海外发展有限公司在香港上市，中海实现了从纯粹的国有企业向国有控股的股份制企业转变，实现了产权结构的转型。

1997 年，亚洲金融风暴后，中海决策层审时度势，作出了地产投资向内地转移的重大战略决策，开辟了向全国性地产公司和国际化承包商转变的广阔天地，实现了市场结构的转型。

中海高层在决定公司生死存亡的关键时刻，都作出了正确的战略选择，不断为公司的发展注入新的活力和动力，持续提升公司的核心竞争力，为公司再创新高奠定坚实基础。

中海坚信人才是公司的重要资源，坚持“以人为本”理念，通过进行员工目标管理和人才梯队建设，建立兼顾发展空间、工作气氛和激励机制三位一体的人力资源体系。

中海鼓励并全力支持员工不断自我增值和终身学习，并为员工制定了职业生涯拓展计划，举办各类培训课程，推行“E-Learning”学习计划，提供多项网上教育课程。中海在香港和深圳分别设立培训中心，选派内地工程管理人员赴香港交流，开启跨地域人才培养的先河。

中海通过周详培训、异地交流等方式使员工快速成长为所经营领域的骨干人才，为员工提供良好的晋升机会及前景。这里不仅是员工创造物质财富的平台，更是员工交流思想感情和展示情趣爱好的空间，让员工充分享受到工作和生活的双重成就。

财：稳健运营，多重运作

当然，中海取得的举世成绩与它稳健的财务、优质的土地、结构均衡与深耕细作是分不开的。

数据显示，国内房地产企业的资产负债率普遍超过 60%，有的甚至超过 70%。而中海在过去几年的资产负债率仅在 50%左右，远远低于行业平均水平。

长期以来，中海坚持财务、资金和融资集中统一管理，维持约 10%的现金比例，保持合理的借贷水平，每年年终都会为下一年度储备巨额现金与银行信贷额度。到2006年底，中海持有现金38亿元，净负债率为34%，2007年底净负债率为31%。

良好的财务状况体现了中海稳健的财务政策与抗风险能力，灵活多样的国内外融资渠道则体现了中海地产均衡的资本运作能力。2006年中海成功安排中国进出口银行提供5亿美元授信贷款，并通过红利认股权证实现融资36亿港元；2007年8月，中海再次发放6.15亿红利认股权证，实现融资超过76亿港元。

中海拥有中国海外发展（00688.HK）、中国建筑国际（03311.HK）两家上市公司。上市公司作为资本经营的平台，大大丰富了公司的财务资源和手段，增强了公司的融资和投资能力，为公司的持续发展、规模扩张提供了稳定而长期的国际融资渠道，为企业的发展提供了良性的资金循环。

以中国海外发展为例，从1992年8月上市至2007年12月底，该公司取得集资和银行授信额度合计714.59亿港元，其中香港541.34亿港元，内地173.25亿港元。香港融资包括股本市场集资152.12亿港元，债券市场集资34.92亿港元，银团贷款共161.77亿港元，香港地产项目抵押贷款119.93亿港元，单边银行贷款72.6亿港元，不仅有效地解决了公司拓展业务所需的资金问题，而且与金融机构建立了良好关系。2008年上半年，该公司新增股权集资和银行授信达91.6亿港元。

从2001年起，中国海外发展不断加大金融投资运作的力度，积极进行发债、增发新股、回购、增持、投资理财、企业收购以及基金运作等资本经营活动，累计股权及发债集资115亿港元、银行借款等融资233亿港元。

2005年7月，中国海外发展获得穆迪和标准普尔给予的两个投资级评级，并成功发行了3亿美元7年期债券，开创了中国房地产公司成功取得国际评级并在国际资本市场发行债券的先河。

道：节能减排，绿色发展

在发展壮大中，中海始终秉持节能、环保、可持续发展的生态理念，致力于建设优质绿色社会，缔造美好生活环境，履行节能环保的社会责任。在工程承建，地产项目设计、开发与管理等各个业务环节，均注重并推行绿色管理。

为此，中海成立安全环保部，在中国香港、中国澳门、阿联酋、印度及中国内地采用多项环保措施，以减低工程对环境的污染、减少建筑废料及尽量节省天然资源，不断改善公司的环境管理系统并推广至地盘应用。中海将创新环保应用于建筑工程的智能多层工作平台，屡获殊荣；要求分包商遵守环境保护政策，项目进行期间定期举行会议，讨论环境相关问题；鼓励员工研究珍惜能源及资源的建筑方法，提升对环保的认知并推广保护资源。

中海在南方炎热地区利用太阳能技术为住户提供热水，节约天然气与电能；在西部寒冷地区采用外墙保温、断热桥型材和中空玻璃门窗等技术材料，实现建筑主体节能；通过新型节能电表的应用和中央水景循环利用雨水、地下水及沟渠水资源等实现了水电工程的节水节能；采用了“动力新风系统”和“污水生化处理技术”，使噪声和污水情况大幅改善；在建筑用料方面，所有住宅发展项目均采用复合木地板，可减少消耗原材料木材；在减低消耗能源方面，则在窗户上采用有色玻璃片，减弱太阳光直接照射到室内，从而减低室内温度……

这些看似简单却别具匠心的操作手法使中海不仅赢得了“口碑”，还获得了“金杯”。对于中海而言，身体力行，努力推进低耗、环保、健康适用的人居环境建设，引导中国房地产业走可持续发展之路，才是实实在在的共赢之道。

德：慷慨解囊，回报社会

正所谓，取之于民，用之于民。“服务社会”是中海一贯的企业宗旨，在扶贫赈灾、捐资助学、襄助公益等方面，中海具有悠久的历史，形成了光荣的传统，累计向公益事业捐赠了上亿港元。

早在 1993 年，中海就向深圳市人民医院捐助 100 万元人民币，同年还为深圳清水河爆炸灾害向深圳市民政局捐助 100 万元人民币；1994 年，中海先后为华东、华南地区水灾捐款 540 多万港元；为广东受台风特大暴雨影响的灾区发起“情系灾区奉献爱心”活动，并向韶关捐款 100 万港元；同年，为“深圳教育基金”捐款 200 万元人民币；1996 年，中海为云南省丽江县地震捐款 100 万港元；为香港房屋工程师学会捐助 150 万港元；为支持南亚海啸灾区重建家园，参加“四海同心送关怀”大型义演筹款活动；2007 年 7 月，出资 130 多万元人民币捐建“北京皮山农场医院康复楼”；同年 9 月，参加香港中企协献爱心慈善捐助活动，捐款 20 万港元资助香港主要的慈善团体香港东华三院。2007 年、2008 年，两度组织中海公益青海行活动，深入到青海省玉树州曲麻莱县访贫问苦，向当地的教育机构和慈善组织捐助物资及善款。

2008 年初，我国多个地区经受罕见雪灾侵袭，中海非常关注这一灾情，于 2008 年 2 月 1 日在集团总部举行赈灾捐赠仪式，向香港乐施会捐助 200 万港元，用于帮助灾区人民渡过这一特殊时期。同时，向海内外逾万名员工倡议发起捐助活动，累计捐款 358 万港元。

四川汶川特大地震发生后，中海在第一时间向员工发起捐款倡议并获得积极响应，开展了一系列具实际成效的工作。面对严峻的灾情，中海多次追加救灾款物，共计对外捐助超过 1700 万元人民币，其中员工捐款超过 170 万元人民币。此外，中海还发动全国 20 余个城市的中海业主及合作伙伴捐款（物），折合人民币 170 余万元。

除积极捐款捐物以外，中海还开展了一系列赈灾活动：组建青年志愿者小分队赴灾区一线参与救助、组织灾区业主进行灾后系列应急、安置近万名中海业主及附近居民避难、组织员工献血、举办“心系灾区”——汶川地震新闻图片展、“情系灾区·心在一起——中海在行动”大型慈善募捐活动、开通专题网站并编辑出版《中国海外》汶川特大地震特刊等。在为灾区人民送去关怀的同时，中海还在四川省都江堰、重庆云阳县、陕西省周至县陆续启动希望小学建设工作，以支持当地政府的灾后重建工作。

“桃李不言，下自成蹊”，在国际化的浪潮中，中海以奉献和感恩的情怀，矢志打造百年常青基业，成为世界级公司。高瞻远瞩的领路人、稳定雄厚的资本、可持续发展的方法、乐善好施的博爱情怀，这些核心元素让我们有理由期待，中海这棵企业之树必将生生不息，岁岁常青。

［专访］

中海：慎微笃行 精筑致远

——专访中国海外集团副董事长总经理孔庆平

近期，在新加坡举行的 CNBC 国际地产奖 2008（亚太区）颁奖礼上，中海勇夺五项殊荣，成为获奖最多的中国房地产发展商。CNBC 国际地产奖是历史悠久、获业界高度推崇的国际级地产项目奖项，旨在表彰房地产市场中最优秀的住宅地产项目。

对于此奖项，中国海外集团副董事长总经理孔庆平欣喜之余表现得很平静。他说，这只是中海 29 年发展历程中众多荣誉中的一部分而已，后面需要做的还很多。

然而，中海这 29 年是如何进行积累的，它的发展轨迹将是怎样的？其独特的魅力吸引着人们去一探究竟。记者对中海副董事长总经理孔庆平进行了专访。

《经济》：中海在香港近 30 年，见证了香港变迁的 30 年，您如何看待中海在香港的经历？

孔庆平：从一个默默无闻的小渔村到繁华的都市，从殖民地到世界上第一个实施“一国两制”的地方，香港的发展充满了传奇故事，也经历了历史的风云变幻。我们和广大的香港市民一起经受了这种变化，也感受了这种变化，并通过积极参与建设新香港的方式享受了这种变化。

特别是香港回归11年来，中海坚持“高品质管理，低成本竞争”的经营战略，承建了香港新机场、马鞍山铁路、迪斯尼乐园、中环填海等众多工程项目，成为香港建造行业的排头兵。在这个过程中，我们有一个深刻的体会：只有真正地认同香港、扎根香港、融入香港，才能建设香港、繁荣香港。中海以卓著的业绩、精品的追求、诚信的品牌、热心公益的举动，通过实实在在的努力，成为香港不折不扣的企业公民。

《经济》：您认为中资企业对香港经济的影响如何？

孔庆平：尽管史无前例的亚洲金融风暴席卷而过，事实证明，中资企业始终与香港社会戮力同心，共同坚守，有力地捍卫了香港的生活方式、价值观念与经济形态。

总体而言，中资企业是相当优秀和有抱负的企业群落，已经成为香港经济体系中不可或缺的组成部分。特别是改革开放以来，中资企业迎来了爆炸式发展的黄金时期，实现了群体的崛起和突破。2000多家中资企业在香港的经济总量中，占到1/4的份额。中资企业的经营活动，正在对香港社会起着越来越重要的影响。无论是香港回归以前中资企业为香港的繁荣和稳定所作出的贡献，还是亚洲金融风暴之后中资企业和香港社会同舟共济、共度时艰，无不表现出中资企业高度的社会责任感和历史使命感。中资企业未来发展的好坏直接决定着香港的市场生态，影响着香港的经济表现。

香港是一个典型的外向型经济体，与世界经济走势亦步亦趋。当前，中国内地经济一枝独秀，笑傲全球；相较而言，中国经济的这种后发优势必将对香港经济产生巨大的辐射和拉动作用。中资企业与内地有着天然的密切联系，在内地庞大市场需求向香港传递的过程中，中资企业发挥着重要的桥梁和窗口作用。也就是说，香港经济可以通过中资企业感知内地经济的脉搏，进而分享到中国持续进行改革开放所带来的丰硕经济成果。

作为香港社会的一分子，中资企业要积极促进生产要素、资本要素在中港两岸的流通，直接参与香港改善民生、振兴经济的建设过程，在香港经济与内地经济的融合中扮演更加重要的角色，承担更加重要的责任，通过自身的快速稳健发展，为香港的繁荣稳定贡献力量。

《经济》：中海的发展历程中，有没有什么事让您刻骨铭心，为什么？中海的发展是一帆风顺还是充满困难与挑战，您和您的团队是如何应付的？

孔庆平：在中海集团奔腾向前的事业河流之中，我只是其中一朵普通的浪花。对我而言，能够在香港这个高度发达的市场经济环境中感知商业逻辑的脉搏，追求企业管理的真谛，是一种巨大的荣幸。机会如此难得，我和中海的同事们总是全情投入，格外珍惜。

2001 年时，中海经过三年的安全运营，已经基本抚平了亚洲金融风暴的创伤，正在大力推进地产投资业务向内地的战略转移，发展势头良好。能否继续巩固和不断壮大中海的优势和业绩，虽然对我们而言，这是巨大的压力和挑战，但中海卓越的企业文化氛围和厚重的历史传统让我们充满了信心。

人生中总有些事情让我们始料不及。为了重拾国际资本市场对中海的信心，2001 年年中，我们到欧洲给国外的财团、基金进行路演推介。当时，行程非常紧张，我们以一天一个城市的节奏马不停蹄地连轴转。每到一处，顾不上舟车劳顿，忍着时差的痛苦，既要亲自推介中海，还要回答基金经理们的提问。辛辛苦苦跑了一大圈，结果回到香港一看，中国海外发展的股价不涨反跌。当年我们公布中期业绩的第二天，震惊世界的“9·11”事件爆发，全球股市狂跌，中国海外发展的股价创下了新低，那种沮丧与失落的情绪一度令我深感沮丧。

天道酬勤，付出总有回报。中海全体员工不断总结得失，吸取经验，终于用自己辛勤的劳动和汗水作出了突出的贡献。2001~2007 年，中海实现了质的飞跃。我们以卓越的经营实践，分享了国际资本市场的荣耀：旗下两家上市公司股价比翼齐飞，市值合计突破 1600 亿港元，创造了历史新高，有力地彰显了中海主营业务的“双核”优势。

《经济》：在香港，您会不会刻意欣赏新机场客运大楼、西九龙填海造地、中环填海等中海承建的著名建筑或项目？为什么？如果您无意间看到其中一座，您会有什么样的感受？

孔庆平：中海诞生于香港，成长于香港，香港也是我的第二个家乡。我在香港工作已经 21 年了，回归前 10 年，回归后 11 年，我一生中最好的时光都留给了香港。

我们和外国的公司是不一样的，中海是香港人自己的企业，我们和香港人一起建设了香港，这座城市的成长、变化有我们的痕迹。走在大街上，路过和我们有关的建筑，我就会停下来看一会儿，这种感觉很难用语言表达出来。自豪，为自己自豪，为香港自豪，更是为我们国家自豪。同时我也在想，香港的未来会变成什么样子？能量太大了，潜力太大了，一想就激动，因为香港能给我一个巨大的舞台，让一个建设者有无限的想象力和无穷的动力。

《经济》：如果用一句话来概括中海近 30 年积淀的精神气质，您觉得怎样才是最贴切的？您又是如何看待中海未来的发展呢？

孔庆平：我想，可以用“慎微笃行，精筑致远”这八个字来概括中海的气质。中海专注细节，崇尚实干，始终秉承“过程精品，楼楼精品”的专业精神，充分发挥国际化承建商与全国性地产商的经验优势，致力提供物超所值的卓越产品与服务，全力以赴推动城市化进程、提升人居品质，积极履行企业公民责任，矢志打造常青基业。

关于如何看待未来的发展，我想也用八个字来概括——“持续增值，和谐共赢”。持续增值是企业存在的理由，企业不能创造价值，就无法在市场竞争中生存，不能持续增值就只能昙花一现。中海要不断提升专业质素、治理能力和管控水平，克服市场增长时断时续、忽快忽慢的周期性波动影响，专注于为客户、股东、员工、合作伙伴等业务链条上下游各方持续创造稳健的价值，持之以恒，志在成为多层次的价值实现者和长期性的价值创造者。

和谐共赢是企业存在的方式，和谐是企业价值观的最高形态。企业从属于社会，不能独创价值，亦无法独占资源。中海要有开放的胸怀和至高的理想：对内，追求人与人之间、人与事之间、事与事之间的和谐统一；对外，尊重差异，求同存异，注重服务与沟通、合作与分享，群策群力，精益求精，最终实现与客户、股东、员工、合作伙伴、竞争者、社会之间的价值共享、和谐共赢。

第5篇 产权与品牌的对决①

汪海和青岛双星是中国的改革之星，从一开始就争议不断，到了现在，争议越来越大——这次主要是阵营内部的纠纷。因此，汪海和青岛双星的“鞋”到底要朝哪个方向走，人们十分关注。我们可以从产业、经营、组织、产权、品牌等几个要素或角度来思考。当然，这几个要素或角度也是理论上的划分和抽象，在实际过程中，各个要素和角度也是综合在一起的。归根结底，矛盾集中在产权与品牌的抉择上。

一、产业：球鞋与轮胎

许多人都知道，青岛双星是做鞋的。双星到山东边区建厂，表面上讲，是支援了三线边区，一个人一年工资400元，就等于完成了10个脱困指标；实际上是将青岛市区高成本降了下来，才会在规模扩张之后，把韩国的企业抛到了身后。但是，后来青岛双星开始转型了，不仅为人做鞋，还为车做“鞋”。这才有了5轮融资、收购强化轮胎业的举动。这种产业多元化应该属于相关产业的多元化，鞋和轮胎都属于橡胶产业，因此是比较合理的。从实际效果看，青岛双星的收入和利润主要来自于轮胎业，制鞋占其年收入比例仅1/10，所以这个转型是基本成功的。

相比之下，有的企业产业结构调整可能存在两种极端的情况，一种是墨守成规，不敢突破，该调整时没有调整，丧失机遇；另一种极端是盲目扩张到完全非相关的领域，结果跌入了扩张陷阱。

二、经营：生产与销售

如果说鞋的产业链包括研发、制造和销售三个环节，那么，前两个环节比较集

① 本文是为《经济》杂志写的评论。

中，最后一个环节比较分散。耐克是将研发和销售抓在手上，而将制造外包出去。实际上，任何家电产品也都会遇到类似的销售“渠道”问题——一个极端的模式是完全交给批发零售商，比如卖给国美店；另一个极端模式是完全自己卖，即设立自己的品牌专卖店。二者各有利弊。双星则是收缩到研发和制造两个环节，将销售放开，但仍然考虑到了发展品牌专卖店的形式。

现在，遍布全国的 3000 多家双星专卖店，在 2003 年就已全部实现民营改制——虽然品牌还是一样的，但主人已经完全改变。

三、组织：集团与分店

随着产业结构的调整和经营模式的调整，双星的组织结构也发生了彻底的改变，例如：

专业企业集团——双星集团制定的战略目标是进一步发展制鞋、轮胎、机械三大产业，各大产业都要实现集团化，特别是双星已经包括了双星上市公司和双星名人实业公司两个子公司，各自都要做大做强自己的主业，而且它们之间还不能打“内战”。

终端网络连锁——为了克服亏损，1998 年双星就开始转让连锁店，全部卖完总共补贴将近 3 个亿。当然，这一步也留下了隐患，实际上出现了严重的失控。因此，双星现在正在酝酿着重新收回全国的销售渠道。这看上去好像是完成了一个循环，回到原来的起点，但总会有所改变的。

合资合作联盟——公司与国内农用车生产排名第一的山东高唐县时风集团合作，成立了双星时风轮胎公司，生产农用轮胎、轻卡胎和子午胎；托管东风轮胎资产并成立双星东风轮胎有限公司；投资河南省汝南县轮胎项目；等等。

显然，在组织变革的过程中，既有产权的变革，也有品牌的考虑，最复杂的是二者之间的联系。

四、产权：国有与民有

和其他国有企业一样，解决最终所有权的问题是最难过的一关。制鞋属于轻工业，国有经济成分应该逐步退出，难就难在如何退出。人们非常关注汪海和双星能否玩转 MBO。2006 年青岛双星向双星名人公司转让鞋类资产时，汪海就一度被质疑为“倒腾国有资产”。因为虽说名人实业是双星集团下辖的子公司，但名人实业由自然人占大股，汪海是第一大股东，而且是青岛市委决定以奖励的形式给了汪海

21.88%的股份。至此，双星鞋的业务都“归汪海控制了”。

问题的关键并不仅仅在此，更重要的是集团将终端销售网络即专卖店转让，这时，专卖店的产权也脱离了双星集团。因此，双星产权变革的本质特征是两个分离：集团与国有的分离和专卖店与集团的分离。

五、品牌：所有与授权

搞清楚产权变革的脉络后，再来看看品牌的情况。首先，集团与国有分离时，双星品牌归了集团；其次，专卖店与集团分离时，也说的是授权使用。现在，问题就是出在了专卖店与集团之间：当初集团投入了牌子，专卖店投入了资金，那么，现在的牌子到底该归谁，专卖店能不能卖别的牌子，能不能卖双星牌的袜子或裤子，广告费如何分担，等等。特别是集团为了加强控制，又要“收回”股权了，集团与专卖店终于摊牌了。集团决定甩出控股的“亮剑”，专卖店则摆出了“鱼死网破”的决心，原来的战友到了“你死我活”的境地。

从理论上讲，产权与品牌不一定非得合一，直营店是合一的极端，另一个极端是完全没有产权联系，那就是特许经营。例如，日本丰田汽车在中国生产性投资四五十亿元人民币，一个4S专营店投资大约3500万元，200家专卖店要70亿元人民币，这70亿元全是中国人掏的，而不是丰田掏的。这看上去很像是一场“空手套白狼”的把戏，因此，在某些领域确实是无形资产带动有形资产。

现在看来，双星当初出售专卖店时，对品牌的管理可能过于粗放了，在条款上不够严密。事到如今，想通过股权再“收拾”回来，恐怕在理论上并不成立，在实践上也会遇到极大阻力。最理想的办法是坐下来协商解决，找到继续前进的钥匙。

双星为中国企业发展的贡献不小，现在还在探索，还在交学费，这也是为其他企业积累经验。

祝愿双星一路走好。

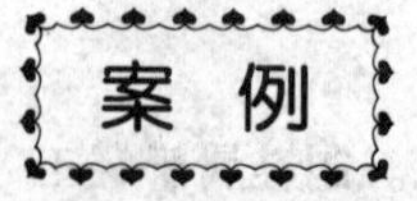

双星“脱鞋”

回溯15年，脚蹬双星鞋是让很多年轻人感到骄傲的事情，但对于21世纪的新新人类而言，穿双星不再是时髦的代名词，甚至还显得有点落伍和俗气。

靠制鞋起家的双星集团，现在制鞋占其年收入的比例仅 1/10。遍布全国的 3000 多家双星专卖店，事实上早在 2003 年就已全部实现民营改制，双星鞋的产业链收缩到研发和制造两个环节。

“当时真是贱卖，10 块钱的东西都是 2 块多就卖了。”说起当年甩卖各地经销店时，现年 67 岁的双星集团总裁汪海仍然很激动。汪海向《经济》介绍说，当时卖渠道赔了近 3 个亿，但是如果拖着不卖，还要赔更多。

事隔 6 年，汪海现在正酝酿着重新收回全国的销售渠道。毕竟，虽然鞋还是叫双星，但是主人已经换了。

一、争议中的 MBO

近一年来，汪海都身处 MBO（管理层收购）舆论旋涡之中。

2006 年 4 月 24 日，青岛双星董事会决定向关联企业双星名人实业股份公司（以下简称“名人实业”）转让鞋类资产。

一个月之后的 5 月 27 日，青岛双星股东大会通过此项决议。青岛双星所出售的是冷粘鞋业务，包括房屋建筑、机器设备、在建工程和土地使用权等资产，调整后的账面净值为 8883.85 万元。双方协商后，将转让价格定为评估的净值 11015.98 万元。当日，两公司即签署了交易合同。

青岛双星出售制鞋业务的消息一公布，汪海一度被质疑“倒腾国有资产”。

据悉，青岛双星鞋业资产的归属争论是随着双星集团拟将双星制鞋业务转让同时出现的，当时，业界就有声音传出，双星集团此举用意是希望将青岛双星鞋业资产转让给双星名人实业公司。而鉴于名人实业的经营现状及其股权构成，此种意图引起部分业内人士非议。

成立于 2002 年 9 月的名人实业是双星集团下辖的子公司，注册资本 3153 万元，法定代表人为生锡顺，其另一身份是双星集团副总裁。名人实业由自然人占大股，汪海是第一大股东，占股 21.88%，并任董事长；包含汪海在内的青岛双星 5 名高层人士合计持有名人实业 46.78%的股份，其他 10 名自然人持股为 20.22%。此外，双星集团工会持有剩余 16.5%，国有企业双星集团仅持有 16.5%。

此前，双星集团关于鞋业资产分为两块：一是上市公司的冷粘鞋业务；二是名人实业的硫化鞋业务，相比而言，冷粘鞋业务占有更重的分量。

对于此次将制鞋业务从上市公司剥离的做法，汪海解释：制鞋行业竞争激烈，利润率下滑；规避潜在的同业竞争、减少关联交易；有利于集中精力做大做强轮胎业务。据悉，在青岛双星的众多产业中，轮胎和制鞋的 2007 年上半年主营业务收入分别为 17.23 亿元和 1.64 亿元，毛利率分别为 8.49%和 15.15%。

“这是符合相关政策规定的，由于青岛双星的制鞋业务只占到上市公司 10%的业务量，按规定我们是可以剥离副业的。”汪海表示：“我们将重新整合鞋和服装市场，锻炼培养鞋业新的骨干力量，在适当时机重新组织上市，把鞋业做得更大。”

汪海表示，一个产业两个公司做，会相互影响、阻碍发展，对双星整个制鞋业的发展都极为不利，既违背制鞋业工艺相互渗透的发展规律，又不能使双星鞋业的规模优势、资源优势得到充分发挥，还难以消除双星上市公司与名人公司之间的关联交易和同业竞争，不利于上市公司的规范运作。

上市公司鞋业资产的剥离并不意味着双星要放弃制鞋业务。汪海表示，双星将以此为基础，大力进行市场的重新整合，增强竞争的经济实力，进一步调整产品结构，开发高端产品，抢占高端市场，树立高端形象，全面提升双星母体鞋业品牌的知名度和含金量，继续将“双星鞋业”打造成世界鞋圈的“强名牌”。

二、进军轮胎

自 1996 年青岛双星在深交所上市以来，已完成 5 轮融资。但是后 4 轮的投资双星并没有再投入制鞋业务。出于对制鞋业竞争激烈、利润持续下滑的判断，双星选择了给汽车做“鞋”。

2007 年 11 月，青岛双星发布公告称，公司计划募集资金约 4 亿元，用于 130 万套高性能全钢载重子午线轮胎技术改造项目和偿还银行贷款。

这是继重大收购事项之后青岛双星再一次强化轮胎业的举措。

以制鞋起家的青岛双星，2001 年通过并购当地的轮胎生产大户青岛华青轮胎工业总公司，从而踏进了轮胎行业。2003 年，青岛双星董事会强调企业发展战略就是全力向轮胎产业追加投资，使公司的主营业务由单一的冷粘鞋类制造与销售拓展到橡胶轮胎等产品的制造与销售领域。

为了做大轮胎产业，公司与国内农用车生产排名第一的山东高唐县时风集团合作，成立了双星时风轮胎公司，生产农用轮胎、轻卡胎和子午胎，继而托管东风轮胎资产并成立双星东风轮胎有限公司，又投资河南省汝南县轮胎项目。

近几年，青岛双星轮胎业务收入从 2000 年的 3 亿元、2001 年的 7 亿元，发展到 2006 年的 25 亿元。

2007 年双星科技创新成果不断涌现，大大增强了双星核心竞争力。双星加强载重子午线轮胎、50 轿车子午线轮胎、高性能超级扁平化载重全钢子午线轮胎、轮胎生胎自动输送系统、S15 压力成型机五项科技成果达到国际先进水平；双星鲁中公司创造的最高落差 30 多米、长度 2000 米的悬浮线"零距离"连接，结束了我国制鞋行业推、拉、抬、扛的历史。

目前，青岛双星收入和利润主要来自于轮胎业。今年上半年，公司完成营业收入超过 20 亿元，轮胎的营业收入超过 17 亿元，比去年同期增长 43.33%。

公司预计未来 15 年内中国载重子午线轮胎的市场仍将供不应求。在国内市场对全钢载重子午线轮胎需求不断增加的情况下，扩大全钢载重子午线轮胎的生产规模，提高规模效益，有助于增强双星轮胎的整体实力和市场竞争力。为此，青岛双星拟在原有年产 260 万套全钢载重子午线轮胎规模的基础上进行技术改造，扩建完成后形成年产 390 万套全钢载重子午线轮胎的生产能力。

"对于制造加工业来说，管理挖潜毕竟是有限的，技术创新是无量的，在全球化竞争激烈的今天，企业要靠核心技术、靠吸收外部人才与企业自我培养人才相结合，加快技术创新，在日趋激烈的竞争形势下，企业必须加快技术创新，这是提高企业核心竞争力的必由之路。"汪海认为，对于双星的产业而言，自主创新以及人才培养是应对市场竞争的有力武器。

汪海透露，通过产权结构的调整，双星理顺了产业分工，整合了各个行业的资源，形成了双星上市公司和双星名人实业公司两个子公司，制鞋、轮胎、机械三大产业不变，在这样的产权结构的基础上，双星集团制定了各大产业都实现集团化发展的战略目标。

[专访]

汪海："误入鞋途，不能自拔"

他是一个历经商战、又信心满满的长者。汪海自认为是中国第一代企业家成功榜上的第一名。

"我是双星的缔造者，这是事实。"67 岁的汪海，不仅是双星的总舵手，而且还是双星企业的形象代言人。他在接受《经济》采访时，不肯摘下那只红色的棒球帽。从头到脚，他身上穿的都是双星的产品，基本上是一个双星活动广告牌。

从 1974 年任青岛橡胶九厂（双星集团前身）政治部主任，到 1983 年出任党委书记，现在双星集团总裁——汪海在领导职位上已经度过了 34 个春秋。最近汪海又获青岛国资委的"超龄留任"。在汪海的字典里，似乎从未有过退休的词条。

在"双星改革进市场三十年"的新闻发布会上，汪海正式对外宣布他将继续留在双星集团，直到把双星集团扶上稳定发展道路，并且培养出能够执掌双星的继承人之后才会退休。日前，《经济》对这位永不言退的企业家进行了专访。

“我没有搞私有化”

《经济》： 最近社会上针对青岛双星出售制鞋业务给双星名人实业一事，有人认为双星正在搞私有化，你怎么看待这个事情？

汪海： 这个问题对我来讲是老生常谈了。双星的前身是一个国有企业。国有企业，特别是这种经营性极强的行业，在十五大报告当中，十六大明确了要退出，这种退出必然要求改制。“文革”前后全国有3000多家做鞋的，大小国有全垮了，只有双星一家成功了。双星也是国企中最早上市的公司之一，但是改制却比较晚。

中国国有企业一个有意思的现象是：谁早搞得好，谁改制就落在后头，但是改制了以后议论、说三道四最多。这就是横竖改制都红眼，假如说这个企业在20年前就垮了，你不会来找我，这不会引起争论，很正常。

《经济》： 双星名人实业成立之初，股权分配是如何确定的？

汪海： 当时青岛市委作了一个决定，我作为中国第一代企业家，把这个企业由小做大，由弱做强，而且发展壮大，就决定以奖励的形式，给我21.88%的股份。全中国的鞋业3000来家，都是垮台了改制，我是全国发展改制的第一个。我接手的时候双星资产不到800万元，现在的资产已经增长到50个亿。给我20%不过分吧。

但我获得这21.88%的股份的同时，还得另外再拿出160万元现金。哪一个国有企业垮台了不是厂长捞一把，结果我这个厂长搞得好了，搞得上亿了还要自己拿160万元出来，这样的事情不多见。

《经济》： 据说你当初出售双星销售网络亏了3个亿，这个窟窿后来是怎么填补的？

汪海： 双星最红火的时候要说出口的话是走红到1995年，到了1997年最高峰之后国内的滑坡很大，公司都亏损。1997年发现这个问题，1998年我就开始卖连锁店。反正要卖了嘛。到最后我一看不能再拖了，对方说多少钱我就多少钱卖。只有这样，再拖这国有资产更没了。北京公司当时资产是1180万元，最后300万元卖的。全国我卖完了以后，10块钱平均才卖了两块八毛七，全部卖完以后我亏损多少呢？将近3个亿。

我胆子够大的，但是我知道只要我能转动，这个网络能维持下来，3个亿我是有把握能补上的。青岛双星上市后，我们从市场上募集了3亿的资金。这些钱怎么花呢？当时有领导建议我上汽车项目。我说让我上汽车项目我没那个本事，我是学橡胶的，而且今后的汽车国外发展，中国的汽车对外发展，这是规律。我不上汽车，我做汽车轮胎。

看到了当时的趋势，中国的轮胎产量一定会增加，一定能搞好，于是就买了一个县办的轮胎厂，花了两个多亿。买过来以后我一下投了两个多亿，就做轮胎。后来有了资金我又投入，最近有了资金我又投入，总共投入了 20 个亿，有了这 20 个亿，就把原来一个县办轮胎厂，一个只能做马车胎这些低档胎的厂变成了中国第六大的轮胎厂。后来轮胎成为了双星利润主要来源，三年多时间我就把卖门店亏的 3 亿元给补了回来。

重整双星鞋

《经济》：双星鞋的品牌影响力在严重下降，反观国内的李宁、安踏的上升势头很快，你怎么看待这个现象?

汪海：你说的是实话，我在北大讲课的时候我也这样说，很正常，因为我是老国企，需要一步步地改，一步步地调整，我已经意识到这个问题了，今年就打算解决这个事。

李宁和安踏，一年在中央五套投入的广告费有上亿了，我现在没有钱，我刚改制了，我得先把欠的账还上，还完了再开始运作，运作的时候还要调整体制，这样来讲，我想李宁也好，安踏也好，它们都是个体户，也是中国的民族品牌，能搞好都好啊，不能说只有双星好。我现在是国营企业，我这么改那么改，才能像人家一样。人家是 100%控股啊，人家市场上的钱也挣，工厂里的钱也挣，然后和那些国外的品牌竞争，那就明显显出双星这个国有老牌子在广告宣传上比较弱。

《经济》：你打算怎么提升双星品牌知名度?

汪海：市场的钱现在我说了不算，都是买断的那些分公司的经理他们挣的钱。但是现在让他们谁挣 100 元钱就拿出来 51 元来投入市场宣传，谁也不干，怎么办，这个事情只有我来做。

因为是改制企业，我要和买断门店的经销商们协商，愿意的做这个广告投入；不愿意就经营别的品牌，不卖双星了，可以卖别的牌子；你要是卖双星，你就要保这个牌子，你要让这个牌子世世代代发展，就必须要这样做。这一步的改革比其他的改革都难。原来的改革是我承担风险，他们自己取得利益，这次的改革是我跟他们要利益，他们就有点不接受。

第6篇 国投素描[①]

说到“国投”，人们一般并不很熟悉。单从名称上看，不像铁路、航空那样知道其具体业务领域。另外，“国字号”与“中字号”的区别也不很清楚。所以，就算是把“国投”和“中投”放在一起，人们也看不出其间的差异。下面，就国投的若干方面问题进行简单的评论。

第一，纯粹控股公司。首先，国投不像中石油、中石化那样经营具体产品业务，而是通过控制其他企业的股权，间接地经营产品。我们把这类公司称为“控股公司”。自己完全不经营产品的为“纯粹控股公司”；自己也经营一些产品，同时也持有其他公司股份、股权收益占经营收入一多半的公司为“混合控股公司”。国投应该属于纯粹控股公司。当然，更深入的了解需要看它的财务报表，是不是其本身营业收入为零，合并之后为多少，总资产等也都应该这样地进行合并报表分析。

第二，跨行业企业。如上所述，国投与中石油、中石化不一样，它是跨行业的企业，这样可以分散风险，提升规模效益性和范围效益性。从历史上看，我们长期实行的是计划经济，国有资产基本上是按照“条条”即行业归口进行管理的。如果没有经济体制改革，就不可能出现国投这样的企业。也许，在中国没有现成的经验可借鉴，在发展模式、管控体系等方面需要探索和创新，但是，我们可以学习国外成熟的经验。

第三，基础设施。虽然国投业务领域不如铁路、航空那样集中，或者说比较分散。但是，其业务领域还是相对集中的，比如主要在电力、煤炭、港口、化肥和高科技等实业领域。总的来讲，其业务领域属于资源性、基础性的建设。所以，我们也可以把它理解成一个“国家能源基础设施投资公司”。国家透过一个专门的公司进行投资，就与原来把钱投下去没人管的情况完全不同了。

第四，进军金融。国投也在关心对金融的投资。国投的金融板块已经初具规

① 这是为《经济》杂志写的内部稿。

模，并计划在把投资金融的比例从现在的占总投资的 10%提高到 20%以上，收益高于 20%。作为企业，就应该追求经济效益。实际上，其他许多行业的企业都在进军金融业，其势头并不比投资控股公司差，因此，在这方面出现了趋同的趋势。当然，获利的不仅仅是金融业，还有房地产。只不过，金融证券、房地产等一旦产生泡沫，也可能遇到很大风险。

第五，进军海外。进军金融与进军海外是国投的两大战略。与中投不同，中投为国家主权基金性质，可能以财务投资为主；而国投的“走出去”战略将以实业投资为主，即主要成为战略投资者。为了规避风险，国投在海外的投资仍将选择自己所熟悉的基础设施和资源性资产等领域，这样做是很正确的。

第六，与 GE 相比。国投认为自己和美国通用电气公司 GE 很相近。确实，现在的 GE 公司确实是一个纯粹的控股公司，并且是实业和金融并驾齐驱，国投原来也是实业投资公司，后来逐步地进入了金融领域。在其他方面，例如组织模式、战略、以人为本等看上去都很相似，但是，二者之间有着重要的不同：GE 原来是从事产品生产的企业，后来品种增加了，企业组织模式变成事业部制和矩阵式，最后将实体业务完全剥离，自己蜕变成了一个纯粹的控股公司；而国投一开始就是纯粹的控股公司，自己并没有从事产品生产的经验，也没有那样的组织演变过程，只是现在看上去相似。因此，千万不可以被表面现象所迷惑，不可以自我欣赏、“东施效颦”。

第七，与淡马锡相比。国投不愿意和新加坡的淡马锡相比，原因“是他们的社会制度、考核体系、运营体系、薪酬体系和我们完全不是一回事儿”，“具体的政策、国情不一样，考核体系又完全不一样”。那么，GE 就是一回事了？政府行为不一样，向人家学不就行了？淡马锡的其他经验要不要学？人家的董事会是如何构成的？人家对下属企业的管理“十项原则”值不值得学？虽然国投最像的不是淡马锡而是 GE，但不可以排斥淡马锡的经验，应该虚心地向人家学习。

第八，消失还是留下。国资委明确提出了培育 30 到 50 家具有国际竞争能力的企业集团的目标，首先要在 3 年之内把 155 家央企整合成 80 家，现在已经“压缩”到了 120 家。因此，中央企业所面临的“最大”问题是“生死存亡”：要么吃掉别人，要么被人家吃掉。国投势头还不错，目前已有中国纺织物资公司和中国投资担保公司两个公司合并到国投，估计未来还会有一些企业将陆续合并到国投。但是，没有任何人给你打包票，你经营得不好，照样得改换门庭，所以千万不可松懈。

第九，整体上市。国投计划通过整体上市进一步扩展其发展空间。其实，已经有好多国有企业这样做了。所谓的“整体上市”是相对于以前许多老国企一样把一部分优质资产包装上市，把“负担”留给母公司的做法。其后果是对于“负担”仍然要处理。因此，“整体上市”把问题一下子解决了。青岛啤酒当时就是“整体上市”的。国投与那些老国有企业不同，所以搞“整体上市”也不难。现在的问题是，我们的“整体上市”仍然与国外大公司的体制根本不同：我们是最上边一个股东的“正三角”结构，世界500强的母公司为多个股东的上市公司的“倒三角”结构。因此，以为一个“整体上市”就“很像”了，可能恰恰又是一个“东施效颦”。

第十，公开性。国投2006年被中宣部和国务院国资委确定为全国国有企业典型。我们的“国有企业”原来叫“全民所有制企业”。顾名思义，“全民所有制企业”是归全体人民所有。上市公司的股东有知情权，那么，国有企业作为全民所有制企业，应该比上市公司更加透明。在国外，国有企业的财务报表是放到图书馆被大家随时阅览的。可惜的是，堂堂国投公司的老总还得到处去汇报和游说，宣传自己。现在有谁在哪里能够看到国投的财务报表呢?

看来，国投真正需要下工夫的方面还很多，其中一项就是提高知名度，而其途径就是提高自己的透明度。

国投：一个国企典型的创新活力

2008年的“两会”上，国家开发投资公司（以下简称“国投”）总裁王会生受到了众多媒体的“围追堵截”，这在一定程度上印证了国投近几年来显著的业绩与不断提升的影响力。

这是一个有些“奇怪”的企业，它拥有近千亿元资产，但不直接生产有形的产品，而是经营企业股权，以企业为载体，通过资本经营把国有资产变成国有资本，实现国有资产的保值、增值。

截至2007年底，国投的资产总额达1460亿元人民币，实现利润50亿元，拥有全资和控股投资企业64家。其业务范围主要集中在电力、煤炭、港口、化肥和高科技等实业领域。在成立以来的13年间，国投已经完成对50多个行业的整合，形成了六大投资公司，并掌管1000多个项目。

一直以来，国投似乎都很低调，尤其是与高调成立的中投相比，但这并不妨碍其日益受到公众及媒体的关注。引人注目的原因也许并不在于其拥有庞大的产业集群和强大的实力，或者也不在于其旗下包括国投电力在内的数家上市公司，而是在于，这样一个被誉为“国企典型”、“国企样板”的典型国企不断呈现出的创新活力。

一、国企典型

2004~2006 年，在国资委年度业绩考核中，国投连续三年获得 A 级，并荣获任期考核“业绩优秀企业”称号，2006 年更是被中宣部和国务院国资委确定为全国国有企业典型：从年创 8 亿元利润剧增到近 40 亿元利润，并首次进入资产过千亿元的大型中央企业行列，国投成为中宣部、国资委向全国推荐、重点宣传的样板企业。

这些成绩的取得源自国投从 2003 年开始的“二次创业”，这是被外界广为称赞的一次改革，通过“二次创业”，国投在前七年发展的基础之上又跃上了一个新台阶。

2003 年 1 月，王会生接任国投总裁职务。这一年，他遇到了前所未有的发展机遇：党的“十六大”召开，提出了全面建设小康社会的奋斗目标；国资委成立，明确了培育 30 到 50 家具有国际竞争能力的企业集团的目标，引入了大企业竞争机制；世界经济一体化为我国加快国内市场经济体制的建立，为国内企业的成长和发展提供了极好的外部发展环境。王会生看到了压力，但更看到了“央企产业布局调整给国投带来的机遇”。

王会生对于当时国投面临的形势有非常清醒的认识。“我觉得无论是从公司内部、外部形势发展的需求，还是从整个大竞争环境的需求来看，我们都必须加速发展，还必须创新。从企业内部看，员工的干劲还没有完全释放出来；在外部市场看来，我们是一个实力和影响力都不大的企业，因为我们在市场中竞争力还不强。所以，我们必须再打下一个加速发展的基础。这个发展是指项目布局。没有一批赚钱的好项目，没有一批在国家经济发展布局中有重要作用和影响力的项目，没有让员工光荣自豪的项目，企业就难以发展。在这个基础和前提下，我们提出了‘二次创业’。”

2003 年，国投开始了“二次创业”，并制定了五年发展规划和十年设想，提出了五年成为“国内一流”、十年成为“国际一流”投资控股公司的战略目标。经过五年的艰苦努力，国投的资产总额从 2002 年的 733 亿元增加到 2007 年的 1460 亿元，增长 99%；营业收入从 99 亿元增加到 306 亿元，增长 209%；实现利润从 8.6 亿元增加到 50 亿元，增长 481%。

谈到成功的秘诀，王会生说得很简单：“国投的成功秘诀就是实事求是、团结、创新。只有务实了，才能创新，发现了问题，就要找解决问题的办法，就必须创新。”他告诉记者，2004年国投的利润比2003年翻了将近1倍，如果当时他们满足了，就不可能有今天。但他们却一直在找差距，不停地找问题，不断地反思自己。

在企业这一发展过程中，王会生担负着多种角色，他曾经被人戏称为“公关先生”。原因就是他在刚上任之初，带着同事用了几个月的时间，到处去汇报、去游说，目的是想要让新成立的国资委，还有原来不了解投资控股公司或者国家开发投资公司的一些领导、机关、社会包括合作伙伴，或者潜在的合作伙伴多了解国投。

二、国投的历史就是创新的历史

“可以这样说，国投这五年的发展历史是探索的历史、是创新的历史，国投走过的每一步都是创新，国投的发展和管理各个方面都离不开创新。如果因循守旧就没有国投的今天，”王会生对记者动情地说。的确，国投走过的是一条探索之路，一条创新之路。我国企业的发展模式，绝大多数是以产业控股公司的发展模式为主体的，像石油、石化、电信、电力等企业起步早，比较成熟。而投资控股公司的发育比较晚，得到各方面的认识和重视也比较晚，在成立之初没有先例，发展既没有经验可借鉴，也没有现成的路可走，所以在发展模式、管控体系等方面都需要探索、创新。王会生说：“发展的问题如果因循守旧，我们还在徘徊。管理的问题如果因循守旧，我们还是原来那套传统的办法。以人为本如果还因循守旧，老百姓就不会有目前对公司的高度认可。如果对外宣传还因循守旧，国投就不会有目前的社会影响力。可以说，创新成就了现在的国投。”

作为一个由中央出资设立的国有投资控股公司，其投资行为既要考虑社会效益，体现政府的政策性和扶持性，同时又要兼顾经济效益。而通过创新思路，国投在二者之间找到了很好的平衡点。

王会生对本刊记者介绍说：“我们坚持国家公司要干国家的事，服从服务国家发展战略和产业政策，特别是国家区域战略布局中的重大战略规划，紧紧围绕国家实施西部大开发、广西北部湾经济区发展规划的机遇，发展关系国计民生、具有大作用和大影响的大项目，公司80%的投资项目布局在国家要重点发展的中西部地区，充分体现了国家战略投资意图。”同时，跟随时代发展的趋势，国投又在不断调整投资策略，寻找新的盈利增长点。

三、加大海外投资　发展金融板块

国投原本形成的是三足鼎立的业务布局：实业、服务业、国有资产经营，针对的是国内市场。其实业投资重点投向电力、煤炭、港航、化肥等基础性和资源性产业。作为国资委确定的国有资产经营公司试点单位，国投在国有经济布局结构调整中发挥着国家投资控股公司的独特作用。

国投非常重视资源性、基础性的产业建设，因此全力以赴参与“运煤三通道”的建设工作，成功控股“三通道”的出海口曹妃甸港和京唐港的煤炭下水码头。国投还加速推进镇江大港、洋浦港和龙口西港工程建设；适度发展航运业；立足做大罗布泊钾肥，整合海内外化肥资源。

现在，国投利用创新思维提出了“走出去”战略。王会生在“两会”期间向媒体透露，未来 5 年，海外投资和金融投资将成为国投新的重点投资领域。

“走出去”战略将是国投“二次创业”第二个 5 年规划中着力推进的一大战略，是在成功打造国内一流的基础上，瞄准国际一流的大战略。“我们认为，经济全球化，没有国界限制。从全球发展的角度出发，全世界都应该纳入一个总体的发展战略，这是国际大企业的发展战略。国外那么多公司都跑到中国来开发，我们为什么不到国外去开发呢?”王会生告诉记者，国投的“走出去”战略将以实业投资为主，同时也包括与境外产业基金的合作。

王会生说，国投已经开始进行海外投资的准备工作，未来国投希望通过投资海外市场以及金融市场，获取更大的收益。

“我们之前已经在国内资本市场进行过一些投资，收益比较丰厚，”王会生说，但衡量一个投资控股公司是否成功，金融和海外市场是重要标准，“这就像一匹马，最烈的马是最好的马，金融就是最烈的马，可能高风险，但也伴随高收益。”

王会生表示，尽管国投的起步晚于中投，但国投在十一五规划期间，金融和海外市场将成为两大重点。国投计划在未来把投资金融的比例从现在的占总投资的10%提高到 20%以上，收益高于 20%。“入股商业银行、信托、期货、基金，目前都在探索过程中，下一步所有的金融领域都是国投考虑的对象，”王会生说。

对于中投进军海外遭遇的投资风险，王会生表示，国投在海外投资的开始，仍将选择熟悉的基础设施和资源性资产等领域，以有效规避投资风险，并把防止风险放在首位。

对于国投 2008 年的投资规划，王会生透露，国投 2008 年对外投资额约为 70 亿元人民币。从长远看，国投计划通过整体上市进一步扩展其发展空间。

实际上，国投的金融板块已经有了实实在在的支撑和长足发展。

2004年7月，国投收购了弘泰信托投资有限公司，后更名为国投信托有限公司。

2005年12月，国投与瑞士银行（UBS）合作，共同投资了国投瑞银基金管理公司。

2005年12月，国投参股投资渤海银行股份有限公司。

2006年10月，经国务院批准，中国投资担保有限公司并入国家开发投资公司，成为国投的全资子公司。2007年新增担保规模100亿元，实现担保收入1.1亿元。

2007年5月，国投再度与瑞银集团合作，组建了瑞银证券。

从2003年到2007年底，国投信托、国投基金和国投资产管理公司控制的金融资产超过了600亿元。国投金融业的发展，不论是对公司理财、投资好项目好产品，还是对增强国投的影响力和竞争力，都发挥了重要的作用。

未来，国投还希望实现整体上市，王会生坦言，将众多的行业进行梳理优化并不容易，但国投会进一步加大对相关行业的整合力度，并在条件成熟时，将不同板块的资产运作上市，最终实现国投的整体上市。他预计，5年之内公司资产总额将达到3000亿元。让我们拭目以待。

[相关链接]

国家开发投资公司成立于1995年，截至目前，国投公司拥有参股企业251家，资产总额960亿元，2005年实现利税59亿元。截至2007年底，公司拥有全资和控股投资企业64家，员工总数5万多人，资产总额1460亿元，所有者权益309亿元，实现利润50亿元，是我国目前最大的国有投资控股公司和中央直接管理的大型国有独资企业。

[专访]

王会生：为出资人，为社会，为员工

《经济》杂志见习记者 陈琳琳

5月12日汶川地震发生后，国投立刻作出了反应，先后三批捐款达到1200多万元。身为总裁的王会生更是在第一时间到四川察看国投控股公司——二滩水电开发公司的情况。这些都显示了国投高度的社会责任感，而社会责任感正是一个企业不断创新发展的原动力。

重视企业的社会责任

《经济》：国投的企业宗旨是什么?

王会生：2004年，国投创造性地提出“为出资人，为社会，为员工”的企业宗旨，进一步提升了国投公司的凝聚力和竞争力。正是为股东（政府）谋求最大回报率的激情让国投一直保持了高速增长，而这也是我们在未来长期发展的最重要动力。同时，我们也非常重视企业的社会责任，我们非常注意这一点。同时，我们秉承着“以人为本”的理念，把员工的利益放在心上，把员工利益和企业利益紧紧联系在一起。

《经济》：国投投资了很多资源性项目，特别是一些煤炭、水电项目，国投是如何处理发展与环保之间的平衡关系的?

王会生：按照国家关于环境保护与循环经济的发展战略，以及当前我国资源节约和环境保护的迫切形势，我们坚持科学发展观，把节约能源、提高能效、减少环境污染作为企业持续、健康发展的内在动力，积极推行清洁生产，全面加强环保建设，大力发展循环经济，坚持走“科技含量高、经济效益好、资源消耗低、环境污染少的新型工业化”道路。

我们还十分重视煤炭资源回收，提高资源回采率。在今年全国煤炭资源回采率专项检查中，国投所属的煤炭企业资源回采率大多被评定为较好，是唯一一家国土资源部公布的央企所属煤矿资源回采率全部达标的企业。

最喜欢GE的企业文化

《经济》：听说你非常欣赏GE的企业文化，为什么?

王会生：2005年我到GE公司学习，学习过程中发现国投和GE很相近。当时我就想，如何能让国投职能部门和GE公司加强交流。GE原是一家主营电机电器的纯实业投资公司，后来他们又瞄准了金融业。现在的GE公司是实业和金融并驾齐驱。国投实际上也是实业投资公司，从“二次创业”开始进入金融领域，并准备在下一步把金融做大。GE公司在全球的投资，从管理上看，有它的业务管理体系，也有它的职能管理体系；国投也是这样，国投总公司是职能部门体系，业务是一个一个的子公司体系。GE公司最突出的东西是在战略上，它的战略就是推行一流战略，不是一流的战略不要，而且战略制定下来以后，还要不断地完善，不断地与时俱进，不断地与大家沟通。GE的老总说，GE公司的战略就是在和大家不断谈话中制定的。国投也是这样，推行一流战略，战略的出台先是党组成员沟通，大家都认为不错后就定下来交给全体员工讨论，最后，大家形成共识，强化战略的执行力。GE 公司的经验有两点，一是战略，二是以人为本；而国投也是这样，国投提倡从最能体现以人为本的小事情做起，反对喊口号说空话。我觉得国投和 GE 很像，GE 的以人为本，以及公司从最高领导到最基层员工在贯彻战略上的一致性，这种企业文化和我们国投很相近，所以，我非常感兴趣。

《经济》：国投经常被拿来和淡马锡比较，对此你怎么看？

王会生：从心里讲，我很难说国投能够与淡马锡完全对比，因为他们的社会制度、考核体系、运营体系、薪酬体系和我们完全不是一回事儿。我们国投只是学习参考了淡马锡对我们有用的一些思路。比如说，淡马锡旗下是一个板块一个板块的上市公司，我们国投现在也是这么运作的；淡马锡是政府的全资公司，我们国投也是政府的全资公司，但是具体的政策、国情不一样，考核体系又完全不一样。比如，新加坡政府把资源项目交给淡马锡，对没有效益的产业，政府单独立法，考核上也是另算，但如果是有效益的项目，就必须按照市场规则去运作。而我们和他们不一样，不论政府交给你的项目是优良的还是不良的，考核是同样的。说实在的，我觉得我们公司最像的不是淡马锡，而是 GE。

五年后实现利润 100 亿元

《经济》：国投这几年的发展是有目共睹的，你认为成功的关键是什么？

王会生：五年来，国投之所以发展、成功、被大家认同，非常重要的一条就是我们始终坚持投资控股公司的方向不动摇，始终高举投资控股公司这面旗帜凝聚大家、发展事业，没有这面旗帜就没有国投的今天，就没有国投的未来。正是有了投资控股公司这种特殊的定位，社会、市场、监管部门以及出资人才会认可我们是行业的排头兵。

《经济》：现在国投发展面临的环境和五年前有什么不同？

王会生：这五年，国投发展很快，资产每年以 30%、40%的速度增长，可以说取得了历史性的进步。我们自己和自己比很自豪，但横向一比，仍有差距。当年国投在国资委的排位是资产和利润都是 23 位，到去年排位却到了 33 位，这说明大家都在发展，发展速度都很快。从纵向比，排位 A 级的产业公司经过这几年的调整，特别是综合发展的产业公司，如中海油、中粮、招商局集团都在主业发展的基础上向金融投资拓展，还有煤炭、电力企业，有电厂、煤矿、铁路、港口、金融上市公司，其功能和手段哪点比投资控股公司都不差，而且这种区别越来越小，呈现出趋同的发展趋势。一纵一横的比较，说明投资公司的优势正在削弱，我们下一步发展面临的竞争将越来越激烈，所以要更加清醒地认识我们进一步发展还有哪些亟待解决的不足和问题。

《经济》：在“两会”上你对媒体透露国投准备走 PE 之路，是这样的吗？

王会生：国投就像一个大 PE 公司，用国家的钱投资、管理一家又一家的企业。原来投资的企业没上市，还不像 PE，现在投资的企业开始逐步上市了，虽然还不规范，但已经有 PE 的味道了。我们想开拓 PE 这条新路，或者叫做强金融板块。总之，是要依托市场，从小 PE 向大 PE 发展，探索出一条真正适合于中国、适合于国投的私募股权投资之路。

《经济》：今后加大金融板块的投资比例是出于什么样的考虑？

王会生：国投“二次创业”的初期，在其三足鼎立的业务布局中，金融服务业实际上非常薄弱，尽管国投十分向往这个领域，但却一直没有碰上好的机遇。像煤炭企业、电厂，其产品是简单的，就像是被驯服的一匹好马，随便牵着走就行。但金融却像一匹烈马，可越是烈马，越是好马，越是千里驹，你能降伏它，就是优秀企业的标志。如果企业只能骑毛驴，那你就只能搞一家传统意义上的小公司。如果能降伏烈马，那你就不仅能搞实业，还能搞金融，既能抗风险，又有能力和影响力。搞金融是衡量一家企业是否具有抗风险能力、是否具有抓住大效益的投资机遇能力、是否具有驾驭跨国公司能力的标志。我认为，国投有这个能力，也有这个需要。国投拥有非银行金融机构的功能，才能为国投的发展搭建很好的平台。

《经济》：国资委提出，要在三年之内把 155 家央企整合成 80 家，这对国投来说意味着哪些机会？

王会生：按照国资委的目标，有近 80 家的企业要进行整合重组。国投是试点单位，目前已有两个公司合并到国投，分别是中国纺织物资公司和中国投资担保公司，未来还会有一些企业将陆续合并到国投。除实业经营以外，我们还将进一步加大资产经营管理的力度。

《经济》：国投在下一个五年的发展目标是什么？

王会生：2008 年是国投“二次创业”第二个 5 年规划的开局之年，按照规划，到 2012 年国投的资产到 3000 亿元，利润 100 亿元，这还是一个偏保守的数字。未来 5 年，我们还将按照三足鼎立的战略布局去推进，在推进过程中，完善海水淡化、农业复合肥、煤化工的创新布局。再过 5 年，国投应该成为国民经济中有重要作用的公司、在市场上受人尊敬的公司、在员工心中引以为自豪的公司。

第7篇 对“中国人寿”的X光透视[①]

“中国人寿”听上去应该是和每一位中国人都有关的公司。但是，也许并不是所有人都很了解“中国人寿”的情况。我们可以从资金来源与资金运用或者从业务与资本两个角度来考察其特征。

一、业务多元化

从业务的角度看，可以发现，中国人寿的经营范围在逐步扩大，就像水中的波纹，一圈一圈地向外扩展。

第一圈，以寿险作为核心主业，资产管理作为非保险的核心主业。例如，2007年该集团共实现保费收入2206.68亿元，占全国总保费收入的三成多；集团总资产已达11873.88亿元，其中，境内总资产约占全行业总资产的41%。

第二圈，将核心业务扩大到养老金公司和财产险公司。目前，中国人寿已经拥有了企业年金受托人、账户管理人和投资管理人三个资格。按照中国人寿未来5年的发展规划，养老保险公司到2012年受托业务基金规模将达到530亿元，管理账户数量将超过180万户，致力于成为中国最大、最有影响力的专业养老保险公司。

第三圈，将核心主业扩大到银行、基金、证券、信托等相关领域。例如，中国人寿已经投资了广东发展银行、中信证券等金融机构，参股的银行数量已经达到九家；正在筹备成立中外合资的基金管理公司，并得到了保监会的支持；中国人寿对信托行业表现出兴趣，并与中诚信托接触。

从以上轨迹可以看出，中国人寿的业务多元化是沿着比较严格的相关多元化展开的，就是稍微远一些的混合多元化，也基本在金融领域内。这也是符合稳健的原则的。

---

①《经济》杂志2008年第2期。

二、股东多元化

从资本角度看，我们可以注意到股东、董事、监管三个层面。

第一，从股东构成看。首先，中国人寿是一家股份有限公司；其次，中国人寿是在香港、纽约和上海三地上市的股份公司；此外，中国人寿的股东中也包含有其他金融类企业，特别是将正式迎来“银行股东”。股权纽带的建立将推动既有的银保合作发生重要改变。

第二，从董事构成看。独立董事所占比已达 60%，这与世界 500 强排名靠前的 12 家保险公司中独立董事的平均占比 68%的情况已经基本接近，考虑到亚洲保险公司独立董事占比不足 20%，可以认为，中国人寿治理结构是比较合理的。

第三，从监管方式看。作为一家三地上市公司，中国人寿在实践中严格遵循三地监管规则，特别是遵循中国香港联交所《企业管治常规守则》和美国《萨班斯法案》及404 条款的要求，致力于遵循国际最佳公司管治实践，全面加强内部控制和风险管理，使公司的治理水平迈上了一个新的台阶。

三、值得讨论的问题

除了以上内容外，还有一些值得讨论的问题。

第一， 股份公司与非股份公司。人寿保险公司的企业形态是否一定是股份公司呢？答案是不一定。从国外情况看，人寿保险公司可以是股份制的公司，也可以是非股份制的公司。例如，在日本就有相互生命保险公司。这时投保人为所有人，年度收益与投保数量期限挂钩，由于投保人数众多，董事会的人选在报上公布，没有太大问题就通过了。相互生命保险公司可以是银行的大股东，而银行不可能反过来成为相互生命保险公司的股东。

第二，归核化与多元化。中国人寿将业务扩展到相关领域，这可能带来新的机会和效益，同时也可能有新的风险。你进入别人的领地，也就得允许别人进入你的领地。换句话说，中国人寿的竞争对手已经扩展到银行、基金、证券等其他金融机构。在一个“与狼共舞”的时代，也得注意不要被狼吃掉。

第三， 相互持股与策略联盟。企业之间的联系有资本联系与非资本联系或业务联系。中国人寿持有其他企业的股份，而其他企业又成为中国人寿的大股东，这样就可能形成“相互持股”的关系，即与日本企业集团类似的结构。另外，企业之间也可以是没有股份的、长期合作的关系，形成所谓的“策略联盟”。那么，究竟在什么情况下应该结成股份关系，在什么情况下不应该结成股份关系，还值得探讨。比如农村网点，与邮局合作不也是一种选择吗？

第四，中国企业与国际企业。中国人寿要努力成为世界一流企业，这就需要“对标管理”。比如，目前名列全球500强的一些大型保险公司的业务范围几乎涵盖所有金融领域，中国人寿也在向这方面发展。作为上市公司，监管的力度也很大。那么我们应该如何监管国有企业，是应该高于上市公司还是应该低于上市公司？国有企业的公开性怎样？再如品牌价值，虽然中国人寿连续4年成为国内十大最具价值品牌，但是，其品牌本身就有研究的必要。中国国有企业最大梦想就是挂上“中国”二字，放到最前面，而西门子（中国）有限公司就把“中国”二字放到了中间。

第五，长期行为与短期行为。从人寿保险的本质来看，个人年轻时入保，30年后享用，这是一种比银行存款长得多的长期资金。从全社会看，这种长期资金又会投入到企业中去，让全社会分享长期繁荣。但是，当今中国，又有多少人能有这种长期行为？股票原始股可以涨百分之几百，一般股票也追求一天10%的涨停，权证更不用说了。假如都是此类短期行为，甚至陷入“全民浮躁”，那人寿保险又有何用武之地？

也许，对个人来说，应该有一个合理的资产结构，比如储蓄、股票、保险各占1/3？至少现在看不出什么苗头。所以，中国人寿的路还很长。

中国人寿的新征途

2008年1月29日，中国人寿工作会议在北京西直门宾馆召开，这是继2007年中国人寿提出建设国际顶级金融保险集团之后的首度年会。这一年，中国人寿上交了一份漂亮的成绩单。

据集团董事长杨超介绍，2007年该集团共实现保费收入2206.68亿元，占全国总保费收入的三成多，集团总资产已达11873.88亿元，其中境内总资产约占全行业总资产的41%。

2007年，中国人寿连续第5年入选《财富》全球500强企业，目前居第192位，并首次入选“世界品牌500强”，连续4年成为国内十大最具价值品牌，品牌价值达589亿元。

在这次年会上，中国人寿提出，2008年要继续巩固主业优势，推进国际顶级金融保险集团建设，新的征途就在脚下。

一、新战略

2007年11月，中国人寿发布公告称，公司将分别向中国人寿财产保险股份有限公司（下称财险公司）和养老保险公司增资。此项增资举措应和了杨超提出的将中国人寿发展成为“国际顶级金融保险集团”的战略目标。

作为一家国有企业，“十一五”期间，中国人寿制定的目标是建设一个资源配置合理、综合优势明显，主业特强、适度多元的大型现代金融保险集团，努力做大、做强、做优。

按照杨超的叙述，所谓主业特强、适度多元就是要进一步集中力量，加大发展力度，强化寿险业务和资产管理业务已经具备的领先优势，在此基础上，稳健拓展财产险和企业年金以及相关配套的金融服务等新业务领域。

据悉，按照“主业特强、适度多元”的发展战略，寿险将作为中国人寿当然的核心业务，而财险和养老、年金业务则为非寿险的核心业务，另外包括银行、证券、基金、信托等领域则被纳入非保险核心业务。

分析人士指出，公司寿险业务发展稳定，在2006年较高的基数上实现稳定增长。但公司在业务发展方面面临较大的行业竞争压力，公司未来将通过推出新品种拓宽公司的经营渠道，以保障保费收入稳定增长。另外，公司向银行、证券、信托等其他金融领域扩张，资本实力得到不断的提升。

目前，名列全球500强的一些大型保险公司，如法国安盛、荷兰国际集团、日本生命、美国AIG、德国安联、英国英杰华等都是综合性金融集团，业务范围几乎涵盖所有金融领域。

分析人士指出，金融控股公司“集团综合、经营分业”的特点不仅使我国金融业可获得综合经营的正面效应，还可以使原有的分业监管仍然有效。因此，在未来一段时间内，以保险公司的控股公司为主体，通过资本运作控制银行、证券等非保险金融机构，以保险金融控股公司的形式，按照“集团综合、经营分业”的原则实现综合经营，无疑是我国保险业走向综合经营的现实选择。

杨超指出，中国人寿打造金融保险集团的战略并没有明确的时间表，主要视整体政策法规的放开程度而定。

据悉，在战略实施上，中国人寿已完成第一步——以寿险作为核心主业，资产管理作为非保险的核心主业。第二步是将核心业务扩大到养老金公司和财产险公司，第三步是将核心主业扩大到银行、基金、证券、信托等相关领域，从而使公司的发展前景和投资价值得到更为广阔的提升。

据悉，中国人寿已经投资了广东发展银行、中信证券等金融机构。目前中国人寿正在筹备成立中外合资的基金管理公司，并且得到了保监会的支持，但未有新进展可以披露。与此同时，中国人寿也对信托行业表现出兴趣，并与中诚信托在进行接触。

杨超表示，中国人寿选择了“主业特强、适度多元”的发展战略，部分是基于日趋复杂的外部竞争环境的考虑。

随着保险业务领域逐步扩大和投资渠道不断拓宽，保险市场与资本市场、货币市场、外汇市场互动关系加深，保险业面临的风险因素不断增加，风险跨市场、跨行业传递的可能性不断加大。

除了保险同行外，随着金融综合经营趋势深入发展，金融机构跨行业竞争日益明显，中国人寿的竞争对手已经扩展到银行、基金、证券等其他金融机构。

二、“特强”的主业

庞大的销售网络、加大宣传力度和加快品牌建设以及公司在二、三线市场和交叉销售方面的独特优势支撑中国人寿未来承保业务迅猛增长。一些证券公司纷纷给予中国人寿“强烈推荐”的评级。

2007 年，中国人寿共实现保费收入超过 2200 多亿元，占全国总保费收入三成多。寿险和资产管理业务保持强劲增长，财产保险、养老保险、国寿投资、富兰克林资产管理等新公司快速启动，发展势头良好。

中国人寿发展战略中的主业究竟要强到什么程度？分析人士指出，通过各类保险指标的国际比较表明，我国保险行业蕴涵巨大机会。预测未来 5 年内复合增长率可达 15%，未来 20 年复合增长率可达 12.3%。

1990 年至 2006 年，国内寿险业年复合增长率达到 25.1%。在经济高速发展、居民收入大幅提高、人口老龄化特征显著和人口高峰即将来临四个因素推动下，国内保险业大发展的基础没有改变。在政策面上，保险业“国十条”的颁布完成了对保险业的初步定位，保险业进入了历史上政策最好的时期。

未来中国人寿的保费增长不乏动力。动力之一是对二、三线城市的开拓。从保费增速来看，上海、江苏等地区的增长开始出现乏力，传统落后的城市发展迅猛。

2007年1~9月，上海和江苏的保费同比增长率分别为15.5%和15.1%，远远低于全国平均23.6%的水平。

中国人寿的下一步重点发展目标是农村市场。杨超表示，经过5年时间的铺垫和积累，农村市场现在已经是产出期了。中国人寿新推出的针对农村市场的国寿新简易人身两全保险在试点过程中大受欢迎，将会发展成为在农村地区主推的产品；农村和成熟市场由于经营成本不同，农村市场的盈利水平比较可观。

分析人士人认为，由于拥有中国保险行业最大的销售渠道，中国人寿在二、三线城市市场具有网点和品牌方面的先天优势，短期内其他机构很难与之抗衡。此外，在农村业务中，中国人寿同样面临较小的竞争压力。

杨超表示，2008年寿险股份公司将确保占全国市场份额40%以上，并巩固市场的主导地位，加大结构调整的力度，提升续期业务对整体业务的贡献度，推动业务发展方式的优化升级，统筹城市业务与农村业务，促进城乡协调发展。

作为非寿险的核心业务，中国人寿的财险业务在2007年也得到了长足发展。

2007年，中国人寿保险集团增设了中国人寿财产保险公司。财险公司目前注册资本金为人民币10亿元。其中，公司出资人民币4亿元，占40%；保险集团公司出资人民币6亿元，占60%。公司和保险集团计划向财险公司增资人民币30亿元，使其注册资本达到人民币40亿元，其中公司拟增资人民币12亿~20亿元，剩余由集团公司出资。

中国人寿于2007年11月29日发布公告，向中国人寿财产保险股份有限公司进行增资，增资总金额将超过38亿元。分析人士指出，公司此次大力支持财险和养老险业务，是通过互动、互补促进公司业务新的发展。

2008年中国人寿也加入分食企业年金蛋糕的大军中来。

作为我国社会养老保障体系三支柱之一，企业年金已经越来越为企业和员工所关注。尤其是《企业年金试行办法》及《企业年金基金管理办法》颁布以来，各地政府纷纷出台当地企业年金实施办法，对建立企业年金给予相应的税收优惠政策，促进了企业年金的发展。

据悉，自劳动和社会保障部公布《企业年金试行办法》以来，中国人寿在企业年金方面开展了大量的准备工作，在劳动和社会保障部公布的第一批企业年金基金管理机构中，中国人寿取得了账户管理人及投资管理人两个资格，并且成立了中国人寿养老保险公司。

近期，中国人寿与具有受托人资格的中诚信托就企业年金业务签订了战略合作协议，双方共同构建了企业年金“三位一体”的经营模式，致力于为双方的客户提供全方位的企业年金服务。

杨超表示，养老金业务将是中国人寿发展的重头戏，“前景比寿险、财险都大”。兼任养老险公司董事长的万峰表示，中国人寿将全面支持养老险发展，12月中旬左右，养老险公司的派出机构在全国各省（除西藏）成立。

三、多元化路径

2008年1月29日，中国人寿与招商银行在北京签订了全面战略合作协议。按照双方此次签订的协议，除目前已全面开展的银行兼业代理业务以外，双方还将在合作开发集合年金计划、捆绑进行企业年金市场拓展、合作发行联名信用卡、合作开发兼具银行、保险与财富管理功能的金融产品等方面进行有益的探索。

银保合作的政策阀门才刚刚开启，此前作为不同业务类型的金融机构，银行、保险合作自2002年之后开始大规模兴起，但目前大多数合作仍然停留在浅层次上的代理销售产品层面。

中国银监会和中国保监会2008年1月22日宣布，经国务院同意，双方已签署《关于加强银保深层次合作和跨业监管合作谅解备忘录》。商业银行和保险公司在符合有关规定及有效隔离风险的前提下，按照市场化和商业平等互利的原则，可开展相互投资的试点。

业内人士表示，保险业将正式迎来“银行股东”，股权纽带的建立将逐渐推动既有的银保合作发生质变。一旦银行参股保险公司，双方资源的优势互补效应会非常明显，保险、银行业务盈利模式和盈利周期的差异，有助于平衡不同行业的生命周期，长远来看，不仅有助于银行参与分享保险业的成长收益，更有助于提升银行机构乃至集团的综合竞争力。

杨超表示，金融混业经营发展是世界潮流，中国人寿发展方向也是国际顶级金融保险集团，只要政策允许，都要先行一步。对于中国人寿和各商业银行的合作，杨超有着自己的理解。

杨超认为，银保之间的资本纽带促成了多种业务的合作，这远远高于一般性的全面业务合作。因此，在今后银保合作的策略变化上，一是立足于自身发展战略，寻找未来与国寿发展战略相互匹配、相互支持的金融机构；二是加强与其他所有商业银行之间的业务合作，这不仅对中国人寿来说是一种好的合作方式，对所有银行和其他金融机构来说，也是一个增加盈利和收入的好渠道。

按照“主业特强、适度多元”的发展战略，银行、证券、基金、信托等领域被纳入非保险核心业务。杨超表示，中国人寿目前战略持股广发行、中信证券以及与中诚信托接触都是为更好地发展“主业特强、适度多元”的战略。

中国人寿目前是广东发展银行（下称广发行）的主要股东，在入股之际，中国人寿与广发行签订了战略合作协议，广发行将优先全面代理中国人寿的保险产品，而中国人寿也会在资金和存款以及资产的托管、结算等业务方面为广发行提供便利和支持。

此外，中国人寿还持有中国银行、工商银行和建设银行的股份。2007 年 6 月，中国人寿参与中国民生银行的非公开发行，投资 54.48 亿元人民币认购民生银行 7.14 亿新股。

目前，中国人寿参股的银行数量已经达到九家。杨超表示，中国人寿将对这些银行长期持有，并且“不会错过资本市场上任何一个投资机会”，只是会不会以控股收购的方式大举进军银行业并无时间表。

中国人寿筹备基金公司的步伐正在加快。去年以来的牛市使基金成为热销产品，几家银行系基金公司得以分享财富效应，保险系基金公司仍无声息。相关部门负责人曾公开表示，保险公司设立基金公司是一个发展方向，但出台“还有很多程序”，保监会正在进行相关研究。

杨超透露，2007 年底已向保监会递交设立基金公司的申请，目前正与数家潜在合作伙伴接洽。据悉，保监会对中国人寿设立基金公司的申请表示支持，还需取得证监会批准，目前两大监管部门正在协商。中国人寿正与数家外资公司洽谈合资成立基金公司事宜，目前不便透露潜在合作方。

业内人士认为，保险公司设立基金公司，不仅可以产生稳定、可观的利润，更重要的是可以提高投资创新能力，提升投资管理水平。一些业内人士认为，通过保险资产管理公司设立基金公司，可在现有平台上开展综合理财业务。

目前中国人寿的权益类投资以股票和基金为主，今后将加大股权投资比例，股权投资重点主要在金融和基础设施等领域，并将积极参与大型国企改制和重组。

[专访]

目标：国际顶级金融保险集团

——专访中国人寿保险（集团）公司总裁　杨超

作为我国最大的寿险公司，中国人寿无疑将直接受益于行业成长。在金融混业经营的趋势下，中国人寿确立了“主业特强、适度多元”的发展战略。就此《经济》

杂志对中国人寿保险（集团）公司总裁杨超进行了专访。

《经济》：近两年中国人寿在银行、证券、信托方面股权投资动作日益频繁，这些举动背后是否表明中国人寿正在进行战略调整？

杨超：中国人寿作为国有骨干保险企业，在实践中充分落实科学发展观，率先抢抓机遇，走出了一条全面协调、可持续的发展道路。近两年，我们按照国务院23号文件精神，在大力拓展保险业务的同时，深入分析市场变化，充分把握市场机遇，在有效防范风险的前提下，积极组织资本运作，创造了令世人瞩目的业绩。特别是你提到的一系列股权投资，使中国人寿的综合实力得到了很大增强。但这不是战略调整，是审时度势实施公司发展战略的重要举措。

当前我们正处在一个社会经济飞速发展、市场竞争日趋激烈的时代，结合国内外金融市场变化及中国人寿的实际情况，我们确立了“主业特强、适度多元”的发展战略，明确了打造国际顶级金融保险集团的奋斗目标。围绕这一目标，我们对集团内部各类资源进行科学配置、有效整合，努力打造集团一体化的运行模式，着力创建资源优化型企业，充分发挥中国人寿的整体综合优势。

《经济》：能否请您谈谈国际顶级金融保险集团的具体内涵和总体规划？

杨超：根据对众多国际顶级企业的分析研究，结合国情、公司情况，我们将国际顶级金融保险集团的内涵概括为九方面三十六个字，即“实力雄厚、管治先进、制度健全、内控严密、技术领先、队伍一流、服务优良、品牌杰出、发展和谐”。我们认为这九个方面的内容基本反映了国际顶级企业的重要特征，其中的每个方面都有比较丰富的内涵。

在总体规划上，我们考虑分三步走。第一步，以寿险作为保险核心主业，把资产管理作为非保险核心主业，由传统的负债主导型寿险公司转变为资产负债管理型寿险公司，这一步已经完成。第二步，将核心主业扩大到养老保险和财产保险，着力创建一个功能齐全的综合性保险服务集团。目前，中国人寿已经迈出了第二步，拥有了企业年金受托人、账户管理人和投资管理人三个资格，全面开展企业年金业务的条件已经具备。同时，财产保险公司已有11家省级分公司开业，今年底将基本完成全国省级分公司布局。第三步，将核心主业通过多种渠道稳步扩大到银行、基金、证券、信托等非保险领域，从而使中国人寿的发展前景和投资价值得到更为广阔的提升。

《经济》：中国人寿占据国内寿险一半左右的市场份额，今后在寿险这一块前进的动力何在？

杨超：我国有13亿人口，尽管近年来寿险业发展迅猛，但是投保寿险的人口比例仍然很低，并且保额较低。与发达的国家相比，我国的保险深度、保险密度以及保险费支出占家庭资产比重差距很大。同时，人口老龄化加剧、医疗养老体制改革、新农村建设以及随着经济社会发展保险需求不断增强等等，都说明我国保险市场特别是寿险市场仍然蕴藏着巨大的潜力。

作为一家在香港、纽约和上海三地上市的企业，中国人寿保险股份有限公司始终致力于以优化结构、优化服务、强化管理来提升竞争能力和盈利能力，坚持以加快发展不动摇、健康发展不动摇、可持续发展不动摇来巩固和扩大已经取得的领先优势，使寿险业务继续走在同业前面。

《经济》：中国人寿在各省都成立了养老金中心，下一步的目标是什么？很多保险公司都在抢夺企业养老金业务，中国人寿会采取哪些应对措施？

杨超：目前，养老保险公司在 35 个省级单位设立了养老金中心，作为中国人寿养老保险公司在各省市的派出机构。同时，集团将充分利用寿险股份公司的网络、人员、技术、设备等资源，全力支持养老保险公司的快速发展。

根据国家相关政策，传统的团险业务要逐步向养老保险公司转移，这将大幅度提升国寿养老保险公司的市场地位。按照中国人寿未来 5 年的发展规划，养老保险公司到 2012 年受托业务基金规模将达到 530 亿元，管理账户数量将超过 180 万户，努力成为中国最大、最有影响力的专业养老保险公司。

目前，中国人寿已经具备企业年金受托管理人、账户管理人、投资管理人三项资格，我们将以全新的姿态出现在企业年金市场，充分发挥中国人寿品牌卓越、实力雄厚、网络健全、客户众多的综合优势，为更多企业职工提供高标准的社会保障服务。

《经济》：12 月 4 日，中国人寿荣获首届“最佳公司管治大奖”和香港主板恒生指数公司类“公司管治卓越奖”，几天后，IR 杂志授予中国人寿国企类“2007 年最佳公司治理优异奖”，您认为中国人寿多年来在公司治理方面取得了怎样的成就？

杨超：我认为，一个良好的公司治理不一定能确保企业走向成功的顶峰，但一个不好的公司治理却能摧毁任何一个已经成功的企业。中国人寿集团作为一家上市公司，寿险股份公司在实践中严格遵循三地监管规则，特别是遵循中国香港联交所《企业管治常规守则》和美国《萨班斯法案》及 404 条款的要求，致力于遵循国际最佳公司管治实践，全面加强内部控制和风险管理，使公司的治理建设迈上了一个新的台阶。

同时，公司建立了以董事会为核心的决策机制，经营管理中的发展战略、年度经营计划、重大投资和风险管理等重大决策都通过董事会研究决定，切实履行了董事会的职责。据统计，世界 500 强排名靠前的 12 家保险公司中，独立董事的平均占比是68%，亚洲保险公司独立董事占比不足20%，而中国人寿独立董事占比已达60%，治理结构非常合理。

此外，公司还积极倾听机构投资者意见，注重从不同层面获取对企业有益的信息。2007年，寿险股份公司在广西南宁和桂林举办了首届"全球分析师公司开放日"活动，这不仅是中国上市企业中投资者关系工作的创新，在国际上市企业中也走在了前列。

《经济》：不久前，中国人寿发布了中国保险业界的首份《社会责任报告》，作为国有骨干保险企业，中国人寿是以什么样的理念来理解自身所承担的责任的？

杨超：多年来，中国人寿勇担社会责任，成果累累，得到了社会各界广泛认同，在全社会树立了良好的企业形象。我们积极参加援藏援疆、抗洪抗震、抢险救灾、新农村建设、希望工程、母亲水窖、定点扶贫等活动。据不完全统计，2006年以来，中国人寿全系统向社会捐款捐物价值2000万元人民币。去年6月16日，我们捐资5000万元发起成立了国寿慈善基金会，并首批拨款1000万元作为启动资金，与中国红十字基金会联合发起"健康新村工程"大型公益项目，同时还启动了"国寿乡村医疗扶贫计划"，重点关注关系9亿农民生命与健康的医疗保障问题。

《经济》：您如何看待品牌在中国人寿改革发展中所起的作用？

杨超：我经常说，一个企业没有品牌，在市场上只能是一分钱一分钱地挣，很艰难；有了品牌，就能一毛钱一毛钱地挣；有了品牌，再加上资本运作，就可以一块钱一块钱地挣。

品牌是提升公司市场竞争能力的重要驱动力，也是公司公众形象和社会影响力的综合体现。中国人寿要打造国际顶级金融保险集团，就要尽快实现国寿品牌的战略性转变，即由"知名品牌向杰出品牌、行业品牌向社会品牌、国内品牌向国际品牌"转变，这不仅是公司转变增长方式的有效举措和培育核心竞争力的必然选择，更是中国人寿参与和促进综合国力竞争的光荣使命。实现"三个转变"的过程，是让中国人寿品牌不断深入人心的过程，也是使中国人寿成为金融保险服务"第一联想"的过程。

第 8 篇　豪华盛宴　后来居上[①]

现在摆在我们面前的是一个豪华汽车在中国竞争白热化的情景。对于准备实际挑选的用户来说，需要考虑的仅仅是不同品牌车型的对比；而对于距离较远的读者来说，所引起的思考可能更为广泛——至少可以有以下方面。

第一，争先恐后来中国。世界汽车列强不请自来，乐此不疲地把豪华车卖到中国。以前宝马和奥迪占了上风，奔驰当然也不甘落后。一块大肥肉，哪个不争上一口？除了欧洲车之外，美国和日本丰田都有豪华车，大概绝不止奔驰这么着急吧。

第二，进口车和国产车。这次奔驰强调的是“国产车”，这一点对于充满爱国主义精神的国人来说非常重要。直接进口外国车，不仅有关税等政策方面的限制，在精神意识层面也有障碍，反正从生产工艺和品质上讲，国产车和进口车是同样可靠的，完全可以放心。

第三，外国品牌与民族品牌。虽说是“国产车”，但却是外国品牌，合起来就是“国产的外国品牌”。那么，国产车与民族品牌是什么关系呢？红旗、奇瑞、吉利就是“国产的民族品牌”了？爱国是应该爱国产的外国品牌，还是应该爱国产的民族品牌？或者是外国产的民族品牌？

第四，中国本土化。既然是在中国生产，就需要做一些本土化的努力，此次上市的国产奔驰 C 级车也同样增加了许多项改进，因为中国人有自己独特的审美偏好，其实，多碟 CD 机、木质饰条内饰等已经很普及了，而双幅合金轮毂效果更为突出。

第五，放到北京生产。经过艰苦的谈判，奔驰 C 级最终落户北京。显然，这是一个重大的战略部署。外国大亨们心里清楚，北京是兵家必争之地。现在的问题是，中方可能更愿意强调的是国产，特别是北京生产，而外方则更加强调梅赛德斯—奔驰这个品牌。好在可以各取所需，相安无事。

---

① 原文刊登在《经济》杂志 2008 年第 7 期。

第六，资本驱动。如果寻找背后的推动力量，则可以追溯到2007年美国私募基金资本公司从戴—克手中以74亿美元的价格买走了克莱斯勒80.1%的股权，戴姆勒开始重新审视其在中国的发展状况。因此，这一切的变化都是由于股东结构的调整，战略服从并服务于利益。

第七，豪华车与经济型车。据统计，今天中国豪华车容量已经超过整个欧洲的容量，那么，是些什么人在购买42万元的车？主要是中国的“年轻精英一族”吗？为什么经济型轿车在中国销售疲软无声无息？为什么对于印度塔塔的微型车“我军岿然不动”？美国福特850美元的小汽车在哪里？

第八，公务车与私家车。有人认为，国内私人用车主要集中在经济型车和中档轿车，高级轿车则主要依靠国内庞大的公务车市场来支撑。但是，为什么进入京城任何一个豪宅的地下车库内，奔驰、宝马、奥迪仍然是绝对的主力？显然，邓小平提出的“一部分人先富起来”的愿望基本实现了。

第九，降价不降价。公务车与私家车在使用上有着明显的行为差异。一般市场化汽车都会遇到价格竞争，就是奔驰也会考虑到价格的因素。但是，如果主要是公务车，价格则不是最重要的。如同油价上涨一样，普通老百姓摸着口袋可能舍不得开车了，而公务车则不假思索，勇往直前。

第十，赢在竞争之初。进入公务车的前提是进入政府采购清单。以前奥迪在高档汽车市场中有相当一部分就是政府采购。这次奔驰的胜利就在于取得了国家环保总局颁发的环境标志认证，进入了财政部和环保总局发布的政府采购清单，这样有利于高端公务车市场多元化发展。那么，还有许多达到欧Ⅳ标准的豪华车呢？北京奔驰对于“闯关”成功有没有贡献？

看来，外国企业比中国企业更看透了中国的市场特性，在某些被管制的领域，竞争的关键并不在于价格而在于搞定政府。

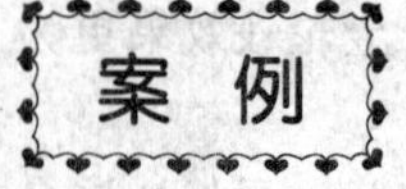

北京奔驰的帝国反击战

在急剧增长的国产豪华车市场，华晨宝马与一汽奥迪之间的明争暗斗早已为人所熟知。正当双方鏖战不休之时，另一大豪门巨头——北京奔驰亦开始骤然发力。

作为国产豪华车的后来者，北京奔驰凭借其主力车型 C 级轿车强势介入国产豪华车市场，一场帝国反击战已然不可避免。

一、利器

6 月 16 日，北京奔驰—戴姆勒·克莱斯勒汽车有限公司（BBDC）正式推出旗下第四款国产 C 级轿车 C 230 时尚型（AVANTGARDE），售价为 428000 元。C 230 时尚型轿车将凭借前沿的设计、充沛的动力、灵敏的操控以及豪华的配置，给国内中级豪华车市场带来强劲的动感风潮，成为 BBDC 搏击市场的利器。

“自国产全新一代梅赛德斯—奔驰 C 级轿车于今年 3 月份上市以来，C 200 K 和 C 280 的销售一直呈快速上升的趋势，最初上市的两款 C 级车在过去的几个月内已基本按目标确立其市场定位。现在为了进一步满足细分市场的需求，我们又适时推出了 C 230 时尚型轿车。C 230 的推出无疑将进一步巩固奔驰 C 级车的产品线和市场地位。”北京奔驰—戴克公司执行副总裁司卫先生说：“同时，随着市场的发展和我们产品准备工作的不断完善，我们还会择机推出 C 级轿车其他款型。”

据透露，此次 C 230 时尚型轿车的投放初期将集中在北京、上海、广州等一线城市。消费者可在上述城市的梅赛德斯—奔驰授权经销商处一睹 C 230 轿车的时尚魅力。随后，C 230 轿车也将陆续登陆二线城市，逐步满足市场需求。为了让用户深入了解 C 230 轿车的产品特性，BBDC 将于下半年举办大用户及媒体试驾体验活动，活动范围将涉及全国的重点销售城市，这将也是国产 C 级轿车上市以来第一次全面与用户亲密接触。

C 230 时尚型轿车体现了国产全新一代 C 级轿车的前沿设计理念，符合其目标用户对于坐驾的高度鉴赏力和品质要求。C 230 的目标用户是中国的年轻精英一族，除了具有追求时尚、期望引导潮流的性格特质，热衷于追求充沛动力和灵敏操控，他们还具有内外兼修、积极进取、讲究个性、追求精致生活品位和力求完美的价值理念。

C 级车在梅赛德斯—奔驰家族具有不可忽视的地位，在它问世之后的 25 年中，全球共售出 600 万辆，是梅赛德斯—奔驰旗下最畅销车型。作为梅赛德斯—奔驰旗下最畅销车型，全新一代 C 级车上市以来迅速确立了其在全球中级豪华轿车细分市场的领导地位。

据梅赛德斯—奔驰发布的最新销售数据显示，在第一个销售年度中，全新一代 C 级车全球共售出 300000 辆，同比增长高达 70%。同时，国产 C 级轿车也显示了强劲的增长势头。在第一阶段重拳推出三款车型（C 200 K 优雅型、C 200 K 时尚型和 C 280 时尚型）之后仅三个月，BBDC 又迅速推出 C 230 时尚型轿车，为国产 C 级轿车注入强劲的中坚力量，进一步推动其在国内中级豪华车市场的迅速发展。

梅赛德斯—奔驰（中国）汽车销售有限公司总裁兼首席执行官麦尔斯表示："C 级车进入中国市场稍微晚一些，但是从一两个月就销售 2000 多辆的业绩来看，能够看到 C 级车慢慢地在中国市场打下的一个基础，在中国，C 级车这个细分市场是增长最快的。"

BBDC 副总裁司卫对今后的发展充满信心。"从生产工艺和品质上讲，国产和进口 C 级车是同样优秀的，加之国产 C 级车在进口同类型车基础上进行了诸多升级，因此市场对国产 C 级车的接受程度会非常高，"司卫如是说。

对于国产奔驰 C 级车的销售目标，司卫并没有透露，他表示，国产化生产初期产量还是有限的，今年的主要工作是搞好产品定位、价格定位，培训好经销商，做好新车的售后服务，为今后的销售打下良好的基础。

二、后发制人

作为汽车业头号金字招牌，奔驰一向以其精湛的技术称霸国际豪华车市场。但由于进入中国的时间最晚，故其成本要高于宝马和奥迪，业绩也一时难以彰显。梅赛德斯—奔驰（中国）汽车销售有限公司总裁兼首席执行官麦尔斯曾坦言，中级豪华车市场是竞争最激烈的细分市场，奥迪 A4 和宝马 3 系都是国产五年左右的车型，在消费者当中已经拥有了良好的美誉度和较广的知名度。在二者先入为主的情况下，奔驰面临不小的挑战。

2007 年，奔驰的老对手奥迪和宝马已开始享受本地化的成果，而奔驰由于仍然纠缠于中德双方纷争，销量与对手相差甚远。2007 年，国产奔驰 E 级销量仅为 6800 多辆，而同级奥迪 A6 销量已经接近 8 万辆，另外一个后来者国产宝马 5 系销售也超过了 2 万辆。奔驰销量不足奥迪的 1/10，不及宝马的 1/3。

与奥迪和宝马的国产车相比，奔驰的产品线略显单薄。因此，BBDC 的上任中方高管们一直希望通过引进新的国产车型以充实自身在市场上的竞争力。经过几轮艰苦的谈判，奔驰 C 级最终落户 BBDC。北京奔驰由此终于可以与华晨宝马和一汽奥迪分庭抗礼。

在北汽控股董事长徐和谊看来，奔驰 C 级车的本土化生产"具有里程碑的意义"，他表示，C 级轿车国产不仅进一步丰富了北京奔驰的产品线，同时有利于提升 BBDC 及北京汽车工业的整体水平。更重要的是，在首钢迁出北京后，汽车业已经成为北京市最大的工业项目。北京奔驰、北汽集团、北京工业，更紧密地联系到了一起。从这个角度理解，C 级轿车国产意义自然非同小可。

徐和谊说："国产奔驰 C 级车在北京奔驰的落户无疑大大扩大了我们的产品链，特别是有两款设计理念不同的车型同时上市，在很大程度上扩大了我们的客户群。"希望国产奔驰 C 级车既能提高北京奔驰的销量，又能同时提升北京奔驰的品牌影响力，二者相得益彰。

BBDC 主管销售的副总裁司卫在接受本刊记者采访时表示，梅赛德斯—奔驰本身就是旗帜性品牌，这是国产奔驰 C 级车最强的竞争力之一。而且，此次上市的国产奔驰 C 级车不仅秉承了 C 级车的优良血统，还专门为中国客户设计和添加了"中国式的审美和需求"。

"比如相对进口 C 级车增加了多碟 CD 机，内饰更多采用了木质饰条，双幅合金轮毂等，这些配置的提升会进一步增强国产新 C 级车竞争力，"司卫说。

另外，司卫特别强调，国产奔驰 C 级车在设计风格上推出了两款车型，即以运动前卫为理念的时尚型和以传承奔驰经典设计理念为主题的典雅型。"这样国产奔驰 C 级车将覆盖更广泛的客户群体，满足不同客户群体的个性化需求。"

实际上，国产 C 级车的上市是奔驰谋求在中国全新发展局面的重要武器。自从美国 Cerberus 私募基金资本公司从戴克手中以 74 亿美元的价格买走了克莱斯勒 80.1%的股权之后，戴姆勒旗下的核心品牌奔驰开始重新审视其在中国的发展状况，并对原有战略格局进行优化。

一位汽车业内知名分析师表示，如果北京奔驰持续不见起色，势必会牵扯奔驰精力，损失持续投资信心，进而对商用车项目造成影响，"因此，用 C 级车让北京奔驰重新焕发活力，并加入到整体战略的重建当中去，是奔驰必须走出的一步棋"。

分析人士认为，北京奔驰能否实现自我突破，关键点之一在于价格。而从已经公布的价格来看，国产奔驰确实已经抛弃了以往高价奢华的做派，变得相对亲民起来。

据了解，已上市的国产奔驰 C 级车共有 3 款，分别售价 37.8 万元、38.8 万元和 47.8 万元，与竞争对手相比，具有相当竞争力。

"从这次定价来看，奔驰没有重犯当年宝马的错误，奔驰非常聪明，比如它的宣传现在非常低调，越是这样就越可怕，它本身是这个行业里的品牌老大，而且它的合资公司在北京是最有实力的汽车公司，它很可怕。"奥迪经销商北京奥吉通汽车销售有限公司董事长郝庆表示。

据中国汽车工业协会统计，去年国产宝马 3 系共销售 1.3 万辆，奥迪 A4 共销售近 2 万辆。如果国产奔驰 C 级车完全能够达到进口 C 级车的热销程度，2008 年达到1万辆的销量应当不成问题，那么，国产C级轿车无疑将在国内中级豪华轿车细分市场处于领导地位。

三、力拼公务车市场

有业内分析人士指出，国内私人用车主要集中在经济型车和中档轿车，高级轿车则主要依靠国内庞大的公务车市场来支撑。在奔驰国产化前，由于受国内政策限制，进口车无法进入公务车市场，高端公务用车基本被一汽奥迪所垄断。奥迪在高档汽车市场翻手为云、覆手为雨，很大程度上依靠其公务车定位。去年奥迪在华8万辆的销量里，一大部分由政府采购组成。

这一局面随着奔驰轿车和克莱斯勒轿车进入政府采购清单而宣告打破。去年3月28日，国家环保总局通过官方网站确认第二批政府采购绿色清单，北京奔驰生产的奔驰系列轿车、300C轿车、欧蓝德系列轿车取得了国家环保总局颁发的环境标志认证，进入财政部和环保总局发布的政府采购清单。

据悉，这是国内顶级豪华轿车首次获得该项认证，表明国产奔驰进一步开拓国内高端公务车市场的前景被看好。

中国汽车工业咨询总公司首席分析师贾新光表示，国产梅赛德斯—奔驰系列轿车进入政府采购清单后，将改变单一品牌的垄断局面，为高端公务车市场用户提供更多的选择，也有利于高端公务车市场多元、持续、良性地增长。

得知北京奔驰进入绿色采购目录后，宝马大中华区总裁史登科委婉表示，宝马也很想进入政府采购，但不能因此影响宝马产品的市场定位。此次宝马和皇冠并没有进入这个目录。

BBDC销售部总经理李宏鹏表示：“政府采购清单表明了中国政府对BBDC的产品是认可的，同时给我们提供了一个商机，进入政府采购清单之后，我们认真地研究了政府采购市场的发展，会提供奔驰品牌旗下适合的产品供应政府采购市场。汽车市场越成熟，其细分程度就越高。我们会尽力满足每一个细分市场的需求，并以符合每个细分市场需求的方式，扩大国产奔驰车在整个国内市场上的份额。”

目前，北京奔驰股东双方已经将扩大现有两万辆产能规模纳入计划。今后两三年，北京奔驰将进一步提高国产化水平，同时利用模块化技术，不同车型间零部件共享比例，使北京奔驰能够生产小批量、多品种车型，进一步降低成本。

[专访]

节能环保　突围公务车市场

——专访北京奔驰—戴姆勒·克莱斯勒汽车有限公司副总裁　司卫

进入 2008 年，北京奔驰发生高层变动，分管销售市场的执行副总裁董长征被调离北京奔驰，其职位由北京奔驰原销售市场部负责奔驰品牌网络的司卫接任。

司卫最初做过汽车经销商，之后进入奥迪（中国）网络建设、销售部门工作，并由奥迪跳入大众金融部门。由于其出色的表现，北京奔驰—戴克将其招至麾下，负责克莱斯勒的网络发展。不过司卫曾离开过一段时间，此后他在南京依维柯任意方代表，最终司卫还是被北京奔驰总裁徐和谊看重，重新回到北京奔驰—戴克，负责网络发展。由于奔驰方面在经销商发展上并不尽如人意，人们普遍相信，随着司卫的升职，由他直接掌控的品牌网络部将发挥更大的作用。

司卫在北京奔驰—戴克早有大刀阔斧的名声，有着开拓性的思维与国际化的视野，是典型的职业经理人。在位于亦庄的北京奔驰—戴克新工厂内，司卫接受了本刊记者的专访。

《经济》：您如何看待中国轿车市场特别是高档轿车市场？

司卫：中国的汽车市场在世界上是发展速度最快的，同时也是全球最大汽车市场之一，豪华车市场发展也很快。今天，中国豪华车的车市容量已经超过了整个欧洲国家的容量，并且这一市场还在不断地发展。从全球范围来看，豪华车市场未来的格局仍然是欧洲三大品牌——奔驰、宝马、奥迪占主导地位，中国市场也不会和全球市场存在太大差别。进入京城任何一个豪宅的地下车库内，奔驰、宝马、奥迪仍然是绝对的主力。

另外，市场的增长绝不只是意味着会有更多的客户来买辆车而已，对汽车厂商将会提出更多的挑战。随着市场越来越成熟，客户会变得越来越有选择性。厂商在提供产品的同时，要提供全套的服务，要做更多的工作，满足各种不同客户的要求，才能超过竞争对手。

《经济》：国产奔驰技术研发、安全设计、生产工艺等方面有哪些领先优势，为消费者提供更高标准、更卓越性能、更节能环保的中高级轿车？

司卫：奔驰这一有着悠久历史的汽车品牌，在延续其高端品牌经典的同时，也在引领新汽车技术的潮流。以 E 级轿车为例，它具有多项创新性安全技术，例如 PRE-SAFE 预防性安全系统、智能照明系统、碰撞响应式颈部保护头枕和自适应制动系统等。此外，国产E级轿车加载了增强型发动机，并配合更直接转向和重新调校悬挂设置的直接控制组件，从而进一步提升了敏捷性和驾驶乐趣。发动机在输出功率和扭矩方面比以前分别提高了26%和18%，而且保持了与以前同样的油耗水平。应该说，国产奔驰E级是中国市场非常具有代表性的高端车型。

《经济》：请你介绍一下国产奔驰C级车的竞争力何在？

司卫：梅赛德斯—奔驰本身就是旗帜性品牌，这是国产奔驰C级车最强的竞争力之一。两年前，C级车在全球首发后仅仅几个月，梅赛德斯—奔驰就决定要在中国国产化C级车，中国是欧洲以外唯一做国产化的国家，我们希望能够根据中国市场的增长，专门配置比较合适的产品，以迎接中国市场的增长。

国产C级轿车装备了奔驰研发的最新尖端技术，其中包括新开发的敏捷操控系统，而C级轿车的主力四缸车型C 200 K，输出功率比上一代车型提高了13%，油耗却降低了6%。与其前一代相比，新一代C级轿车长度、宽度和轴距都分别有所增加，这为更出色的内部宽敞度和舒适性创造了条件。

此外，我们还专门为中国客户设计和添加了中国式的审美和需求。我们在原有基础上针对中国客户的使用需求和审美取向进行了国产化升级后的作品。比如相对进口C级车增加了多碟CD机，内饰更多采用了木质饰条、双幅合金轮毂等，这些配置的提升会进一步增强国产新C级车竞争力。

国产奔驰C级车在设计风格上推出了两款车型，即以运动前卫为理念的时尚型和以传承奔驰经典设计理念为主题的典雅型。这样国产奔驰C级车将覆盖更广泛的客户群体，满足不同客户群体的个性化需求。C级轿车是奔驰在全球最畅销的车型，在中国市场也将是一款高销量车型。

《经济》：“节能减排”现已经成为各级政府重要的工作任务，也是企业的责任之一，BBDC的多款轿车已经进入“绿色清单”，作为汽车界高级轿车的领跑者，请谈谈BBDC如何承担这一责任？

司卫：在2003年的时候，奔驰就可以生产欧Ⅴ标准的发动机了，所以，奔驰在环保方面的确有先进的技术。我们现在在北京生产的轿车，无论是C级轿车，还是E级轿车，都已达到欧Ⅳ标准。今年我们生产的克莱斯勒300C轿车也取得了环境标志认证，进入财政部和国家环保总局发布的政府采购清单，证明了其“以人为本”的绿色环保设计理念，以及在领先技术、安全理念、价格定位的标杆作用，同时，也使得300C在开拓国内公务车市场的道路上迈出了坚实的一步。对于将来的产品，我们会在研究基础上作出我们的选择。

《经济》：奔驰一直是豪华轿车的品牌代言人，奔驰轿车在人们心目中有着固有的品牌形象，对于庞大的公务车消费市场，北京奔驰如何去影响或改变用户以往对奔驰品牌固有的观念，突围公务车市场？

司卫：奔驰这一品牌需要更多人的深入了解和理解。人们在谈到这个品牌的时候，总会产生一种过高的豪华感。但在政府采购方面，只要符合相关政策标准就可以了。比如E 200 K，可以被使用为贵宾接待用车，外事部门、安全部门用车等。

《经济》：长期以来，在中国市场降价或者停价是比较普遍的现象，北京奔驰对此采取什么策略？

司卫：我们也注意到中低端品牌的确在不断地降价，但是高端的品牌价格还是相对稳定的。我们的定位其实是基于十分细致严谨的考量之后定出来的。关于我们的定价，我们的考量是提供给消费者最高的车的价值，这一价值体现在品牌、产品，体现在我们的一些配置上。所以我们认为我们目前的这个车的定价还是比较准确的。当然我们会对这个市场做密切的关注，如果有需求的话我们会做一定的调整。

《经济》：在中国市场上，奔驰比较注重原汁原味。怎么看待本土化的适应性调整？

司卫：奔驰在中国的发展思路很明确，就是用最具市场竞争力的车型来铺平中国未来发展的道路。在塑造奔驰品牌的问题上，作为北京奔驰，必须要首先了解什么是原汁原味的奔驰，然后在这一基础上来塑造在中国的奔驰。我们有一支市场研究团队，我们十分关注市场上的新需求，我们希望我们的产品能不断地满足各种需求。

《经济》：奔驰国产化的进程会很快吗？

司卫：我们都希望国产化，但国产化确实需要一个过程，尤其是像奔驰这样的高档品牌。如果一个阶段生产量达不到一定规模，国产化后短时间成本反而会提高。而且还要考虑后续车型，后续车型没有了，就可能造成很大的浪费。通过对中国市场上一些国产化实车分析我们发现，按照北京奔驰的计划，国产化深度是很高的，所以实施起来速度也就慢一些。

《经济》：现在所有的店卖奔驰，基本上是淡化国产的概念，从某种层面上说，是不是在淡化北京奔驰的概念？

司卫：实际上无论是国产还是进口，我们一直强调梅赛德斯—奔驰这个品牌的价值。国产奔驰在质量上和全球是一样的，所以我们并没有要求经销商刻意地去强调国产，而只是宣传我们的品牌，让消费者理解我们的品牌。当然对于北京奔驰这个企业的品牌来说，我们公司也有公关部门，也有做一些推动北京奔驰品牌的活动。但经销店销售的是车，所以它们更关注的是产品的品牌。

《经济》：北京奔驰将来还会推出其他车型吗？

司卫：梅赛德斯—奔驰这个品牌在中国的消费者心目中，一直指的是“大奔”，就是S级，我们引进C级、E级的目的就是要把这个奔驰的品牌的目标客户群再拓宽，品牌形象更加深入到各个阶层去。毫无疑问，不久的将来，E级、C级车的销量将更加合理。随着C级车的销售工作正式展开，我们还会陆续推出一些低配置的车型来丰富产品线，满足不同消费群体的需求。

第 9 篇　中国企业变革的缩影[①]

近年来，中央企业掀起了冲击世界 500 强的高潮。对此，国内一些人可能觉得把全国某行业的力量总和起来排名意义不大。中国铝业公司销售收入 6 年扩大了 6倍的例子值得一读，其走过的道路很典型。中国大型国有企业“变身”大概有以下几方面。

第一，企业化。中国大型国有企业大都是从“政府部门”出身的，企业化是变身的第一步。中国铝业公司是在原中国铝业集团公司所属大部分企事业单位下放地方管理，在部分铝业企事业单位基础上成立的。剥离辅业与其他事业单位是企业化的必由之路。

第二，股份化。公司控股的中国铝业股份有限公司分别在纽约、香港、上海三地上市，这样，企业化就进一步深入了，发展到世界大企业的一般形态。当然，国外的大企业多数本身就是上市公司，呈现出“倒三角”的模式，中铝是下属公司上市，看上去是“正三角”的模式。

第三，集团化。中铝成立之初，成员单位就有 8 个工业企业、2 个施工企业、2 个科研设计单位，是一个复杂的企业群体。后来，中国铝业股份有限公司上市，山东铝业等也是上市公司，中铝对下属企业的整合也在加速。

第四，专业化。做专是做强的基础。目前，中铝获取和控制铝土矿权 24 个，新增铝土矿资源量 1.18 亿吨，自采矿比例比 2003 年增长了 109%，已形成西南、东南、西北、东北、河南铝材加工基地，占有全部国防军工产品和合金板材的市场份额，铝合金棒材、锻件的市场占有率也将达到 80%。

第五，多元化。中铝产业发展的多元化不是非相关的多元化，而是相关多元化，用他们自己的话讲叫做“多金属化”，即没有离开金属或者有色金属的范围。中国铝业的发展战略是在做强做大铝业主业的基础上，加快创办一流铜业，积极发

---

① 《经济》杂志 2007 年第 12 期，案例部分由《经济》杂志记者周政华编写。

展稀有稀土，逐步使中铝由单一的铝金属专业性矿业公司向多金属化矿业公司转型。收购云南铜业也是规范的股权收购方式。

第六，国际化。从国际上看，寡头在国际范围的市场瓜分形成垄断的态势非常明显，不仅矿业，其他行业也很类似，比如飞机制造业、软件开发等行业都有垄断性。我们的大型国有企业难以逃脱国内垄断与国际被垄断的境地，一些大型企业国内强势与国际弱势、国内“巨人”与国际“矮人”形成了鲜明的对比。中铝海外收购澳大利亚奥鲁昆和秘鲁铜业是很好的实践。

现在的问题是，如果有一个“中铜公司”，它就会问，你中铝为什么打到我的地盘上来了？澳大利亚和秘鲁的企业也会问，你怎么不老实地待在你们中国？这就是“谁动了我的奶酪”的问题。显然，产业范围模糊了，主业必须精干，别人的地盘要去抢，你自己的地盘别人也可以抢。同时，地理范围、国土边界也模糊了，别国的企业可到你国家来，你也可以到别的国家去。综合代表是跨行业的跨国公司，比如大石油都是上下游一体化的跨国公司。我们的企业要想在世界上占有一席之地，就必须彻底告别在国内的故步自封、称王称霸，应该到国际上去进行比较。

中国国有企业梦寐以求的是带上“中国”两个字，因为这意味着成为了中国最大的企业，行业的老大。而外国企业的名字是：“×××（中国）公司”。难道中国最大的企业只能在中国，而外国企业最小的也是全球？从这个意义上讲，如果有一天中铝不再叫“中铝”了，也不足为奇。

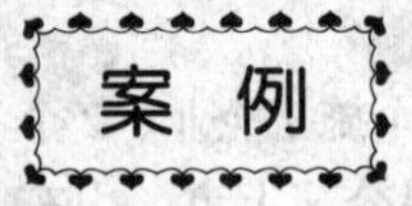

中铝之变

随着必和必拓一纸合并建议的发出，国际矿业再次迎来新的垄断猜想。

矿业寡头垄断之势几成定局。目前，世界前50名的跨国矿业公司产值占全球矿业总产值的近六成。矿源不足正成为制约国内矿企发展的瓶颈，为此，“到海外找矿去”一时成为国内矿企共识。

近年来，海外找矿的惊险之旅也成就了一批中国企业的崛起，中国铝业公司（以下简称中铝）就是其中之一。位于北京西直门的中铝总部大楼，已经成为这个交通要冲之地的地标性建筑。

中铝的历史还要从 2000 年说起。

2000 年 6 月 20 日，国务院发出了《关于调整中央所属有色金属企事业单位管理体制有关问题的通知》，决定撤销三大企业集团，将中国铜铅锌集团公司和中国稀有稀土金属集团公司所属全部企事业单位、中国铝业集团公司所属大部分企事业单位下放地方管理。

2001 年，在原中央所属部分铝业企事业单位基础上成立了中国铝业公司。成立之初，成员单位有 8 个工业企业、2 个施工企业、2 个科研设计单位，资产总额 350 多亿元、销售收入 180 多亿元、利润 17 亿元。

如今，中铝正在经历一场深刻的转变，目标直指世界一流的多金属国际化矿业公司。

作为国内最大的有色金属企业和全球第二大氧化铝生产企业，截至 2007 年 10 月，中铝资产总额超过 1800 亿元。公司控股的中国铝业股份有限公司分别在纽约、香港、上海三地上市，企业信用等级连续三年被标准普尔评为 BBB+级。

中铝党组书记兼总经理肖亚庆在接受《经济》记者采访时表示，未来中铝将实现国际化和多金属化的战略转向。

据介绍，中国铝业将坚持加快铝、铜及稀有稀土工业的发展，坚持做强做大铝业，加快创办一流铜业，积极发展稀有稀土，有选择地发展其他产业，逐步使中铝由单一的铝金属专业性矿业公司向多金属国际化矿业公司转型。

按照肖亚庆的讲述，在近期目标中，中铝公司要快速增加国内短缺产品的产能，重点是氧化铝、铝土矿和铜矿项目开发；在中期目标中，将有选择性地进入电解铝和铝加工下游领域，在境外形成完整的氧化铝、电解铝和铝加工的产业布局，建立较大规模的铜矿开发基地；在长期目标中，中铝公司要成为国际矿业类领先的一流公司，融入全球市场体系，实施在全球范围内配置资源的国际化运营，广泛参与国际竞争。

中铝转型的故事还刚刚开始。

一、进军铜业

自组建伊始，中铝公司就确立了铝业、铜业和稀有金属三大板块的支柱地位。近年来，中国铝业在大力兼并国内铝业公司的同时，也开始对铜行业积极布局。中铝多金属化的第一步选择了铜业。

经过多年发展，中国铝业公司已经形成了西南、东南、西北、东北、河南铝材加工基地，占有全部国防军工产品和合金板材的市场份额，铝合金棒材、锻件的市场占有率也达到80%。

目前，多金属矿业公司是国际矿业的发展趋势。另外，从国际大公司的经验来看，单一的金属公司，发展越来越困难。世界最大的矿业公司必和必拓，市值超过2000亿美元，业务涵盖石油、煤炭、铁矿、有色金属。

进入铜业，中铝的胜算有多大?

国务院国资委专门在北京钓鱼台国宾馆召开了“中铝公司主业调整专家论证会”。专家们达成共识：国家需要铜，市场缺少铜，中铝公司完全具备整合国内铜业、又好又快发展铜业的优势条件，应尽快将铜列为中铝公司的主业之一，将中铝公司建设成为具有强大国际竞争力的大型综合性有色金属矿业跨国公司。

肖亚庆认为，中铝有良好的铜业发展基础，公司已有铜业科研院所、铜业技术中心和三大铜加工基地，掌握了秘鲁1300万吨铜矿资源，并积极跟踪数千万吨的国外铜资源。

据了解，中铝在国内外拥有多项铜矿勘探选冶项目，其中一大部分具有相当的开采前景，中铝公司控股91%的秘鲁特托罗莫乔矿拥有铜当量金属资源量约1200万吨，为拟开发建设的全球特大铜矿之一。铜资源量相当于我国国内铜资源总量的19%，年产铜金属规模可达约25万吨。

肖亚庆表示，如果中铝没有参股三大铜业公司，就不能说是完全涉足铜业。中铝入主云南铜业（以下简称云铜），为中铝在国内铜行业进一步扩张奠定了坚实的基础。

中铝铜业整合的高潮是在2007年。2007年10月30日，中铝增资扩股控制云铜集团49%的股份，成为其第一大股东。

云铜是国内第三大铜业集团，实力雄厚。近年来，云铜在产能和资源上扩张十分迅速。预计2009年云铜的电解铜产能将达到104万吨，有望超过江西铜业集团公司和铜陵有色金属集团有限公司，成为中国铜业的老大。

据了解，收购云铜并非易事。实际上在几年前，中铝就已经开始与云南方面接触，经过22次协商，中铝公司以现金参股，实际注资近100亿元，终于拿下了国内第三大铜企业云铜集团49%的股权，并将投入20个亿在云南发展铜深加工项目。

实际上，在收购云南铜业之前，中国铝业的母公司中国铝业公司就已经开始对铜行业进行积极的布局。2004年收购湖北大冶有色金属公司，2005年收购洛阳铜加工厂，重组上海有色集团，成立中铝上海铜业有限公司，并且以8.6亿美元收购了加拿大秘鲁铜业，获取了超过千万吨铜矿的勘探与开采权。

分析人士指出，中铝发展铜业是先做两头——资源和加工，中间环节寻找机会有条件发展。此次和云铜集团合作就是把铜产业链完善起来，云铜的铜精矿自给率差，这恰是中铝的资源优势，中铝则需要云铜冶炼的技术，二者正好实现优势互补。

2006 年，中铝获取和控制铝土矿 24 个，新增铝土矿资源量 1.18 亿吨，自采矿比例与 2003 年相比增长了 109%。当年，国资委已经明确提出要加快中央企业调整重组。肖亚庆认为，这将有力推动有色金属行业联合、兼并、重组的浪潮，为公司进一步实施重组整合提供了难得的机遇。

另据了解，在完成对云南铜业的收购之后，未来中铝有意投资近 300 亿元用于扩张铜业。根据目前的发展状况，中铝已经在与国内多家铜类企业进行接触。

二、海外扩张

随着中铝扩张步伐的加快，寻求国际化资源就成为中铝的当务之急。

目前，我国矿业“走出去”模式正逐渐从石油发展到金属矿，从采矿发展到风险勘探。2006 年，我国采矿业对外直接投资 85.4 亿美元，投资存量 179 亿美元，占全部对外投资存量的 19.8%，中国有色集团、五矿集团、中信集团、中国铝业公司等企业签订了一批境外合同。

目前，全球矿业经历了连续 5 年的持续繁荣。世界资源需求强劲增长，矿业全球化步伐加快，矿业成为最具吸引力的投资领域之一，矿产勘查采矿投资年均增长超过 20%。2006 年，采矿业纯利润比上年增长 64%；全球矿业总市值达到 9620 亿美元，比上年增长 22%。

中国经济的快速发展，带动了市场对原材料旺盛的需求，原材料工业要支撑国民经济的高速增长，必须有足够的资源和能源保证。在经济全球化的今天，实施走出去战略，立足全球配置资源既是国民经济发展的需要，也是一种不可逆转的趋势。

中国企业海外找矿也得到了政府的支持。在中国国际矿业大会上，中国国土资源部部长徐绍史明确表示，政府鼓励国内企业参与国外矿产资源的勘查开发。

专家分析，国内企业积极“走出去”具有正面意义：一方面，我国急缺或短缺铜、铬、镍、钾盐等战略性固体矿产，国内企业“走出去”开发境外矿产资源可为政府制定的矿产资源全球战略提供基础信息与决策依据；另一方面，也可争取贸易进口来源多元化、进口方式多元化。

“走出去”战略成了中铝发展的唯一选择。2007 年是中铝海外收购的丰收之年，先后赢得澳大利亚奥鲁昆项目和秘鲁铜业。

3 月，历时两年的奥鲁昆项目全球招标尘埃落定。中铝公司以其技术、实施和投资的综合能力，在众多国际知名大公司参与的激烈竞标中胜出。据悉，中铝公司将在昆士兰州东海岸建成年产 210 万吨的氧化铝厂及 1000 万吨铝土矿山和相关设施。

中铝公司早在 2003 年年底就开始跟踪奥鲁昆项目。据了解，奥鲁昆铝土矿资源位于澳洲昆士兰州北部的约克角，估计资源量约 4.2 亿吨。该资源的采矿租赁权于 1975 年被授予法国铝业公司，但一直未得到开发。2004 年 5 月，昆州政府通过立法程序收回该矿的租赁权，并于 2005 年 9 月 14 日正式启动对奥鲁昆资源开发的全球招标。

奥鲁昆项目的成功从侧面反映出，中铝在与国际铝业巨头的竞争中，初步掌握了一定的话语权和影响力。目前，中铝资产总额近 2000 亿元人民币，具备了进入世界 500 强企业的实力。公司控股的中国铝业股份有限公司分别在纽约、香港、上海上市，目前市值约 800 亿美元，排名世界资源矿业公司第八位，是我国最大的有色金属企业和全球第二大氧化铝生产企业。

肖亚庆表示，实施“走出去”战略，是适应经济全球化趋势和我国经济持续较快发展的新形势，统筹国内发展和对外开放的必然选择，对于利用好国际国内两个市场和两种资源、充分体现和发挥我国改革开放成果和经济社会发展的比较优势、实现科学发展有着重要的意义。

奥鲁昆项目的背后是中铝海外战略的整体布局。近几年来，中铝在全球范围内实现资源的有效配置，进而使中铝成长为参与国际竞争的一流跨国公司。

目前，中铝公司正积极在全球铝土矿资源最为丰富的澳大利亚、越南、几内亚、印度和印度尼西亚等开发资源，同时也在南美、中国周边国家等铜资源丰富地区进行海外铜矿开发，部分项目已取得重大进展。

据肖亚庆介绍，中铝未来力争在境外获取比较多的铜资源，希望能达到国内产能一半的水平，秘鲁铜矿的产能就占到国内的 19%。根据这样的目标，中铝与南美南部、非洲的铜矿带国家，以及蒙古等国都在进行接触。

[专访]

“走出去”的风景

《经济》杂志记者 周政华

2001 年，中国铝业公司成立时，销售总收入不到 200 亿元。那一年，肖亚庆走马上任，担任中铝党组书记兼任总经理。六年后，这个数字变成了 1300 亿元。11

月 28 日，肖亚庆在接受《经济》专访时表示，如果给自己这六年的工作成绩打分，他认为是及格。肖亚庆谦逊的表态掩盖不住近几年中铝成功实施“走出去”战略的事实。

《经济》：本月初，必和必拓向力拓董事会发出了并购建议，如果双方合并成功，将对中铝带来哪些影响？

肖亚庆：在全球化过程中，企业的并购行为事实上就是资源再分配、技术竞争的结果。如果必和必拓和力拓并购成功，国际市场上的铁矿石、有色金属的垄断将更加集中，这对于任何一个资源企业都会产生负面影响。当然，对于中铝也不例外，我们实行“走出去”战略将会更加困难。

《经济》：此前中国企业海外找矿成少败多，您怎么看这个现象？

肖亚庆：中国企业“走出去”整体都比较晚，现在全球的资源和市场已经基本上被大型跨国公司“瓜分”完毕。因此，现阶段，中国企业海外并购难度较大，成少败多也在情理之中。但是随着我国经济的发展，会有越来越多的企业“走出去”并取得成功。

《经济》：近年来，中铝收购秘鲁铜业和澳大利亚奥鲁昆铝矿项目都获得成功，中铝海外收购有哪些经验值得国内其他企业借鉴？

肖亚庆：我觉得中铝这几年“走出去”取得了一些成绩，首先是吸取了国内企业先前的经验和教训，不能把中国国有企业传统思维方式照搬、照抄到国外市场上。中铝海外收购的一个重要原则是：一定要按照国际惯例办事，遵循国际游戏规则。

“走出去”不仅要考虑经济因素，还要考虑社会环境、政治、法律因素。比如澳大利亚的奥鲁昆项目，我们既要符合澳大利亚招商引资的政策，还得同国际同行竞争，同时还要和当地土著人打交道，整个过程都非常复杂。

《经济》：您认为决定企业海外收购成功与否的关键因素是什么？

肖亚庆：企业自身实力是非常重要的。在收购中，与其他竞争对手相比，技术就是我们的核心竞争力。目前中铝公司已拥有具有国际先进水平和自主知识产权，能够处理各种品位铝土矿的氧化铝生产技术和 400kA 大型预焙电解槽的铝电解技术。氧化铝和电解铝技术水平和设备制造水平已跻身国际先进行列，特别是电解铝技术已居世界领先水平。

《经济》：您怎么看未来中铝海外并购的前景？

肖亚庆：改革开放 20 多年来，中国经济持续增长、国际影响力不断扩大，中国企业的实力也在日益增强，我们的资金、国际信誉、技术实力和管理能力上都取得了长足进步。中国企业正逐步赢得海外市场信任。当然，海外并购是否成功还取决于能否把握机遇、能否选择好目标。

《经济》：您是如何选择并购对象的？

肖亚庆：中国市场需要什么，我们就从世界市场的角度，评价这种战略资源的战略意义。比如铝土矿，中国蕴藏量占世界的3%，但我们的产量已经超过全球市场份额的30%，因此，铝土矿资源对中国来说永远都是短缺的。我们要站在全球市场的高度，把握中国市场的发展趋势，再来明确企业发展方向。

《经济》：上个月中铝入主云南铜业，这对于企业的“多金属化”战略有哪些影响？

肖亚庆：铜也是国内的紧缺资源之一。中铝公司现在是把铝、铜、稀土作为企业的三大主业。目前，中铝多金属化进程还是刚刚起步。我们在国内做铜业的思路有两条，一是走资源的道路，二是走科技的道路。入主云南铜业，为未来中铝进入铜业搭建了一个很好的平台；同时，中铝也为云南铜业拓展了海外发展空间。

《经济》：入主云南铜业和收购秘鲁铜业公司，这二者之间存在什么关联？

肖亚庆：多金属化和国际化是中铝未来的发展方向。从战略上看，秘鲁铜业的铜矿资源丰富；而云南铜业的冶炼能力比较强，但矿藏资源储备不足。这二者之间可以实现技术和资源的互补。

[中国铝业公司简介]

中国铝业公司是国家授权的投资管理机构和控股公司，是中央直接管理的国有重要骨干企业，截至2007年10月，公司资产总额超过1900亿元。固定资产增值保值率、净资产收益率在全国100亿元资产以上的国有企业中一直名列前茅，是全球第二大氧化铝和第三大电解铝生产商。公司控股的中国铝业股份有限公司分别在纽约、香港、上海上市，企业信用等级连续三年被标准普尔评为BBB+级。公司主要从事铝、铜、钼、钛等矿产资源的勘查、开发，矿产品、冶炼产品、加工产品、碳素制品及相关有色金属产品的生产、销售、科研、勘查设计、工程建设总承包；自营和代理各类商品及技术的进出口业务，经营来料加工、对外贸易和转口贸易。

第 10 篇　民营企业与党组织的高度融合[①]

——浙江万向集团党组织建设模式案例分析

企业内党组织建设是一个比较敏感的问题，对于民营企业来说，可能更是一个棘手的问题。浙江万向集团公司很出色地解决了这一问题。万向集团的组织模式吸收了家族、企业与党组织等各种组织的积极性要素；万向集团党组织建设最重要的特点是企业干部队伍与党员队伍的高度融合，是“干部+党员”的梯队建设模式；万向集团党组织建设模式形成的最重要原因在于鲁冠球企业家的政治素质和人格魅力；地方党组织的支持也是万向集团党组织建设成功必不可少的外部原因；万向集团党组织建设模式不一定能复制到其他企业中去，国有企业就更加困难。

我国的改革开放已经经历 30 年的时间了，改革的重点与难点是国有企业改革。在这个历史过程中，外资企业与民营企业也得到了充分的发展。现在，改革到了关键的时期，许多深层次矛盾必须面对和解决，特别是与党组织的关系，[②] 更是值得探讨和研究。我们可以看到以下一些情况：

第一，党政分开。政党组织与政府组织需要分开，在省部级、副省部级的政府干部中，也在逐步增加民主党派以及其他无党派民主人士。

第二，政企分开。企业组织是一个经济组织，政府是行政组织，从行政组织到经济组织之间，需要设计一个专门的管理机构和“隔离”的层次。

第三，党企分开。在国有企业中，党委会与董事会的关系是一个难点，搞得不好，权利与责任不匹配，就会出现问题和矛盾。

第四，民营企业。民营企业是家族与企业的复合，其本身就有“儿子与女婿”的关系问题，再加上党的组织将会更加复杂。

---

① 本文是根据参加万向企业集团调查所写成的，关于企业文化的内容已经作为总的研究报告中的一部分并刊载在下书之中：张承耀编著：《企业管理案例与评论（教学案例之 4）》，经济管理出版社，2008 年版。

② 这里的党组织就是指中国共产党在企业基层的组织。

第五，民营企业中党组织建设。从理论上讲，民营企业家有没有剥削、能不能入党都经过了激烈的争论；有的民营企业只是徒有形式，极端的情况是根本不让建设党组织。

总之，企业内党组织建设是一个比较敏感的问题，对于民营企业来说，可能更是一个棘手的问题。但是，浙江万向集团公司（以下简称为“万向集团”）却很出色地解决了这一问题，探索了党组织与民营企业的良好结合。这是一个非常具有“中国特色”的组织模式案例。[①]

在这里主要想探讨以下三方面的问题：

第一，万向集团党组织建设有什么特点，重点是干部与党员的关系；

第二，万向集团党组织建设模式形成的最主要原因；

第三，这种类型模式在多大程度上可复制到其他类型企业特别是国有企业。

一、万向集团党组织建设的特点

1. 企业发展历程

万向集团创立于1969年，从4000元资金的铁匠铺起家，39年来，以年均25.89%的速度持续稳健增长，现已成为一家拥有员工2万余人、资产超百亿元的现代企业集团，是国务院120家试点企业集团和国家520户重点企业中唯一的汽车零部件企业。万向集团逐步形成了以廉洁、诚信、敬业为重要内容的万向文化，形成了万向的新型生产力。万向集团的发展可以分成三个历史时期。[②]

（1）初创时期。早在20世纪70年代（1969~1979年），当时完全是半机械、半手工化生产情况下，采取“工场作坊式管理”、“多角化经营”，企业主要凭创始人个人经验探索发展，凭精神、凭体力、凭苦干，在计划经济的夹缝里生存下来，并呈滚雪球之势慢慢发展壮大，实现了日创利润1万元，员工最高年收入超过1万元。1979年战略调整把年产值70多万元的“多角”产品调整掉，集中力量专业化生产汽车万向节。

（2）发展时期。到了80年代（1980~1989年），企业明确了“立足国内创业，面向国际创汇，扎根企业内部，脚踏实地工作”的战略方针，按照“四高+国际市场”的发展思路，依靠技术进步走生产专业化、管理现代化的发展道路，企业开始

---

① 根据相关文献的整理发现，还没有见到与万向集团类似的情况。

② 高起点投入获得高精尖设备，高素质人才创造高档次产品，目标是进入国际化市场。

积极推行口袋和脑袋的“两袋”投入，激励员工“想主人事，干主人活，尽主人责，享主人乐”，实现了日创利润 10 万元，员工最高年收入突破 10 万元。

90 年代（1990~2000 年），集团制定了“大集团战略、小核算体系、资本式运作、国际化市场”的战略方针，提出实现两个“三级跳”的长远目标，进入了企业集团化、经营国际化的发展阶段。集团对下属企业行使“控制、组织、发展”三大职能，推行“三管三不管”,[①] 形成了“外大内小”的特色，达到了缩小管理幅度、增强对外开拓能力的目的，实现日创利润 100 万元，员工最高年收入突破 100 万元。在 1999 年，企业提出了“奋斗十年添个‘零’”的目标。[②]

2000 年，企业系统总结出了《万向文化》手册，内容涵盖了企业宗旨、企业目标、企业哲学、企业道德、企业作风等理念。这是万向文化成型的标志，也反映企业管理实现了从经验（人治）到流程（法治）的转变。

（3）转型时期。进入新世纪，万向将发展战略调整为“大集团战略、小核算体系、资本式经营、国际化运作”，积极推行文化管理，不断充实、完善、提升万向企业文化理念。2003 年，新增企业精神“讲真话，干实事”和“三个一切”的战略举措,[③] 充实了“务实、创新、卓越”、“思路决定出路，作为决定地位，一切都是人为，时间检验行为”等企业作风；并将企业战略目标由“成长为拥有核心竞争能力和核心价值的现代大公司”调整为“成长为拥有核心竞争能力和核心价值的现代公司”，将企业道德由“外树企业形象，内育职业忠诚”调整为“外树诚信形象，内育职业忠诚”；在这一年，还推出了 2003 年版本的《万向文化》手册。

2005 年的《万向文化》手册中新增了万向投资文化内容，强调万向投资合作的前提在“谨慎”，基础在“多赢”，核心在“服务”，回报在“增值”。2005 年，万向还在原有“廉洁、诚信”理念基础上，又围绕“廉洁诚信、依法经营、提高素质、发展生产”主题进一步拓展了企业廉洁文化建设工作，并编纂了《万向诚信手册》，作为每位万向员工在各自工作岗位的诚信规范和行为准则。这些也标志着万向企业管理完成了从流程（法治）到文化（心治）的阶段。

总之，万向在过去的发展历程中，就是靠务实的文化和廉洁的组织来统领和管理企业、凝聚员工，促使企业不断发展壮大，实现了历史的跨越。

---

① 管宏观不管微观、管外部不管内部、管结果不管过程。

② 到 2009 年，实现日创利润 1000 万元，员工最高年收入超过 1000 万元。

③ 联合一切可联合的力量，利用一切可利用的资源，调动一切可调动的积极因素。

2. 万向集团组织企业模式

万向集团是一个由母子公司关系组成的、以生产汽车万向节为主的集团型企业，其企业组织结构参见图 1。

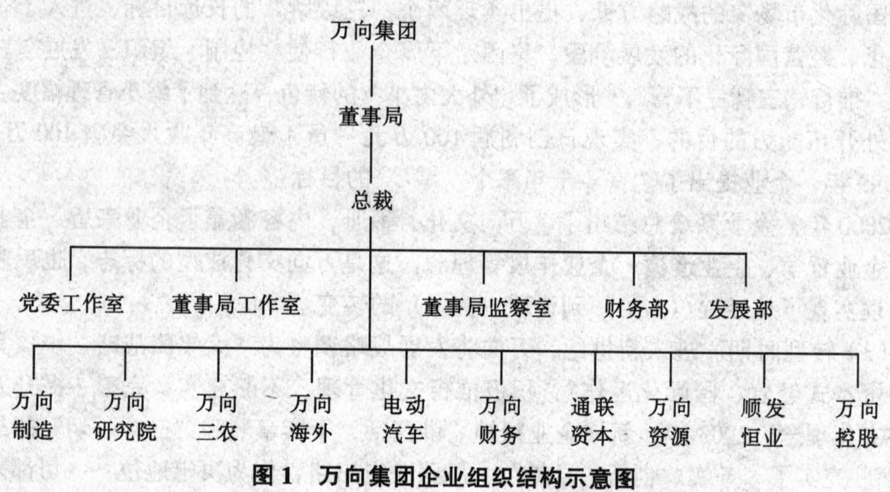

图 1 万向集团企业组织结构示意图

经过几十年的发展历程，万向已经成为了多产业、多层级的复杂组织群体。因此，组织文化也从单个企业文化进化到集团文化。其主要表现是，全集团有着共同的价值观，各个企业又有着自己独到的价值理念。这一点集中表现在文化手册上，集团有统一的《万向文化》手册，而下属二级公司也有自己的文化手册。例如，集团下属上市公司万向钱潮在自己的 2006 年版文化手册中，既涵盖了集团 2005 年文化手册的主要内容，又增加了一些符合制造业特点的内容。[①] 集团一方面鼓励下属企业探索除了集团文化规定外的一些内容，也表示会吸收其中有广泛意义的内容充实到集团文化中来。比如 2007 年集团文化手册改版时，就有可能吸收万向钱潮 2006 年版中的某些部分。因此，集团文化与企业文化之间形成了从上到下和从下到上的良性互动关系，保证了既有整体一致性，又有个体灵活性的生动活泼、健康发展的局面。

由于企业文化与组织结构的统一性，在以下介绍万向集团党组织建设时，就不再区分母公司还是子公司，而是把整个集团当做一个企业整体来考虑了。

① 即在投资文化的后边又增加了“十二、追求卓越的比较优势管理，十三、整体营销管理，十四、双流工程，十五、三位一体，十六、五/三工作法，十七、技术降成本，十八、三个一切三接轨”等内容。

3. 党组织建设的一般做法

万向集团在企业党组织建设方面的一些具体做法是：

（1）机构精简。集团党委由 7 人组成，集团董事长同时也是党委书记。集团 5 个部门中设立党委工作室，集团文化由党委直接领导，党委工作室具体负责，工会、妇联、共青团组织共同参与；党委工作与人力资源工作、员工思想政治工作有机结合，资源共享、形成合力、提升凝聚力、增强战斗力。

（2）党员带头作用。万向党委自 1996 年开始组织“党员办实事”活动，并于 2002 年 8 月推广“为员工办实事”活动，对提升企业管理水平，提高企业经济效益起到积极促进作用，大力弘扬了“讲真话，干实事”的企业精神，贯彻了“四个一”的岗位目标要求，以“三个围绕”为主要内容，通过每月办实事总结、评比、表彰，积极引导广大员工立足本职、诚实守信、爱岗敬业、奉献社会，使员工个人发展与企业经济建设紧密结合起来，并产生了良好的经济效益、人才效益和社会效益。[①]

（3）党员建设月报。如上所述，万向有“员工企业文化建设月报”，党员也有党员建设月报，对党员要求比对普通员工要求更加严格。据不完全统计，万向近年来无偿献血员工已达 1800 多人次，献血量超过 38 万 CC，其中党员是中坚力量。

（4）健全的组织生活。党员必须按时参加组织生活会，开会时唱国歌，闭会对唱国际歌。党内一律称同志，即不准呼姓只可以称名。这个传统也扩散到整个集团的一般员工，大家都直接称名，反映了员工之间平等、亲近的同志之情。

（5）“政治生日”制度。每个党员每年要过两个生日，一个是作为普通员工的生日，另一个是作为党员的入党纪念日生日，即“政治生日”。在这一天，党员将会收到一份印制精美的党员政治生日贺卡，上面有提示某年某月某日入的党，重温入党誓词，还有企业文化“三个围绕”、“岗位目标”等最核心的内容。同时党员还需要填写一份专门的党员调查表。特别值得注意的是，在调查表中首先表达了企业文化的内容（参见表 1）。

---

① 例如，万向河南许昌公司党员罗军民到邮政储蓄所存款 1500 元，储蓄员由于疏忽在将钱存入储蓄卡后，将 1500 元钱连同储蓄卡交还给他，其主动向储蓄员说明是存款不是取现，使储蓄员避免了损失；钱潮公司党员倪金传专门购置了礼品和学习用品，在 2007 年的大年初三去临安探望其资助的困难学生，并自己掏钱给其家里安装了电话；等等。

表 1 万向党员“政治生日”贺卡调查表

××：___月___日是您入党___周年的纪念日，谨此再次向您表示诚挚的祝贺！
在这特殊的日子里，烦您再花几分钟，配合我们作一项简单的调查。
谢谢您的支持！

——集团党工室

_______支部； 姓名：________

一、您认同万向文化吗？
A. 认同 B. 基本认同 C. 不认同
二、您对党支部所开展的日常工作感到满意吗？
A. 满意 B. 基本满意 C. 不满意
三、您认为在群众的心目中，党员的整体形象：
A. 很好 B. 一般 C. 不好 D.说不清楚
四、作为一名党员，您的感觉是：
A. 光荣与责任，与人交往时愿意让别人知道
B. 与群众一样，没有光荣或不光荣的感觉
C. 觉得不太光荣，不愿让人知道
D. 说不清楚
五、您对当前社会上不同人群之间收入差距拉大的看法是：
A. 是改革开放、实行社会主义市场经济体制的必然结果，公平合理
B. 不合理，但是是暂时现象，可以接受，随着改革的深化，将会变得公平合理
C. 不公平、不合理、不能接受
D. 说不清楚
六、党支部召开组织生活会时，如果工作或生活上遇到了一件需要办但可以缓办的事情，您会怎么办？
A. 参加组织生活会后，再去办要办的事
B. 请假，去办要办的事
C. 不请假，就去办要办的事
七、近一年来您参加党的组织生活的情况？
A. 每月一次 B. 一季度一次 C. 半年一次
D. 一年一次 E. 未参加过
八、您认为最近参加过的党组织活动：
A. 方式、内容有所创新，很有吸引力，效果显著
B. 活动吸引力不足，内容单一，效果一般
C. 流于形式、应付了事，没有效果
D. 无所谓
九、您认为自己发挥先锋模范作用了吗？
A. 发挥作用很好 B. 发挥作用一般
C. 不如普通群众 D. 不能发挥作用
十、您所接触到的多数党员发挥先锋模范作用的情况怎么样？
A. 发挥作用很好 B. 发挥作用一般
C. 不如普通群众 D. 不能发挥作用

续表

十一、当您发现单位领导干部有违法违纪行为时，您怎么办？
A. 检举揭发　　B. 组织上调查时可以配合
C. 视而不见　　D. 其他
十二、下列哪些原因最可能导致党员的模范带头意识减弱？（限选二项）
A. 部分基层党组织软弱涣散　　B. 党的组织生活制度不健全
C. 党组织不能代表和维护党员利益　　D. 很少开展党员意识教育
E. 党员的自我要求降低　　F. 市场经济的冲击和影响
G.其他（具体说明）
十三、您对参加社会公益事业的态度是：
A. 积极参与　　B.有组织就参加　　C.不关心，不了解
十四、您希望组织上帮助解决个人生活中的最主要困难是：____________
十五、另外你要反映的问题有：____________

总之，万向的企业文化由党工室负责，体现了党的核心领导作用，实现了党的建设与企业人力资源、企业文化建设与管理的合一，这是企业健康发展的有力组织保证。

4. “党员+干部”梯队建设

万向集团在企业党组织建设方面最显著的特点是“党员+干部”梯队的建设，即党员队伍与干部队伍的建设几乎是完全重合的，具体来说，包括这样几个层次：第一，在普通员工中评选优秀员工；第二，在优秀员工中吸收普通党员；第三，在普通党员中评选优秀党员；第四，在优秀党员中选拔企业干部。这样，就形成了普通员工——优秀员工——普通党员——优秀党员——企业干部的梯队（参见图 2）。

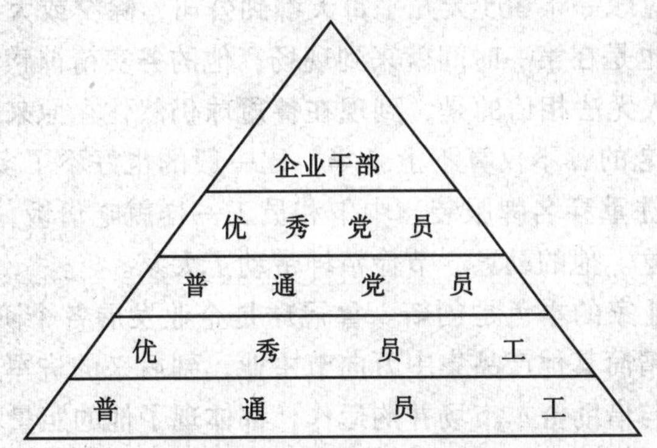

图 2　万向集团“党员+干部”梯队建设

这样的结构保证了党员的先进性高于员工先进性，党员先进性先于员工的先进性。员工追求先进的标尺、党的队伍建设与干部队伍的培养达到了严格的统一，这项基本制度是在万向集团实践党的先进性的可喜尝试。

二、万向集团党组织建设模式形成的最主要原因

如上所述，万向集团党组织建设最突出的特点是党员与干部队伍的高度融合。之所以能够形成这样的结构，一方面是万向集团领导对于中国国情、对于中国共产党先进性的认识，企业必须适应外部环境；另一方面，企业为了应对竞争，必须提高企业的凝聚力，以党员为骨干建设干部队伍，是企业健康发展可靠的组织保证。

当然，这些仅仅是一般的原因。最重要的原因在于企业家的作用。万向集团从一个家族企业变成现代化的上市公司，离不开“舵手”的引导。万向集团党组织建设模式的设计和实施，也都是鲁冠球的“发明”。而在一个企业中，企业家的作用绝对不能仅仅靠权力，更重要的是他本人的影响力和号召力。

鲁冠球是万向最早创业 7 名元老中的一员，在企业干了近 40 年。他的政治素质与人格魅力直接关系到企业党组织建设的水平，在万向集团，大家习惯称他为集团董事局的“主席”。每位员工都有个人的体验和感受，初步归纳，大家对鲁主席的人格有以下一些认识：

（1）学习。大家认为鲁冠球最大的特点就是学习，每天都要学习党的政策文件，对基层党员、职工的报告进行批示，企业文化最核心的内容几乎都是他亲自提出的。

（2）勤奋。鲁冠球一年 365 天几乎每天都到公司，除夕或大年初一也会到车间转一转，开人大会也是在第一时间就来到现场，他的务实精神感动了广大员工。

（3）节俭。令人无法相信的是，到现在鲁冠球仍然住在原来农村的房子里，办公室、办公桌都是老的，不仅算不上豪华，比一般的也好不了多少。他不去歌厅，不打高尔夫球，不注重穿名牌服装，中午和员工一样就吃份饭，很少陪客户吃饭，下属也基本上不陪吃。他的勤恳、节俭精神带动了大家。

（4）创新。企业家的本色是创新。鲁冠球是企业发展各个阶段转型的掌舵人，从最早的承包制、精简其他产品集中万向节主业，到后来的进军美国市场、产业结构调整、股票上市与借助资本市场并购运作，都体现了他的胆量和智慧。

（5）稳健。企业扩张既是机会，也是风险和挑战，甚至可能是陷阱。鲁冠球掌握着舵盘，表现得足够稳健。比如进军电动车，当然不肯定能成功，限制因素太多了，但集团还是建立了专门的公司，从电池、电控等部件做起，这样就能保证进

退自如。

(6) 自律。在权力相对集中的组织，有可能缺乏必要的有效的监督机制，鲁冠球注意党委会、集团董事局的建设，许多方案是来源于下面，而不是自己拍脑袋。对于其他反面经验，他也及时吸取教训。

(7) 用人。企业家的功能在于用人，鲁冠球提出要用人之长而不要用人之短。乡镇企业出身的他，深刻知道人才的重要。他认为，与能力相比，道德品质是最重要的，他的知人善任、识人、爱才使得许多人甘心跟他打天下。

(8) 平易。鲁冠球没有一点架子，任何普通员工都可以和他直接交谈，他对员工温和但对干部严格。有的员工生病，他亲自去看望。他以诚待人、平易近人的平民意识赢得了人们的信任。

(9) 尊重。对于新来员工，他都要见面讲话，请员工多看看企业，允许员工双向选择，"人人都是一把手"就是最大限度地调动人的潜能，寻求个人价值与企业价值的一致性是鲁冠球具有凝聚力的重要方面。

(10) 民主。从表面上看，鲁冠球具有很高的决策权。他认为，只有民主没有集中不行，同样，只有集中没有民主更不行。因此，他十分注重科学决策与民主决策，方案来自下面，责任与权力也在下面，这样就保证了企业的稳步发展。

企业家是企业文化的灵魂，企业家的长期行为是企业长期行为的基础。鲁冠球的个人魅力吸引了广大员工，他凭着超前意识，勇于创新，带领着万向不断前进。这也是万向集团党组织建设获得成功最主要的原因。

当然，从外部条件看，当地政府、当地党的领导机关对万向集团党组织的支持也是必要的因素。

三、万向集团党组织建设模式的可移植性

接下来的问题是，这种类型模式在多大程度上可以复制到其他类型的企业特别是国有企业？

首先，万向集团党组织建设的模式具有明显的中国特色，因为这并不是在世界各国企业中普遍存在的现象。其次，就是在中国的企业中，或者说在中国的民营企业中，也并不是普遍存在的。因为，一方面企业家不一定有鲁冠球的政治素养，未必愿意这么做或者这么做了未必能够控制得住；另一方面，当地政府和党的领导机构也不一定和万向集团所在地的政府和党的领导机构做法相同，或者说地方政府不一定保证都是支持而不是干预，也就是不能保证外部条件整备。

对于国有企业来说，情况就相差得更远。从个人素质看，鲁冠球是企业家成了党委书记，那么，国有企业的党委书记是不是都具有鲁冠球那样的企业家素质？鲁冠球企业家是书记，是不是国有企业的书记都是企业家？最起码的，是不是都能像鲁冠球那样终身献给自己的企业？从上级部门看，一些优秀的国有企业的领导人可能被提升到政府部门中去。[①] 就算是不去政府部门，被调到其他企业也是很正常的事。再加上退休等种种规定，一个国有企业的负责人可能在一个企业干上 40 年吗？能够有那样长远的观念和行为吗？

实际上，万向集团作为民营企业，家族关系也在起着重要的维系作用，比如，鲁冠球的儿子就已经在接班了，这些因素国有企业都是不具备的。因此，国有企业不大可能实现万向集团的模式。

综上所述，我们得到对于万向集团党组织建设的一些印象：

第一，万向集团的组织模式吸收了家族、企业与党组织各种组织的积极性要素。

第二，万向集团党组织建设最重要的特点是企业干部队伍与党员队伍的高度融合，是“干部+党员”的梯队建设模式。

第三，万向集团党组织建设模式形成的最重要原因在于鲁冠球企业家的政治素质和人格魅力。

第四，地方党组织的支持也是万向集团党组织建设成功必不可少的外部原因。

第五，万向集团党组织建设模式不一定能复制到其他企业中去，国有企业就更加困难。

---

① 国有企业老总走上仕途的消息一直不断。最近的新名词叫做“管而优则仕”。

第 11 篇　危中有机

——上海科技“小巨人”企业“入冬如春”案例的启示

记得股市中有一句名言：“只有在退潮的时候才能看得出谁是在裸泳。”同样的道理，只有在经济困境之时，才能看出谁是真正优秀的企业。2008 年冬季来临，中国的一些企业正在不同程度上感受美国金融危机带来的经营环境的冷酷。如何应对成为了许多企业必须思考的问题。上海张江高科技园区的几家创新型中小企业却能够积极地进行自我调整，化危为机，危中寻机。[①] 中国的企业，特别是大型企业应该从它们的经验中得到至少以下几个方面的启示。

启示之一：技术储备

“手中有粮，心中不慌”，高新技术企业的“过冬粮草”不仅包括资金，更离不开创新技术。例如：在集成电路行业，主攻手机射频芯片的锐迪科微电子有限公司靠自主研发拿下与 3G 相关的多项发明专利，即将升级换代的移动通信产业对他们来说就是条“大船”；在生物医药行业，擅长研制药物中间成分的立科药物化学有限公司“药库”储备充裕，好几个革新工艺、降低成本的原料药接获海外大单，正与大企业合股建厂生产；在多媒体行业，刚刚完成“奥运会图像设计服务供应商”任务的水晶石数字科技公司，借助特大舞台的表演经验，又承担起上海世博会指定的大量多媒体设计，工作日程表已排到 2011 年深圳世界大学生运动会。

看来，机遇只给有准备的头脑，在危机中蕴藏的机遇更是如此。“小巨人”企业靠的是一颗科技创新的“头脑”，有远见者往往早做准备，或进行资金储备，或进行技术储备，或进行项目储备，在冬天来临前备足御寒衣被。

只有早做准备，才能抓住机遇。

---

① 实例部分参阅徐瑞哲、章迪恩：《小巨人的“越冬术”》，《解放日报》2008 年 12 月 21 日。

启示之二：节能减排

目前有一种比较公认的看法是，对我国而言，金融危机带来的挑战前所未有，机遇也前所未有。比如一些高污染、高能耗的“双高企业”，应该借这次产业大调整、大转型带来的机会，改善和提升企业整体竞争力。因为节能减排是这类企业的当务之急，但节能减排往往需要先投入一笔钱进行技术和设备改造——这种投资似乎是企业面临的“博弈”。上海轻工业研究所有限公司正是从这种“博弈”中挖掘出了自己的商机。上海轻工业研究所有限公司的行政人员介绍，公司市场部门的数十号人员，全跑在外面，正和客户谈各种水处理项目。“经济不景气是否导致生意清淡？我们可不觉得，还有好几个新项目排着队准备上马呢!”

也许有的时候机遇等不来，更多时候机遇靠创造。金融危机来势汹汹，企业遭受的重重压力，也能转化为发展的源源动力。上海“小巨人”正是主动而为，利用这种“倒逼机制”，以创新驱动方式，加快调整产品结构，不断开拓新的市场。

启示之三：团队开发

如何开展技术攻关，团队是一种很好的方式。在上海张江高科技园区联想大厦4楼，华亚微电子的150人创新团队各司其职，“黏”在计算机上设计IC芯片，5个小组负责5个产品项目。一位硕士学历的年轻研发人员说：“有时干到晚上9点多，因为要按时间节点完成方案，尽快交给客户推向市场。”他们认为：“创新与产值是成正比的，我们85%的人员都在集中搞研发，预计今年销售额应该有2个亿，能与去年持平，甚至有所增长。”

大型企业好比一条大船，有时候也需要放出一些小舢板独立作战，必须克服僵化的组织模式。

启示之四：大胆瘦身

华亚微电子在自身组织变革中，果断地砍掉一根“尾巴”：把庞大的下游业务让给别人去做，减轻企业负担。原来，做芯片都是在一张张“晶圆”薄片上做，但制造晶圆不仅要生产线，还要买各种专利，还有至少200人的劳动成本，被业内喻为“啤酒肚”。于是，华亚微电子索性采取“晶圆代工模式”，把设计好的芯片方案外包给晶圆厂生产，委托给封装厂加工，并签下长期合约。如此一来，华亚微电子不“博大”却“精深”。其研发的视频主控芯片覆盖长虹、创维、TCL、厦华、海信等名牌客户，占下国内市场1/3以上份额，并规避了设备和材料价格上涨风险。

逆境中的“小巨人”尚且可以如此强身健体，做到趋利避害，大企业就更应该有所变革。

启示之五：头脑冷静

华亚微电子是主营电视芯片的厂商。今年上半年，他们拿到一笔不菲的风险投资，钱到底怎么用？在经济“牛市”里，中小企业成长性良好，企业主大多以迅速做大为首要目标。但华亚微电子通过与出口客户的较多接触，敏锐感觉到今年甚至明年的情势不容乐观。管理层认为，即使已身为产销过亿元的“小巨人”企业，也不能再盲目求大求全，一味扩张，应该适当收缩规模，精简生产布局，同样也能取得业绩增长。华亚微电子决定把 80%的风险投资都用在芯片设计上，让研发工作精益求精。

启示之六：艺术筹资

在上海一趟趟地铁车厢内，液晶电视屏上常常跳出一个可爱的动漫形象“绿豆蛙”。不过这“小青蛙”后面的故事不仅仅是给乘客解闷那么简单。通过最近一次“版权质押融资”，这个虚拟形象为蓝色天空数码科技（上海）有限公司换来了 150 万元贷款，解决了企业的燃眉之急。

浦东生产力促进中心贷款部经常会接触类似蓝色天空这样的企业，它们可能规模不大，有的只是在“科技孵化器”里租场地办公，却有一个共同点：拥有属于自己的知识产权。这些公司常来促进中心，询问知识产权质押融资的最新政策，也因为了解政策、吃透精神，它们能在危机日益显现之前，觅到新的融资渠道。

自从 2008 年 8 月份单笔贷款额度上升到 200 万元后，已有 4 家企业成功拿到 100 万元以上的贷款。相比于其他没有做准备的同行，面对这一轮危机，他们显然就从容多了。

启示之七：客户双赢

在产生大量含金属废水的电镀行业，以往企业只有花钱建立废水处理流水线才能排放达标。轻工业研究所公司却为其客户免费提供自主研发的水处理设备，不仅使废水中 70%的水得以循环使用，还提取出废水中 90%以上的镍。这样，水的回用，对合同甲方企业有利；镍的回收，使乙方轻工所公司得益，也能收回设备投资成本。截至 2008 年 10 月底，长三角已有 260 家企业免费安装了镀镍废水回收设备，每年可节水 360 万吨，回收 180 吨镍。

为了进一步推广自己的水处理项目，前几天该公司又正式推出一辆“工业废水回用大篷车”开到生产现场，把水处理结果直接演示给客户看。两天内，轻工所的热线电话差点被打爆。可见，轻工所的市场切口，“切”到了一个大机遇。

启示之八：商业模式

维鹏信息技术（上海）有限公司根据企业精简广告成本的需求，依靠自己的射频芯片技术进行精准化的“推送”营销——免费发一种芯片卡给顾客。这种卡片能与地铁、商业中心的终端相感应，让顾客选择自己喜爱的商家，自己打印出优惠券前往消费，避免了人工发放海量广告传单的无谓浪费。这样做也是把原本看似负面的因素，巧妙转化为推广自己的有利因素。

可以预料，市场形势若更为严峻，但是，像轻工所、维鹏这类企业的优势反而会更明显。

应对复杂多变的经济形势，保持经济平稳较快发展，要求企业辩证对待“危”与“机”，必须有所为、有所不为。只要创新的主心骨不变，以退为进、以守为攻，就能牢牢把握发展的主动权。

总之，上述企业对危机的态度说明：“危中有商机”。

第 12 篇　冀东水泥组织结构与流程[①]

一、组织结构

1. 组织结构的基本形式

冀东水泥的功能直接掌握着两条核心生产线，同时又对许多下属公司进行管理，这从合并报表的比例接近于 3 就可以看出。因此，冀东水泥股份有限公司组织结构的特点是直线职能制与控制公司制的双重结构。

2. 各职能部门的基本职责及其关系

冀东水泥的主要职能部门包括总经理办公室、财务部、人力资源部、企业管理部、董事会秘书室、审计部、投资管理部、设备管理部、工程管理部、质量管理部、技术开发中心、安全生产监督部、物流总公司。

组织结构图详见图 1。

① 本文是国情调研项目的一个成果，参见刘湘丽等著：《唐山冀东水泥公司考察》，经济管理出版社，2008年版。

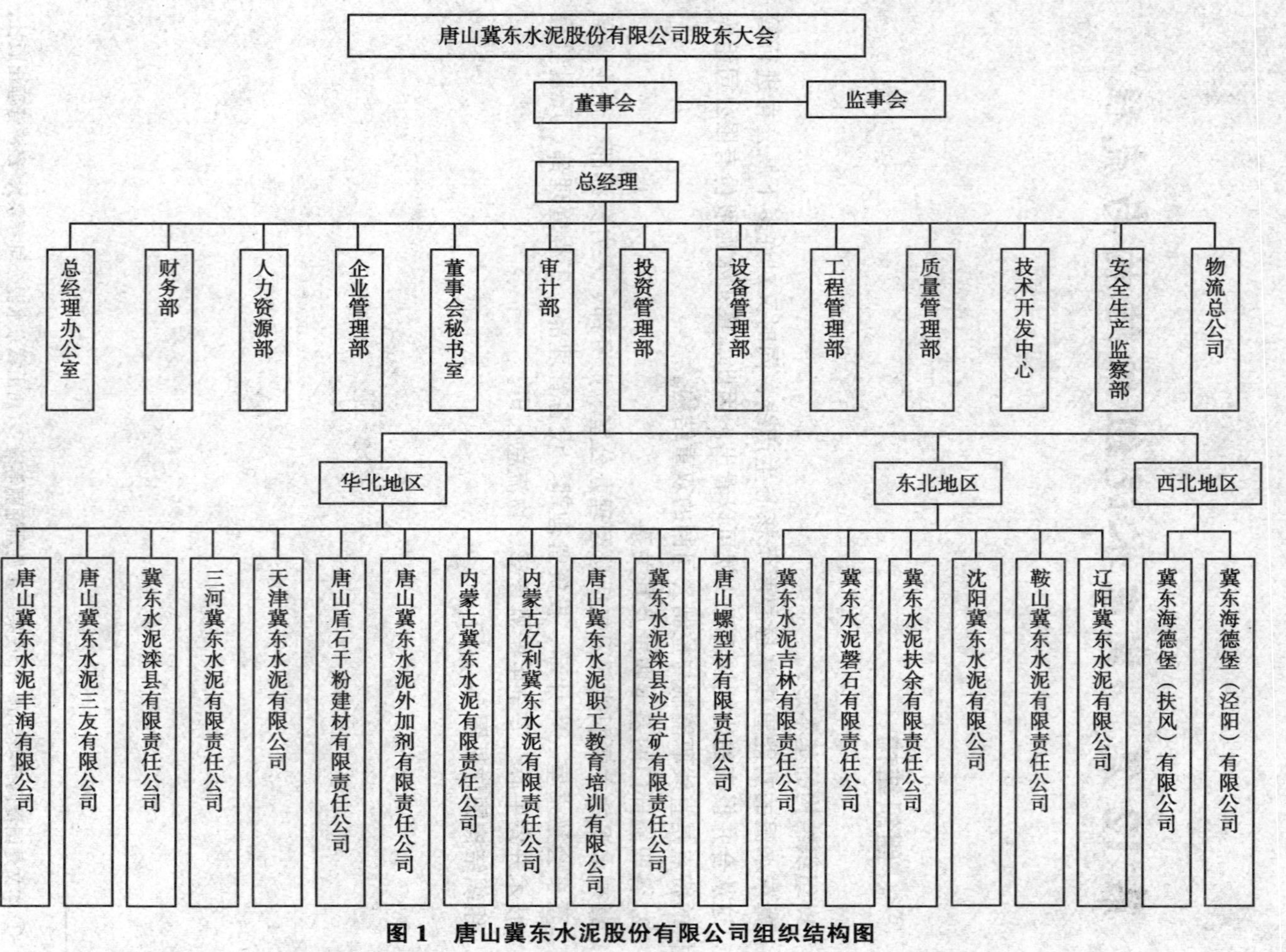

图 1 唐山冀东水泥股份有限公司组织结构图

资料来源：唐山冀东水泥股份有限公司内部资料。

表 1 为技术开发中心的职能描述。

表 1　唐山冀东水泥股份有限公司技术开发中心职能

技术开发中心职能
冀东水泥股份有限公司技术开发中心是直接隶属公司总部领导、内部独立核算、承担股份公司技术管理职能的综合管理部门，其宗旨是提高企业的技术开发能力和利用社会资源能力，推动技术进步，优化生产运行的效率和效益，为企业发展提供技术支持。 1. 职责 1.1 主持制定企业技术发展战略和技术创新、技术引进、技术改造规划和计划； 1.2 研究开发有市场前景的新技术、新产品、新工艺、新材料、新装备； 1.3 组织和运用国内外的技术和智力资源，开展国内、国际技术交流与合作，与有关高等院校、研究院以及国际企业建立长期稳定的合作关系； 1.4 收集、分析与公司有关的国内外技术和市场信息，研究行业发展动态，为产品和技术发展决策提供咨询和建议； 1.5 建立有效的人才激励机制，以吸引国内外技术、人才等各种形式为企业服务，为企业培养、造就高素质的技术和管理人才； 1.6 开展技术经营和服务，不以自身赢利为目的，技术经营与服务的合理收入用于技术中心的硬件建设和有功人员的奖励。 2. 管理权限 2.1 主持公司所属企业新建、扩建、技术改造项目立项的审核，技术方案的评估论证和开工报告的审批； 2.2 组织对建设项目投资进度及经济效益评价，提出对建设项目承担企业及责任人的考核意见； 2.3 负责公司所属企业生产运行的管理与考核； 2.4 负责企业科研开发、技术创新项目的立项审批、过程控制及成果鉴定工作； 2.5 负责洽谈公司与高等院校、科研院所的设计与技术服务合同； 2.6 负责公司所属技术创新、科研开发项目所需装备、零部件加工定做等采购合同的洽谈； 2.7 接受公司所属企业部门的委托，承担工程设计、工程咨询、工程管理等有偿技术服务； 2.8 负责支配政府支付企业的科研开发经费。 3. 接口关系 3.1 内部接口： 3.1.1 公司所属各企业、各企业下属的生产技术部门在业务上接受技术中心领导的指导； 3.1.2 公司直属部室与技改、技措项目建设科研开发生产运行有关的业务，接受技术中心的指导。 3.2 外部接口： 3.2.1 国家、省、市科技主管部门； 3.2.2 国家、省、市经济、改革与发展主管部门； 3.2.3 与企业生产经营、项目建设、科研开发有关的设计研究院、高等院校。 4. 规范技术中心管理行为的文件 4.1 科研开发、技术创新成果评价与奖励规定； 4.2 科研开发项目质量管理程序； 4.3 科研开发项目实施计划编制程序； 4.4 新建、扩建、技术改造项目管理程序（待编制）； 4.5 新建、扩建、技术改造项目实施计划编制程序（待定）； 4.6 企业生产技术管理与考核细则。

资料来源：唐山冀东水泥股份有限公司内部资料。

3. 企业下属机构的基本情况

企业下属机构的基本情况见表 2。

表 2 唐山冀东水泥股份有限公司下属企业基本情况

公司名称	注册资本（千元）	投资金额（千元）	持股比例	主营业务
冀东水泥吉林有限责任公司	130000	128172	98.59%	水泥生产与销售
三河冀东水泥有限责任公司	70000	67748	96.78%	水泥及熟料的生产与销售，相关产业投资
吉林市冀东江机塑料制品有限责任公司	17578	12480	71.00%	生产、销售塑料编织袋及其他塑料制品
沈阳冀东水泥有限公司	70000	56000	80.00%	水泥及水泥制品制造、销售
唐山盾石干粉建材有限责任公司	59800	58604	98.00%	干粉建材产品的生产、销售及服务
冀东水泥磐石有限责任公司	179000	173000	96.65%	水泥熟料、水泥、水泥制品的生产销售
冀东水泥扶风有限责任公司	186800	171000	91.54%	水泥、水泥熟料及石灰石生产和销售
冀东水泥扶余有限责任公司	30000	47000	94.00%	水泥生产、销售、运输
天津冀东水泥有限公司	30000	22500	75.00%	水泥及水泥制品制造、销售
唐山冀东水泥三友有限公司	100000	75000	75.00%	水泥熟料、水泥及水泥制品的生产、销售
唐山冀东水泥外加剂有限责任公司	15000	13470	89.80%	混凝土外加剂、水泥助磨剂、浇注料、其他外加剂的研制、生产、销售
冀东水泥滦县有限责任公司	190000	123500	65.00%	水泥、水泥制品生产和销售，汽车运输服务
鞍山冀东水泥有限责任公司	200000	100000	50.00%	水泥熟料、水泥、水泥制品制造、销售
内蒙古冀东水泥有限责任公司	15000	120000	98.77%	水泥、水泥熟料的生产和销售
辽阳冀东水泥有限公司	125000	71825	52.00%	水泥、熟料的生产和销售
冀东水泥泾阳有限责任公司	15000	12750	85.00%	水泥、水泥熟料及相关建材产品的制造、销售
河北省冀东水泥集团汽车运输有限公司	30000	44114	100.00%	汽车修理；汽车配件批发、零售；普通货运（期限至 2007 年 4 月 6 日）；水泥、熟料装卸；建筑材料批发、零售
唐山冀东水泥职工教育培训有限公司	300	270	90.00%	冀东水泥集团系统内培训及技术服务
吉林市冀东建筑建材设计研究有限责任公司	2000	2000	98.66%	建筑、建材工程设计，建材技术咨询、检测、转让、开发

资料来源：唐山冀东水泥股份有限公司内部资料。

以下是主要全资子公司的情况。

(1) 河北省冀东水泥集团工程建设监理有限公司。公司于 1998 年 7 月在唐山市工商局注册成立，注册资金为 120 万元人民币，注册地为唐山市新区林荫路，主营业务为承担年产 100 万吨以下水泥工程以及对一般工业与民用建筑工程建设监理任务。按照《公司法》，有限责任公司必须有两家以上股东的要求，公司于 2000 年 9 月份经河北省冀东水泥集团有限责任公司董事会同意，将其持有的 35 万元股权分别转让给冀东水泥集团汽运公司 20 万元和冀东水泥集团公司职工技协交流站 15 万元（以上两家新股东均为独立法人单位）；同时修改了原公司章程，成立了新一届公司董事会，改制后的监理公司从体制上为独立法人单位，从经营管理上按照独立经营，自负盈亏的方式进入市场。2001 年，公司实现产值 115 万元，比上一年增加 51 万元，实现利润 11 万元比上一年同期增加 7 万元。2001 年末职工为 15 人，资产总额 144 万元，负债总额 9 万元。

(2) 唐山物资建材有限公司。唐山物资建材有限公司始建于 1999 年 4 月，是冀东水泥集团公司的全资子公司，6 月份正式投入生产运营。公司注册资本为 50 万元，注册地为唐山市路北区建华道 105 号，法人代表为金焕仲，公司主营业务范围：生产销售耐火碱浇注料、麻绳；附营业务：机械加工、销售建筑材料、五金化工产品及其他。2001 年公司实现销售收入 81 万元，比上一年同期 58 万元增加 23 万元；利润总额为 6 万元，比上一年同期的-1 万元增加 7 万元。企业从业人员 31 人，其中，专业技术人员 3 人，大专以上学历 4 人；2001 年生产浇注料 440 吨，麻绳 217.75 吨；2001 年末资产总额 77 万元，负债总额 21 万元。

(3) 唐山金鸣物资经销公司。唐山金鸣物资经销公司成立于 1994 年，是河北省冀东水泥集团有限责任公司的全资子公司。公司注册资本 1639 万元，注册地为唐山市路北区友谊路 30 号，法人代表为吴志胜。公司主营业务：建筑材料、钢材、木材、汽车零部件、电子器材、仪器仪表、五金、交电、化工、陶瓷制品、普通机械、通用零部件、电话通信设备（不含无线电话）；兼营：服装、针纺织品、日用百货、橡胶制品、罐头食品、干鲜果品、日常用品、水产品等。自从 1996 年，由于种种原因，物资经销公司处于停业状态，只有金鸣娱乐城等出租，经济效益不算好。2001 年实现利润-70 万元，比上一年同期减少 11 万元。2001 年末资产总额 1432 万元，负债总额 48 万元。

(4) 唐山冀润水泥厂。唐山冀润水泥厂位于冀东水泥股份公司北 10 余公里，年产水泥 20 万吨。该厂生产“盾石”牌、“JR”牌 525#、425# 普通硅酸盐水泥和 425# 矿渣硅酸盐水泥，该产品连续 16 年出厂合格率保持 100%，获得国家“产品质量认证证书”及“采标标志证书”。产品促销往京、津、唐、秦等地区，以优质、优价深受广大用户的欢迎。

（5）唐山启新水泥有限责任公司。唐山启新水泥有限责任公司（原启新水泥厂），始建于1889年，是中国最早生产水泥的企业，年产量110万吨。其“马”牌水泥在20世纪初就以卓越的质量荣获美国“圣鲁意赛会头等奖”、意大利“意国赛会优等奖状”等七项国际大奖，并于80年代首获中国水泥行业产品质量银质奖，多年来，被部分国家列为水泥出口质量免检产品。公司生产硅酸盐、矿渣、火山灰等多种水泥，现以生产“马”牌525#、525#R、425#R普通硅酸盐水泥为主。产品在美洲、欧洲、东南亚等国际市场享有盛誉。在一个世纪的时间，“马”牌水泥以卓越的品质和信誉为中华民族构筑了无数座辉煌的历史丰碑。

以下是部分控股子公司的情况。

（1）唐山冀新水泥中转有限公司。唐山冀新水泥中转有限公司是河北省冀东水泥集团有限责任公司为了完善销售渠道，从海上进一步打开国际、国内市场的长远利益考虑，和中国香港新兴栈科技有限公司共同投资1200万美元，建立的中外合资企业，中方占60%，是全国最大的散装水泥设施专用码头。公司注册地为唐山京唐港海港开发区1#泊位，董事长侯茂林，主营水泥、熟料储存及装卸业务。公司1997年3月破土动工，1998年3月开始设备安装，1998年10月达到设备带负荷运转。公司建成几年来，由于受当时东南亚金融危机影响，至今尚未正式运营。截至2001年末，公司职工为37人，退休2人；2001年末资产总额13136万元，负债总额8161万元。

（2）唐山冀硕新型建材有限责任公司。唐山冀硕新型建材有限责任公司成立于1998年9月4日，是由河北省冀东水泥集团和河北宝硕集团共同投资组建的，公司注册资本1105万元，其中冀东水泥集团占65%，宝硕集团占35%；注册地为唐山市高新技术开发区大庆道35号，法人代表为王业先，主营生产和销售塑料型材，组装销售塑钢门窗及配套装饰材料业务。2001年实现收入1242万元，比上一年同期增加332万元；实现利润17万元，比上一年同期增加14万元，期末职工100人；2001年末资产总额2408万元，负债总额1280万元。

（3）唐山冀昌塑料制品有限公司。唐山冀昌塑料制品有限公司成立于1995年12月25日，是由河北省冀东水泥集团和香港昌兴贸易商行合资组建的，企业注册资本1743万元，冀东水泥集团占51%，香港昌兴贸易商行占49%，注册地为唐山市唐马路，法人代表为侯茂林。公司主营塑料编织袋生产及销售，是以生产塑料编织包装袋为主导的专业加工企业，全套设备由德国和奥地利引进，其水泥包装袋和其他物品包装袋具有当代国际先进水平。公司生产500公斤装水泥包装袋1亿条，柔性集装袋（太空包）100多万条。

公司生产的各类型包装袋适用于水泥、化工、医药、粮食、冶金、机械、建筑、运输等行业。产品销往华北、东北、华南等地，并远销新加坡、泰国、马来西亚、孟加拉、朝鲜、俄罗斯、老挝等地。主要产品包括：40kg、50kg、100kg以下各种系列涂复编织袋（二合一）、复合袋（三合一），1000kg、1500kg、2000kg柔性集装袋（太空包），撕裂捆扎绳、塑料苫布及建筑围墙布等，各种规格、型号的塑钢门窗。

2001年，公司实现销售收入7097万元，比上一年同期5675万元增加1422万元；利润总额为222万元，比上一年同期3万元增加219万元；企业从业人员932人，职工人员308人，退休70人。2001年生产编织袋67565073条，比上一年同期59201664条增加8363409条；生产编织布1429吨，比上一年同期1108吨增加321吨。2001年末，公司资产总额8224万元，负债总额6179万元。

（4）唐山冀东三友水泥有限公司。唐山冀东三友水泥有限公司是由河北省冀东水泥集团有限责任公司和唐山三友碱业集团有限公司协议共同出资组建，公司形式为有限责任公司，于2000年9月20日在唐山市工商局注册登记。公司注册资本为6000万元，其中河北省冀东水泥集团有限责任公司占80%，唐山三友碱业集团有限公司占20%。公司经营范围主要为生产低碱水泥熟料，兼营水泥技术服务，水泥熟料年产量约为75万吨。目前，公司处于建设期，建设期为一年。2001年，公司从业人员143人，在岗人员33人；2001年末资产总额20597万元，负债总额为15747万元。

（5）唐山盾石化学管材有限责任公司。唐山盾石化学管材有限责任公司筹建于2000年，是河北省冀东水泥集团有限责任公司和冀昌塑料制品有限公司共同投资兴建。公司注册资本1500万元，其中冀东水泥集团占90%，冀昌公司占10%，注册地为唐山市高新技术开发区大庆道，法人代表张增光。公司占地3万平方米，2001年正式投入生产，现有员工40多人，高级、中级技术人员占30%以上，公司从瑞士Swisscab公司全套引进当今世界先进的激光对接焊铝塑复合管生产线，可生产“盾石”牌铝塑管1000万米。同时，公司投资1000多万元引进德国Bettenfeld三型无规共聚丙烯（PP—R）管材生产线及数台管件注塑设备，形成三种系列、两种颜色（灰色、白色）、Ø16—Ø110“十大”管材系列及200多种规格配套管件生产能力，年产“盾石”牌PP—R管材、管件2500多吨。2001年，公司实现收入75万元，实现利润-4万元，资产总额3275万元，负债总额1779万元。

主要控股、参股子公司情况见表3。

表3 唐山冀东水泥股份有限公司主要控股、参股子公司

序号	被投资公司名称	出资额（千元）	所占权益比（%）	主要经营活动
1	冀东水泥吉林有限责任公司	89585	98	水泥制造、销售
2	三河冀东水泥有限责任公司	47750	95.5	生产和销售普通硅酸盐和矿渣水泥及建材产品
3	唐山盾石干粉建材有限责任公司	58604	98	干粉建材产品的生产、销售及服务
4	沈阳冀东水泥有限公司	35000	70	水泥及水泥制品制造、销售
5	冀东江机塑料制品有限公司	12480	71	生产、销售塑料编织袋及其他塑料制品
6	冀东水泥磐石有限责任公司	54000	90	水泥、水泥熟料、水泥制品生产销售、装卸
7	冀东水泥扶风有限责任公司	13500	90	水泥、水泥熟料及石灰石生产和销售
8	唐山海螺型材有限责任公司	40000	40	塑料型材
9	河北证券有限责任公司	20000	3.7	证券代理买卖；证券的自营买卖；证券的承销和上市推荐等

资料来源：唐山冀东水泥股份有限公司内部资料。

4. 企业各关键岗位的基本职责

全企业有200多个岗位，每个岗位都有岗位说明书，表4是财务部部长助理岗位说明书的例子。

表4 唐山冀东水泥股份有限公司财务部部长助理岗位职责

岗位名称：部长助理		
岗位所在单位（部门）：财务部	在岗人员姓名：	上级岗位名称：
岗位所属工段（室）：	直辖下级岗位名称：	岗位系列：
岗位所属班组：	直属上级岗位名称：	岗位等级：

续表

主要职责： 协助部长处理日常会计核算业务； 协助部长进行各项财务管理工作； 负责日常各项行政事务，努力维护财务部电算化硬件和软件功能，以保证财务核算的顺利进行； 部长不在时，代行部长职责； 兼管资金室主管所有业务（参见资金室主管职责）。
本岗位执行的主要制度： 1.《中华人民共和国会计法》、《中华人民共和国统计法》 2. 财政部颁发的会计准则及相关会计制度 3. 河北省财政厅、唐山市财政局颁发的各项会计规章制度、河北省统计条例 4. 公司内部颁发的各项规章制度
本岗位重要工作关系： 公司外部：税务局、银行、政府相关部门 公司内部：公司本部各生产部门和职能部门、本部所属各分子公司
上岗条件： 年龄：不限 教育背景：正规院校本科及以上毕业，5 年以上工作经验；其他形式本科及以上毕业，7 年以上工作经验；正规院校大专毕业，7 年以上工作经验；其他形式大专毕业，10 年以上工作经验；中专毕业，15 年以上工作经验。 资历：中级及以上职称 素质和技能：熟悉财务电算化，具有良好的沟通协调能力，表达能力，爱岗敬业，遵守会计法，熟悉会计制度，会计法规。有 5 年（含 5 年）以上相关财经工作经验。
绩效考核指标：

资料来源：唐山冀东水泥股份有限公司内部资料。

表 5 是安全生产监察部岗位职责。

表 5　唐山冀东水泥股份有限公司监察部岗位职责

部长岗位职责：
1. 负责向集团公司、股份公司所属各企业、各单位宣传贯彻国家安全生产和消防法律、法规、条例并监督检查执行情况；
2. 负责承接上级安全生产监督管理部门和消防部门的工作布置和专项检查；
3. 负责组织制定集团公司、股份公司安全生产和防火管理规章制度，并进行宣传贯彻；
4. 负责对集团公司、股份公司所属各企业的安全生产与防火工作进行监督、检查与指导；
5. 负责公司本部职工工伤的初步认定；
6. 参与集团公司、股份公司人身工亡事故、重大火灾事故的调查、处理；
7. 负责集团公司、股份公司本部职工劳动保护用品、防暑降温和防疫物品标准的制定以及指导发放；

续表

8. 参加集团公司、股份公司新建工程项目安全、消防竣工验收； 9. 负责对集团公司、股份公司所属企业安全生产工作提供考核意见； 10. 负责组织制定公司年度《安全生产责任书》，并监督检查下属单位贯彻落实情况； 11. 完成上级领导交办的其他工作。 **安全主管岗位职责：** 1. 负责对国家安全生产法律法规和公司安全生产管理规章制度的宣传贯彻工作； 2. 负责具体编制公司年度安全生产、安全教育培训计划，编制、修订公司安全生产管理规章制度； 3. 做好新职工和外来实习人员的公司级安全教育； 4. 负责公司本部外委工程、施工单位安全资质审查、教育、管理； 5. 负责监督检查公司各企业安全管理人员落实安全责任情况； 6. 参加对各公司进行安全监督检查，并督促隐患整改； 7. 参加调查处理职责范围内各类人身事故，并帮助事故单位落实预防措施； 8. 具体负责对公司所属企业进行安全工作考核，并提出考核初步意见； 9. 负责做好公司安全管理体系运行并进行监督检查，确保运行有效； 10. 完成领导交办的其他工作。 **安全助工岗位职责：** 1. 对集团公司、股份公司安全生产管理规章制度进行宣传贯彻； 2. 负责收集整理各子公司有关安全信息，并保管各种安全基础档案； 3. 参加对各子公司的安全监督检查，并督促隐患整改； 4. 负责统计管理公司各企业人身安全事故情况，并分析、通报事故情况； 5. 负责办理新建和技改项目安全“三同时”审核手续； 6. 协助公司人力资源部和公司职工教育培训公司搞好特种作业人员培训与复审工作； 7. 完成领导交办的其他工作。 **消防管理岗位职责：** 1. 贯彻执行国家消防工作方针、政策，组织落实上级和本公司的有关消防规定、规范和规章制度； 2. 掌握公司消防工作情况，收集和整理有关消防安全信息，为领导决策当好参谋； 3. 组织对本部重点部位消防检查，督促整改火灾隐患，制止违章行为； 4. 编制年度消防工作计划，制订、修订消防安全管理制度，负责日常消防安全监管工作； 5. 负责公司本部消防器材的维修和管理； 6. 负责公司本部火灾调查处理工作； 7. 具体组织实施公司的消防宣传和对本部职工的消防安全教育及培训； 8. 负责公司与当地消防机关联系，及时通报有关情况； 9. 完成领导交办的其他工作。

资料来源：唐山冀东水泥股份有限公司内部资料。

5. 战略联盟组织的建立情况

战略联盟组织的建立情况包括产权联系与非产权联系两个方面，现将比较重要的介绍如下。

首先，按照公司“三北”发展战略的总体布局，为开拓陕西水泥市场，公司先后于2001年12月、2004年4月设立了冀东水泥扶风有限责任公司（以下简称扶风公司）和冀东水泥泾阳有限责任公司（以下简称泾阳公司）。扶风公司注册资本为 1.868 亿元，公司拥有 91.54%的股权，扶风法门寺水泥有限公司拥有 8.46%的股权。扶风公司在宝鸡市扶风县建有一条日产 4200 吨熟料的水泥生产线，于 2003 年 10 月建成投产，项目总投资 5.5 亿元人民币。2005 年 1~4 月份水泥销量达到了 50 万吨，实现利润总额 801 万元，成为陕西省销量最大、利润最高的水泥企业。

泾阳公司注册资本为 1500 万元，公司拥有 85%的股权，工会拥有 10%的股权，唐山市宏文集团拥有 5%的股权。泾阳公司在咸阳市泾阳县正在建设一条日产 5000 吨熟料的水泥生产线，项目概算总投资 6.1 亿元人民币。目前，土地征用、矿山采矿权办理等工作基本完成，已具备全面开工建设条件。

其次，与德国海德堡公司的合作。海德堡公司成立于 1873 年，目前是世界第四大水泥制造商，世界三大水泥贸易集团之一，在 50 多个国家拥有约 4.2 万名员工。该公司 2003 年水泥销售量为 5100 万吨，水泥销售收入为 64 亿欧元；2004 年水泥销售量为 6500 万吨，水泥销售收入为 69 亿欧元。

1999 年海德堡公司以参股广州越秀水泥集团的形式进入中国水泥市场，2003 年 7 月通过增资取得中国世纪水泥有限公司 50%的股权，到 2005 年底海德堡公司在中国将具备 420 万吨的水泥生产能力，占有广州水泥市场 20%的市场份额。目前海德堡公司将中国列为成长市场并作为未来优先发展地区。

海德堡公司以现金收购扶风公司 45.77%的股份和泾阳公司 50%的股份。收购完成后扶风公司股权结构为：冀东水泥 45.77%、海德堡 45.77%、扶风法门寺水泥有限公司 8.46%；泾阳公司股权结构为：冀东水泥 50%、海德堡 50%。双方将根据新的股权结构调整公司组织结构，双方发挥各自优势共同经营管理扶风公司和泾阳公司，并最终做大做强陕西及其周边水泥市场，实现合作双方的共赢。

如果与海德堡公司合作成功，将可以极大地促进泾阳项目的建设进程，进一步完善公司在陕西市场的布局，对竞争对手新建、扩建项目形成压力，有利于我们整合陕西水泥市场，逐步占据陕西省水泥龙头企业地位。

通过与海德堡公司合作，我们还可以引进其资金和技术，借鉴其先进管理经验，提升公司集团化管理水平，加快与国际接轨的进程，对公司的快速发展具有深远的战略意义。

6. 信息技术的使用对企业组织结构的影响

公司正在建设的“冀东水泥集团协同管理平台”是建立在数据信息、管理业务基础上的多地点、多层次、多部门、多人员参加的信息资源高度集成、共享和业务流程有效整合、优化、完善、固化、受控的通过硬件、软件、网络来实现的协同办公的管理工具。

“冀东水泥集团协同管理平台”能够支持办公流转的工作流管理，为实现集团管控设置的各级不同权限的业务审批管理，集成底层 EMES 系统及财务系统数据的汇总报表中心，实现电子招标为主的电子商务系统，实现有效的知识管理等。

通过“冀东水泥集团协同管理平台”的搭建，公司提高了管理效率，降低了管理成本，使得公司的核心竞争力不断增强。

可以看出，冀东水泥组织结构的主要特点是：第一，由于在自己直接从事生产经营活动的同时，还拥有众多的子公司和控股公司，因此，组织结构呈现出直线职能制与控制公司制的双重结构；第二，各个岗位有明确职责规定和较完备的岗位说明；第三，信息技术的提高改变了组织结构，使得更加扁平化和高效率；第四，企业与外界形成了广泛的、包括产权与非产权的联盟关系，而且扩展到了境外。

二、流程及管理基础

1. 业务流程及其管理情况

目前，集团公司已经基本上建立了制造资源计划系统的功能模块的雏形，可参见制造资源计划信息流、产品流及资金流模块系统图。它包括经营规划、生产规划、主生产计划、物料需求计划、能力需求计划以及有关能力和物料的执行支持系统。通过该图，可以清晰地看到信息流、产品流及资金流相互之间的流向，为建立管理流程打下了基础。

2. 信息流及其管理情况

现在信息化办公室正在对集团的物料执行支持系统进行编码，建立 BOM（Bill Of Material），即物料清单。集团已经建立并完善了《存货盘点制度》，要求集团所属子公司和股份所属子公司加强存货盘点工作，清晰存货的库存数据。这样利用物料清单、库存数据和主生产能力计划就可以确定物料需求，为物资供应工作提供了强大的信息支持。

3. 产品流及其管理情况

公司生产技术部与全面预算管理办公室正在逐步完善主生产能力计划（MPS），与物流公司市场部结合，根据大客户订单和市场预测需求、可用物料的数量、现有能力、管理方针和目标等，确定公司的生产计划。为此，公司制定了《全面预算管理办法》、《大客户管理办法》以及配套的销售管理制度，并已经纳入公司规章制度体系。

4. 流程再造情况

由于公司在近几年的迅速发展，像管理单体企业那样的模式管理集团已经不再适合。为了降低成本、改进质量、改善服务和加快反应速度，目前公司正在按照制造资源计划进行工作。

图 2 是流程再造的基本模式。

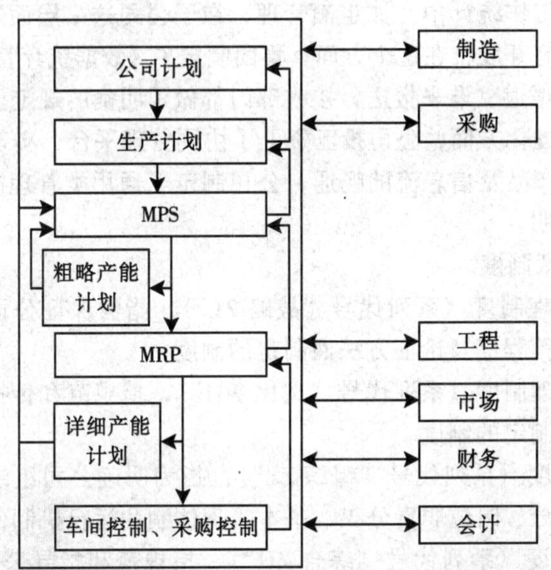

图 2　制造资源计划（MRPⅡ）信息流、产品流及资金流模块系统图

资料来源：唐山冀东水泥股份有限公司内部资料。

资源计划系统要求实施流程再造，在这个转变的过程中，由于组织设计和人力资源因素的原因，流程再造正在逐步地进行。目前，公司信息化办公室和企业管理部联手合作，将各种管理流程搬上平台，实现信息的快速传递。

从图 2 也可以看出，冀东集团的流程建设从纵横两方面考虑，一方面是横向方面的管理流程，即从制造、采购、工程、市场、财务及会计与公司生产计划的对接，它包括生产指挥流程、人事管理流程、资金核算流程、计划决策流程等；另一方面是纵向方面的作业流程，即企业从投入到产出的总过程，它包括生产作业流程、营销流程、信息搜集流程、资金筹措流程等。而且，每个流程内部还有若干不同层次的小流程。

信息流、产品流、资金流的流程建设。公司正在按照制造资源计划的要求逐步开发管理流程，在 OA 协同管理平台上运行，以便实施信息、产品、资金流的交换。

5. 管理基础工作

在定额管理方面，集团公司对子公司已经确定了明确的指标，将集团目标分解，列入对子公司经营者的考核，但是在子公司对下面的管理中，指标分解做得不是很理想，还停留在工厂状态，也就是说，将集团目标通过子公司落实到个人，这还有待于进一步完善。

在班组建设和工作统计中，如定额管理，在子公司这一层面还不错。在基层甚至个人层面，还没有开展，在这个方面，集团制定了《数据统计管理办法》，对报送数据的类型、报送渠道、谁来报送，接收部门都做了明确的规定。

在信息化和标准化方面，公司投巨资上了协同管理平台，实现信息共享。

为保证资金、产品及信息流的畅通，公司制定了通用类管理制度和专业类管理制度，详见下述说明。

（1）通用类规章制度。

①公司战略管理制度（系列代号“战略 ZL”），指为保证公司战略形成以及明确公司发展规划决策程序及论证方法而制定的制度。

②企业文化管理制度（系列代号“文化 WH”），指规范和传播公司理念、行为和视觉识别系统而制定的制度。

③组织管理制度（系列代号“组织 ZZ”），指为明确公司组织机构设置、组织分工、部门职能划分、岗位职责分工、基本管理体制和运行机制而制定的制度。

④综合管理制度（系列代号“综合 ZH”），指规范和指导公司全面预算管理、风险管理、招投标管理、知识产权管理、经济运行考核、资本与资产管理、基础管理检查、统计、运营分析、规章制度管理、运行体系构建等综合性经营管理工作而制定的制度。

（2）专业类规章制度。

①行政办公管理制度（系列代号“行政 XZ”），指为规范和指导公司文秘事务、政策研究、行政督察、公文处理、公共关系、领导日程安排、会议管理、印章管理、接待、办公用品管理、档案管理、保卫、车辆管理等行政办公事务而制定的制度。

②审计管理制度（系列代号“审计 SJ”），指为监督、规范、检查、指导公司的合同管理、经济监管、管理审计、工程造价、法律事务等经营管理活动及经济管理人员的管理行为而制定的制度。

③人力资源管理制度（系列代号“人力 RL”），指为规范和指导公司人事管理（招聘、选拔、培训、使用、考核）、劳资管理、薪酬管理、保险管理等工作而制定

的制度。

④财务管理制度（系列代号“财务 CW”），指为规范和指导公司会计核算、财务管理、资金管理、税收筹划、会计报表及财务分析等工作而制定的制度。

⑤信息管理制度（系列代号“信息 XX”），指为规范和指导公司信息化建设项目管理、软件管理、系统管理、数据管理、信息安全管理、网站管理等而制定的制度。

⑥营销管理制度（系列代号“营销 YX”），指为规范和指导公司市场调研、客户管理、产品规划、销售管理、价格管理、业务核算、货款回收、物流管理、广告宣传策划、售后服务等工作而制定的制度。

⑦物资管理制度（系列代号“物资 WZ”），指为规范和指导公司物资计划、采购、核算、库存、计量、质量、资源管理、供应商管理等工作而制定的制度。

⑧安全与环境管理制度（系列代号“安全 AQ”），指为规范和指导公司安全、消防、环境保护与治理、优化作业环境等工作而制定的制度。

⑨设备管理制度（系列代号“设备 SB”），指为规范、指导、监督、检查公司设备运行、维护、维修等管理工作而制定的制度。

⑩生产技术管理制度（系列代号“技术 JS”），指为规范、指导、监督、检查公司生产、工艺、作业、消耗、能源、技术等管理工作而制定的制度。

⑪质量管理制度（系列代号“质量 ZL”），指为规范、指导、监督、检查公司质量检验、试验开发、质量标准、工艺配料及优化、质量服务等管理工作而制定的制度。

⑫工程管理制度（系列代号“工程 GC”），指为规范、指导、监督、检查公司工程立项、施工、造价、结算、验收、转固等管理工作而制定的制度。

⑬研发管理制度（系列代号“研发 YF”），指为规范、指导、监督、检查公司科学研究、技术改进及创新等管理工作而制定的制度。

⑭其他管理（系列代号“其他 QT”），卫生、医疗、健康、物业等管理制度。

集团为改善经营、规避风险，按照规章制度体系建设的要求，制定了一系列的制度。表 6 为集团一体化制度体系表。

表6 唐山冀东水泥股份有限公司技术开发中心职能

	门类	责成部门	已建立制度	需增加（修订）制度
通用类规章制度	公司战略管理制度（ZL）	企业管理部		战略管理制度
	企业文化管理制度（WH）	企业文化办公室	着装、标示管理办法	VI、BI、CI员工行为规范
	组织管理制度（ZZ）	企业管理部	部门职能汇总	部门职能汇总（修订） 机构增减、定岗定编管理办法
	综合管理制度（ZH）	企业管理部	规章制度体系文件管理办法 能源管理制度 节能降耗奖惩管理办法	全面预算管理办法 招投标管理办法 基础管理检查管理办法 数据统计管理办法
专业类规章制度	行政办公管理制度（XZ）	总经理办公室	会议管理制度 印章管理制度 办公用品使用标准及其支领管理办法 档案管理办法 督察调研工作制度 公务车辆管理办法 信访管理制度 总经理办公会制度	会议管理制度（修订） 公文管理办法 非生产用固定资产零购管理办法 保密管理办法
	审计管理制度（SJ）	审计部	审计部管理制度 企业法律事务暂行规定 加强和规范进口设备运输管理办法 内部审计工作管理办法 工程建设经济管理审计管理办法 民商事活动印章使用暂行规定 规范物资采购行为内部控制的有关规定 大宗原燃材料采购质、价、量三元监管办法 辅助材料采购监督管理办法 机电用品采购监督管理办法 机电用品质量责任制暂行规定 外委维修监督管理办法，技改技措项目监督管理办法，零星基建、基建维修、安装维修、装饰装潢工程监督管理办法	合同管理办法（包括产品销售、工程项目、设备采购及物资采购等） 法律事务人员外派管理办法 （合并修订）——物资采购内部控制管理办法 合并修订

续表

	门类	责成部门	已建立制度	需增加（修订）制度
专业类规章制度	人力资源管理制度（RL）	人力资源部	骨干岗位人员管理规定 后备人才管理制度 关于对子（分）公司中层管理人员任用及管理的规定 引进人才薪酬福利待遇政策 专家级核心人才管理及待遇试行办法 劳动合同管理 劳动纪律管理规定 员工培训学习的管理规定 工资制度改革方案 岗效工资实施细则（试行） 员工档案管理办法	（合并修订） （合并修订） 招聘管理办法 培训管理办法 员工移动管理办法 员工奖惩实施细则
	财务管理制度（CW）	集团计财部 股份财务部	费用管理办法 盘点制度 集团（股份）财务制度	费用管理办法（修订） 现金收支管理办法 资金占用管理办法 发票管理办法 资金支出管理办法 固定资产管理办法
	信息管理制度（XX）	信息化办公室		机房管理制度 信息化管理制度
	营销管理制度（YX）	销售部	产品销售合同评审管理标准 华北区域销售工作例会制度 以物抵债管理办法 熟料内部交易管理办法	信用风险管理办法 产品定价管理办法 赊销管理制度 应收账款管理制度 以物抵债管理制度 客户关系管理制度（包括重点客户、大客户、待开发客户及客户服务等）
	物资管理制度（WZ）	采购部 废旧物资处理——采购部、设备部	大宗原燃材料采购管理标准	物资库存管理制度 物资招投标管理制度 废旧物资处理管理制度 采购物资质量反馈、处理及索赔管理制度
	安全与环境管理制度（AQ）	安全生产监察部	集团公司安全生产管理制度 安全生产责任制	

续表

	门类	责成部门	已建立制度	需增加（修订）制度
专业类规章制度	设备管理制度（SB）	设备管理部 固定资产——设备部、工程部、财务部，总经办	子公司备品备件管理办法 总部及丰润公司备品备件管理办法 固定资产管理办法 设备管理制度手册 设备管理考核办法 设备监造、考察及验收管理办法 设备润滑、设备事故、设备运行，设备状态监测管理办法 特种设备管理办法 设备招投标管理办法	设备检点管理制度
	生产技术管理制度（JS）	技术管理部	水泥制造工艺管理标准 生产作业计划管理办法	
	质量管理制度（ZL）	质量管理部	水泥产品质量管理标准 产品生产过程管理标准	按 ISO9000 质量管理体系发文
	工程管理制度（GC）	工程部	新建、扩建项目责任追究制度 工程项目招投标管理办法	新建、扩建项目管理办法 新建扩建项目土建施工管理办法
	研发管理制度（YF）	技术中心	科技成果推广项目管理办法	

资料来源：唐山冀东水泥股份有限公司内部资料。

可以看出，冀东水泥在流程与业务基础方面的主要特点是：第一，各项业务流程已经按照信息流、资金流与产品流进行了规划和管理；第二，业务流程再造是沿着作业流程与管理流程两条线索展开的，而且实现了相互对接；第三，加强基础建设包括定额管理、班组建设、信息化、标准化以及各项制度等方面；第四，作为集团型企业，集团一体化制度建设也基本形成。

第 13 篇　以价值增值为导向的煤矿精益管理[①]

皖北煤电集团有限责任公司（简称皖北煤电集团）是安徽省属国有煤炭企业，前身是皖北矿务局，1984 年 5 月组建，1998 年改制为国有独资公司，总部位于安徽省宿州市。皖北煤电集团现有 1 家上市公司（恒源煤电股份公司）和 14 家子公司，主营业务为煤炭开采、洗选和物流，煤化工，非金属材料等。煤业拥有 11 对矿井，其中生产矿井 9 对，煤炭年生产能力 1200 万吨以上；非煤产业拥有 1 个煤化工企业（淮化集团）、4 座电厂（3 座煤泥煤矸石电厂、1 座瓦斯电厂）、2 个非金属材料加工企业等。截至 2007 年底，员工总数 37428 人，合并销售收入达到 79.92 亿元，利税 9.6 亿元，总资产 162 亿元。企业连续多年成为安徽工业 50 强和中国煤炭工业 50 强，2005 年跻身中国企业 500 强，2007 年荣获“全国五一劳动奖状”称号。

一、以价值增值为导向的煤矿精益管理实施的背景

1. 煤炭行业发展态势使企业生存发展面临很大压力

近年来，随着市场经济的不断完善和我国产业政策的优化调整，煤炭行业掀起了整合重组浪潮，大集团建设步伐不断加快，产业集中度进一步提高。国家明确提出建设 13 个大型煤炭基地，形成 6~8 个亿吨级和 8~10 个 5000 万吨级的大型煤炭企业集团，产量占全国的 50%以上。煤炭行业正由完全竞争向寡头垄断的格局过渡。在这一过程中，煤炭企业面临严峻挑战，竞争日趋激烈。皖北煤电集团规模相对较小，经济实力不强，产业结构单一，尤其是后备资源较为匮乏，企业面临生存危机和巨大的发展压力。面对行业整合步伐加快的新形势，皖北煤电集团立足自身，强化管理，苦练内功，强身健体，努力培育企业核心竞争力，使企业保持长期

① 这是皖北煤电集团有限公司的管理现代化成果。

稳定的竞争优势，以适应行业发展形势，在激烈的市场竞争中生存、发展、壮大。

2. 实现跨越式发展的战略目标对管理提出了更高要求

为顺应市场竞争和企业发展的需要，2004年初，皖北煤电集团根据对企业内外部环境的分析，从自身实际出发，制定出以快速、扩张为基本特征的同心多元化发展战略。发展思路是，“整合上下游资源，做大企业；延伸煤炭产业链，做强企业”；战略框架是，“以采掘业为基础，以煤电化、煤炭物流、非金属材料开发、金融资本运作为支撑”；中长期战略目标是，“建成华东地区极具竞争力的基础能源企业”。根据发展战略，集团公司加快扩张步伐，规划到2010年，原煤产量突破2000万吨，交易总量突破3000万吨，销售收入突破150亿元；到2013年左右，原煤产量突破3000万吨，交易总量突破4000万吨，销售收入突破200亿元。发展战略的实施、战略目标的实现，需要内部管理跟进，通过管理创新，努力建立灵活高效的内部运营机制，以适应快速、扩张战略和内外部环境快速变化的需要。

3. 传统煤矿粗放管理弊端突显，亟待解决

近些年来，煤炭企业在加快发展的同时，不断加强内部管理，企业管理水平不断提高。但是，从皖北煤电集团的管理现状看，由于长期受计划经济体制的影响，管理仍然较为粗放，主要表现在：一是思想观念不够解放，“三惯”（看惯、干惯、习惯）思想突出；二是创新意识不强，企业内部缺乏活力；三是经营机制不活，“大锅饭”现象普遍；四是业务流程不畅，机构臃肿，职能不清，人浮于事的现象较为普遍；五是浪费现象严重，成本得不到有效控制；等等。管理的粗放，导致企业效率低下，安全生产也难以保障，严重制约着企业发展，迫切需要引入先进的管理思想，打破传统粗放的管理模式，提升企业管理水平和竞争力，以适应市场经济的需要。

基于上述情况，皖北煤电集团自2004年开始，走上了管理自主创新之路，全面引入精益管理思想，结合煤矿特点和企业实际，扎实推进精细化管理，历经四年的探索实践，先后经历了理念培植、自主践行、规范推进、整合成型四个发展阶段，构建出具有皖北煤电特色的煤矿精益管理模式。

二、以价值增值为导向的煤矿精益管理的内涵和主要做法

皖北煤电集团以价值增值为导向，以煤矿为主体，以班队为基石，以流程增值和作业增值为主要内容，以企业文化建设、人力资源开发、信息化建设为支持要素，构建煤矿精益管理体系。

煤矿最基本的生产活动是作业，各种作业活动通过流程有机组合在一起，减少不必要的流程和优化作业是煤矿价值增值最有效的手段和途径。通过培育“持续改进”的精益管理理念，把准煤矿生产运营中的流程和作业两大关键因素，以业务流程优化和组织结构变革促进流程增值，以作业成本控制、作业安全控制和作业效率改善促进作业增值，从而实现企业成本最小化、流程最优化、价值最大化的目标，提升企业核心竞争能力（见图 1）。

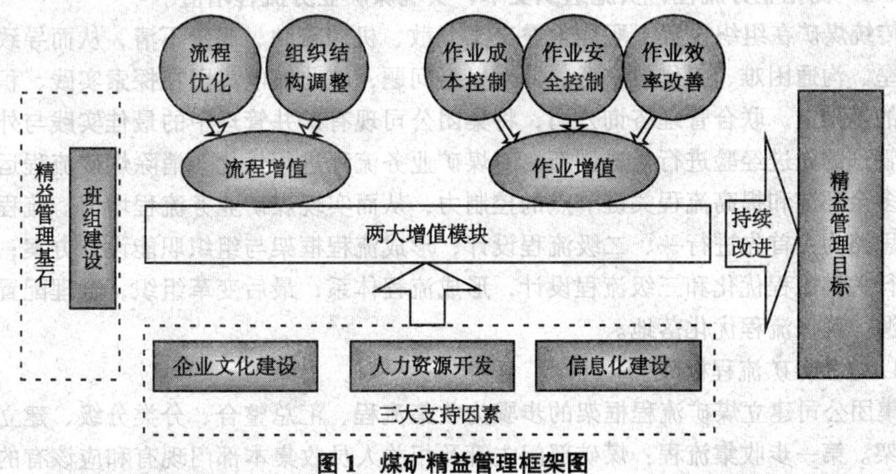

图 1　煤矿精益管理框架图

（一）坚持加强理念引导，培育持续改进的精益思想

推进管理创新，转变思想观念、破除惯性思维是关键。皖北煤电集团实施煤矿精益管理，坚持以理念为先导，加强宣传灌输，营造浓厚氛围，强化“持续改进、不断创新”、“杜绝浪费、追求效率”的意识，培育员工“尽善尽美追求、精益求精工作”和“今天要比昨天好、明天比今天更好”的工作理念，引导全体员工从现在做起，从现状做起，从自我做起，立足本职，积极行动，养成持续改进的良好习惯。

围绕持续改进思想的培育，皖北煤电集团建立了四个载体。一是管理人员“日改进”，各矿班队长以上管理人员每天填写“日改进”记录。二是持续改进行动（CIA），各矿矿长每季度亲自主持一个改进项目，抓住影响本矿安全生产、经营管理的主要矛盾和关键环节，以议题研究为主要形式，按照确定项目、分析诊断、制定计划、实施整改、跟踪反馈、分析评估、持续改进的流程进行，各矿在中层管理人员中也开展了“持续改进行动”。三是课题攻关活动。矿区工程技术人员重点围绕安全生产、内部管理中的关键性难题，长年开展跨部门的课题组活动，组织实施课题攻关。四是员工提合理化建议活动。建立了合理化建议与技术改进长效机制，调动了员工岗位改进的积极性。此外，还转变对问题的传统认识，积极探索暴露问题的工作机制，提升发现问题、解决问题的能力，促进持续改进、不断创新。

通过引导和培育，精益思想根植于广大员工的头脑中，改进创新氛围在矿区日益浓厚，为煤矿精益管理的实施奠定了良好的思想基础。

（二）优化业务流程，实施组织变革，实现煤矿业务流程增值

传统煤矿在组织设置上职能重叠交叉分散、机构臃肿、职责不清，从而导致部门壁垒、沟通困难、工作效率低。针对以上问题，皖北煤电集团在探索实践、积累经验的基础上，联合管理咨询公司，将集团公司现有矿井管理中的最佳实践与外部企业管理的先进经验进行集成创新，对煤矿业务流程进行优化，消除煤矿流程运行中的多余环节和提高流程关键节点的控制力，从而实现煤矿业务流程增值。流程优化的思路为：首先进行一、二级流程设计，形成流程框架与组织职能设计方案；其次进行关键流程优化和三级流程设计，形成流程体系；最后变革组织，合理配置人力资源，确保流程优化落地。

1. 建立煤矿流程框架

集团公司建立煤矿流程框架的步骤为收集流程、汇总整合、分类分级、建立流程框架。第一步收集流程：煤矿部门主管及相关人员收集本部门现有和应该有的流程，并说明流程的主要执行者、参与者，流程的目的和功能。第二步汇总整合：将收集的各部门流程以部门为基准进行汇总，依据部门的主要职能，对重叠的流程进行整合，形成流程清单。第三步分类分级：运用价值链的方法，按照工作性质把煤矿的整体业务划分为三类，按照管理职能层次把流程划分为一、二、三级。其中三类是指生产、生产辅助、职能管理，生产业务直接创造价值，是煤矿收入的主要来源，如采煤流程；生产辅助业务是为安全高效的生产提供保障，如通风流程；职能管理支撑生产及生产辅助业务有效运行，如人力资源管理流程。一级流程是按职能类别划分，如采煤、掘进、机运等流程；二级流程是对一级流程的职能细分，如采煤的生产准备、初次放顶、正常回采、收作流程；三级流程是对二级流程的职能细分，如采煤生产准备的作业规程编制贯彻和考核、设备材料计划及领取、工作面安装流程。第四步建立流程框架：根据分类分级形成流程框架，在流程框架的基础上进行组织职能方案设计。共梳理出三级流程 172 个、关键流程 46 个，形成流程图与流程工作标准、制度、流程管理办法等 8 个成果。

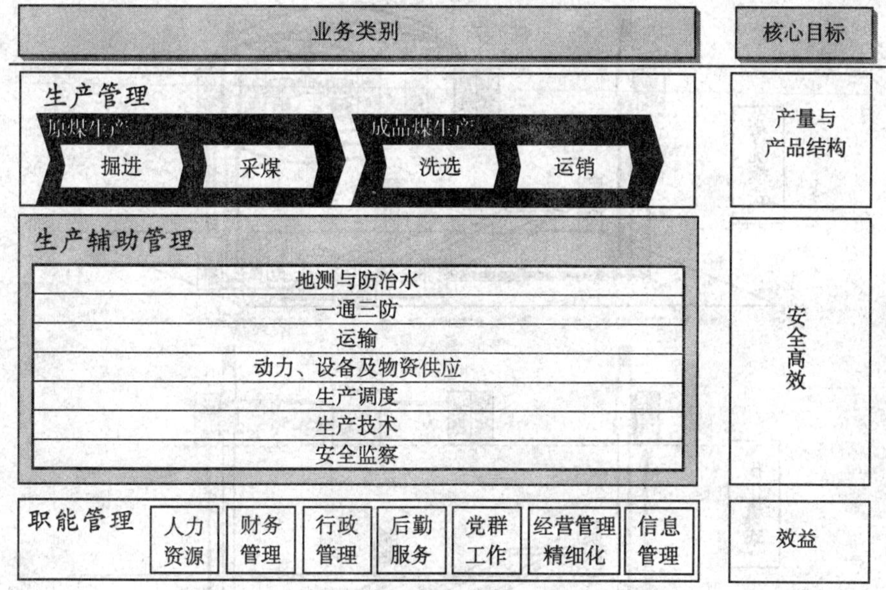

图 2　煤矿流程框架图

2. 优化煤矿关键流程

关键流程优化的思路与原则是以问题为导向，以煤矿流程框架为依据，根据组织设置体现产出为中心、专业化分工、管用分开、便于内部市场推进、适应减员增效策略等要求进行优化。优化步骤为：首先对现有流程进行诊断分析，找出存在问题的关键流程（绩效低下、地位重要、落实可行的流程称之为关键流程）；其次运用流程管理的理论与最佳实践对关键流程进行优化；最后开展有效评估。皖北煤电集团的关键流程优化包括机电运输及物资供应流程，全面产品质量管理流程，通风业务流程，财务及预算管控流程，人力资源管理流程，计划体系的建立和细分，经营管理流程，党群工作的整合，后勤服务的外包八个方面。

针对煤矿机电运输及物资供应流程存在的物料运输协调环节多，运输职能交叉明显，设备维修与租赁主体分离、设备与供电用管不分，设备与物资仓存职能重复且信息流转不畅等问题，集团公司对副井提升职能合并、实现下料专业化、回收运转职能统一、维修责任整合、井上仓存整合，主要优化了下料流程、设备入库发放、设备移交租赁、物资计划采购等共 19 个流程，将生产与生产辅助系统进行"无缝隙结合"，打破部门壁垒，消除无效的工作环节，使得职能定位准确、边界清晰，提高了服务质量与工作效率（见图 3）。具体以下料流程进行说明。

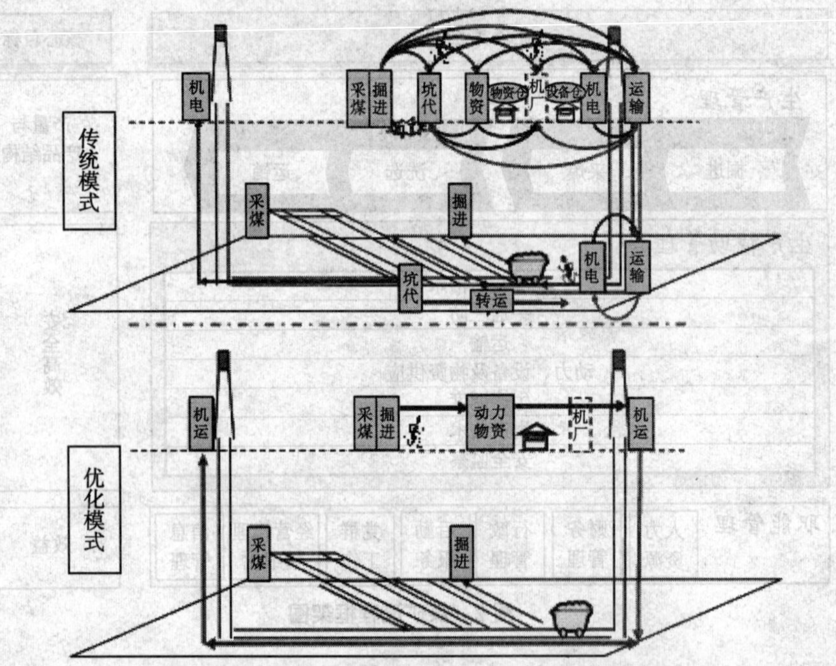

图 3　流程优化前后机电、运输与物资供应运作系统对比图

优化前的下料流程存在的问题主要表现为：一是生产单位为确保材料供应，各自拥有自己的下料队伍，造成下料零散，不集中，占用大量生产人员，分散了迎头进尺的精力；二是物料领、装、运牵扯环节多，缺乏有效统筹，生产单位需要与物资供应、机电、运输、坑代等多个部门联系，流程环节多，沟通协调困难，工作效率低；三是分散下料后矿车不能及时周转与利用，影响了矿车的利用率和使用单位的生产。针对下料流程存在的问题进行优化，将各单位部分下料人员剥离出来与运输事业部的下料班的一部分组合成下料队，其职能是向生产单位提供车皮服务，下料服务，生产单位剥离了部分勤杂人员，人员全部集中到迎头进尺上；将设备、配件、材料、支护品的供应职能整合集中，并制定出下料流程及工作标准、表单、制度。优化后效果：一是消除了部门壁垒，减少了沟通协调，提高了下料效率；二是减少下料环节，方便了使用单位；三是优化了人力资源配置；四是促进了生产。优化后下料回收人员减少了 50 人，车皮利用率提高了 20%，生产单位效率提高了 15%。

3. 实施组织变革，合理配置人力资源，确保流程优化落地

根据现状分析，公司在流程框架体系优化的基础上，结合外部最佳实践进行煤矿组织结构设计。组织设计的要求和原则是，基于业务流程优化、责任界定明确、组织扁平化、内部资源整合、有利于授权。组织设计内容主要包括四个方面：一是建立组织结构；二是明确部门职能与职责；三是定编定岗；四是编制关键岗位说明书。

在组织设计中，公司依据关键流程优化的结果，对组织机构进行调整，主要是：将传统的机电、运输、用电、设备、物资、机厂、坑代 7 个职能单位合并调整为机运事业部和动力物资保障部；将传统的煤质、选煤、运销 3 个职能单位合并调整为产品事业部；将传统的技术、地测、征迁、计划、经管 5 个部门合并调整为生产技术部和经营管理部；将传统的组织、宣传、纪检监察、武装保卫、工会、团委、计生等若干党群部门合并调整为政治工作部和群团工作部。全矿共设置组织机构 17 个（见图 4），与传统矿井相比（40 个左右），机构减幅达 57.5%。

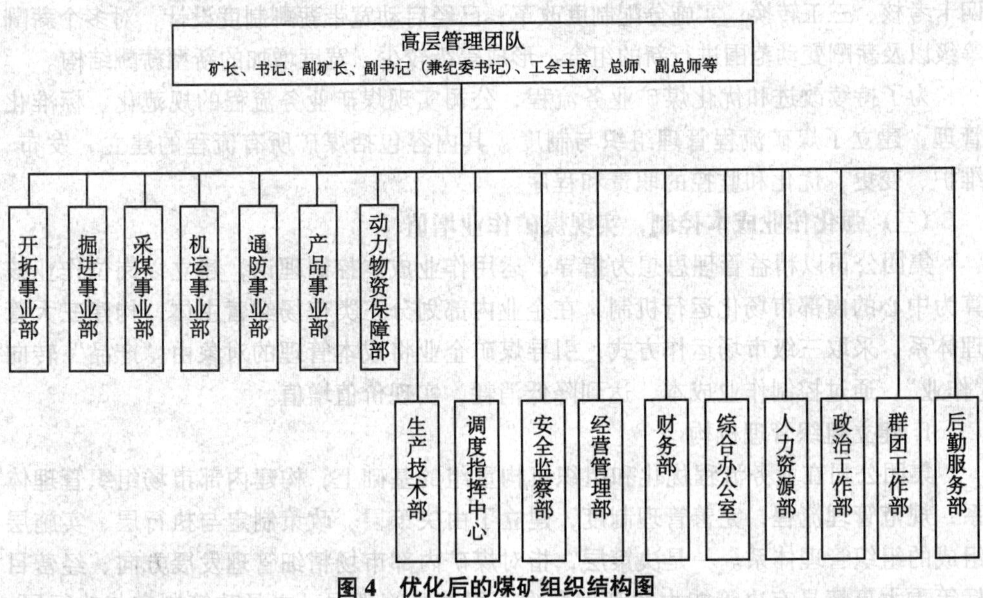

图 4 优化后的煤矿组织结构图

精简管理人员。对生产一、二线单位，压缩管理层级，由原来的五级管理变为三级管理，采掘区队管理人员由原来 7 人改为 4 人。各部门行政配置只设部长主管，不设副职；机关支部书记、工会主席均为兼职。全矿共设置管理岗位 67 个，比矿井原有管理人员 110 人，精简幅度 39%。

实施组织设计方案。按照先一线、后辅助、再地面机关的次序调整组织，按照

先部室负责人、后主管、再队长的次序调整管理人员。管理人员实行全面下岗、竞聘上岗，变原有的身份管理为岗位管理。五沟、卧龙湖和钱营孜三个新矿井已全面实施到位，现有生产矿井也全面启动，计划用2~3年的时间逐步到位。对生产矿井，集团公司自2007年起实施“三减”工作，即减组织机构、减管理人员、减富余人员。两年共精减机构81个，精减管理人员489名，精减分流富余人员5264名（其中2007年清退临时用工2978名）。矿区劳动用工全面规范，人力资源得到优化配置，生产矿井全面“瘦身”，企业效率明显提升。

为了适应流程优化与组织变革的需要，集团公司2008年启动了三项制度改革。重点以干部人事制度改革为突破口，建立健全干部能上能下的机制。集团公司实施人事制度改革，建立健全管理人员能上能下的机制，拓宽了“上”的通道，建立了管理人员公开选拔、竞争上岗机制；疏通了“下”的出口，建立了管理人员自主退出机制、干部动态考核机制。集团公司实施劳动用工改革，制定出绩效考评体系，实行四卡考核、三工转换；实施分配制度改革，已经启动宽带薪酬制度设计，对多个薪酬等级以及薪酬变动范围进行新的组合，形成等级较少、宽度增加的新型薪酬结构。

为了持续改进和优化煤矿业务流程，公司实现煤矿业务流程的规范化、标准化管理，建立了煤矿流程管理组织与制度，其内容包括煤矿所有流程的建立、发布、维护、变更、优化和监控的职责和程序。

（三）强化作业成本控制，实现煤矿作业增值

集团公司以精益管理思想为指导，运用作业成本控制理论，建立以岗位作业核算为中心的内部市场化运行机制，在企业内部划分三类市场经营主体，构建三大管理体系，采取三级市场运作方式，引导煤矿企业将成本管理的对象由“产品”转向“作业”，通过控制作业成本，达到降低消耗，实现价值增值。

1. 建立组织管理机构

集团公司在业务流程优化和组织机构重组的基础上，构建内部市场组织管理体系，规范管理流程，完善管理制度，建立了由决策层、政策制定与执行层、实施层组成的组织管理体系。一是决策层，指对煤矿内部市场精细管理发展方向、经营目标等重大事情具有决策能力的管理层次，即高级管理层；二是政策制定与执行层，指具体制定并执行企业内部市场精细管理的有关政策、规定、办法和制度等执行机构，包括计划预算组、核算与结算中心、内部市场验收组、索酬理赔办公室、仲裁委员会、内部市场审计组、综合调控办公室等管理机构；三是实施层，指按照企业有关政策、规定、办法和制度等组织具体实施的机构，由基层单位、班组、员工个人组成。管理流程见图5。

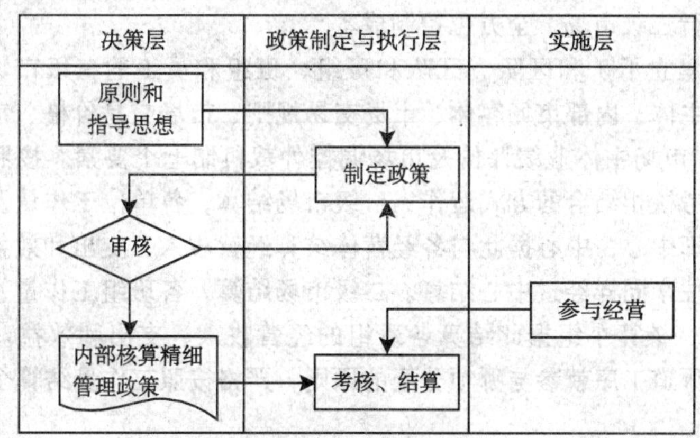

图 5　内部市场管理流程图

2. 划分三类主体，构建三大体系

各级市场根据工作性质的不同，将市场主体划分为三种类型，即生产经营型、后勤服务型、费用承包型。并根据内部市场运作的需要，建立了价格、结算和考核三大体系：

一是建立三级价格体系。煤矿企业生产环境多变，为让价格体系尽可能地符合实际、科学准确，规范了价格测定程序，确定了价格制定的结合性、先进性、稳定性、不突破的四个原则。目前，所属生产矿均建立健全了内部价格体系，包括涵盖材料、工资、电力、维修加工、运输、设备租赁和可控性管理费用等作业成本要素的一级市场价格，并以工序细分为基础，形成二、三级市场价格，并在实施中不断地完善价格体系和科学调整价格。

二是不断完善结算体系。按照业务流程和结算关系划小作业成本核算单位，明确一、二、三级市场结算机构和人员的职责，规范结算方式、结算程序、结算办法、结算标准，形成了内部市场结算体系。结算办法是采取收支两条线的平衡管理，其结算公式是：经营收入–经营支出=经营效益（毛工资收入）。

三是强化考核体系，包括对组织和个人的绩效考核体系。对组织要考核安全、生产任务、成本费用、团队建设、精神文明等指标；对个人构建管理人员 CPS 绩效考核体系和员工“三工并存、动态转换”考核体系。通过绩效管理中的精细化考核和建立以业绩成果为导向的评价模式，同时和结算体系相结合，大大增强了管理人员和员工的责任意识和危机意识。根据组织管理层次和内部市场精细管理分级运作的要求，矿考核层次分为三级，每一级都设立相应考核管理组织。

3. 全面运行三级市场，全方位控制成本

集团公司建立了矿和区队、区队和班组、班组和员工的三级市场（见图 6），完善内部市场主体、内部市场客体、市场交易规则、市场交易价格、市场交易结算（核算）方式、市场主体业绩评价及市场调控仲裁机制七个要素。按照内部市场交易结算和绩效考核相结合的方式运作：一级市场结算，各单位工作量及各项费用汇总到核算与结算中心，中心据此与各经营体结算经营收入、支出和效益，经营体之间发生的业务往来同样经过中心结算。二级市场结算，各班组工作量及各项费用汇总到核算小组，核算小组据此结算各班组的经营收入、支出和效益。三级市场结算，按照参与哪道工序就参与哪项分配的原则，严格按照工作量结算个人工资。

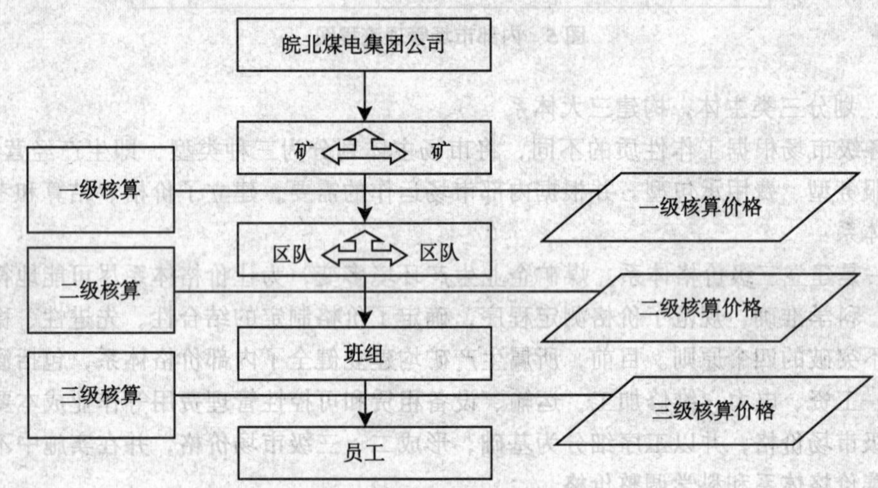

图 6 皖北煤电岗位作业核算运行框架图

4. 建立综合调控制度，规范市场主体行为

集团公司针对各单位收入过高或过低的情况，通过留存或借资的方式进行调节。对于收入特别高的单位采取利益共享的方式，通过收取调节费实现利益共享。比如，任楼煤矿规定高出岗位工资 20%以上部分收取 50%的调节费。价格不合理时，由价格管理委员会鉴定后进行调整；出现特殊情况时采用特殊价格结算；出现争议纠纷时，由仲裁机构解决。制定了内部审计制度，实施分级监督，以制度约束三级管理人员，杜绝行政平衡。真正体现干多干少不一样，真正做到公开、公平、公正。

5. 创新成本控制特色方法

皖北煤电集团在推进内部市场化建设当中，大胆摸索，形成了独具特色的管理方法。一是科学、合理的测算价格和核算。内部价格根据不同的现场条件进行细分，制定不同的价格，具有可操作性。如同一煤层，不同煤厚，不同的顶底板、不同的工作面面长、不同的倾角等，其价格都不相同。三级结算方法变以往岗位之间按系数挂钩为按工作量结算。二是建立以网络信息技术运用为基础的设备网络定置化管理，对全矿所有设备实行实时监控，使设备市场化要素结算科学、及时、准确。三是建立以条形码技术为基础的井口超市管理，既实现了煤矿物资新型仓储、供应管理，又解决了各级市场材料结算日清日结的难题。四是建立废旧物资回收再利用市场。通过制定废旧物资回收再利用市场运作的价格，回收兑现及时便捷，增强了回收积极性，降低了使用单位的材料成本。五是开展差异化成本分析，通过对经营体生产成本要素进行全面的对比分析，比差距，找原因，定措施，提升区队、班组管理水平。六是实施指标经营联责考核，将材料、工资、电力、可控性管理费用、设备大修费用等 12 项主要经营指标与管理职能部门绩效挂钩，定期考核奖惩，增强了成本的控制力。

（四）强化作业安全控制和效率改善，促进煤矿作业增值

1. 强化作业安全控制

煤矿地下作业，灾害危害严重，安全就是最大的效益。其价值体现在，通过保障生产、减少事故造成的人员伤亡和财产的损失。皖北煤电集团强化作业安全控制，在加强制度、基础管理的同时，着力推进“三项建设”。一是质量动态达标。分专业制订工程质量标准和操作标准，实施全方位贯标，特别是在生产一、二线推行员工“手指口述”活动，使员工熟练掌握操作标准，规范操作行为。建立动态监督考评机制，改进监督检查方式、方法，以动态检查为主、集中检查为辅，每季度安监部门至少组织不少于 2 次的动态检查和 1 次集中检查，考核权重分别为 60%和 40%；动态检查以中、夜班为主，采取小规模、专业化、多频次、随机检查方式，不定时间，不定地点，不提前通知被检查单位，严格对照标准打分、定级；坚持过程达标，严禁检查过程中停头、停面，否则检查人员不予检查，按零分处理；延伸动态检查内容，既查现场存在的安全隐患、工程质量、文明生产，又查规程、措施，查制度落实及执行情况，查管理人员工作作风（如干部带班、值班情况等）；集团公司每季度召开一次质量达标现场会（正反面），激励先进、鞭策后进，从而全面提高了矿区安全质量标准化建设水平，夯实了安全生产的基础。二是事故系统追查。对发生的轻伤及其以上人身事故、二级及以上非人身事故，在实施责任追究的基础上，按照系统原理和对事不对人的原则，运用因果分析、追查表分析、事件树分析等方法，从设计，技术措施的编制、审批、学习贯彻、考核，安全教育培训，安全责任制的落实，施工现场安全管理，安全监督检查等方面进行分析，查找事故背后的深层次因素，并制定针对性的防范措施，防止事故的再次发生。每季度对发生的各类事故进行综合系统分析，找出普遍性、规律性的东西，制定针对性的防范措施，持续改进安全生产管理。三是信息闭合管理。利用一系列的制度，保障管理人员在走动式管理中采集安全隐患信息、到安全部门处理信息、到责任单位消除隐患、到安全部门监督隐患处理的一个闭环过程。在实践中，总结出安全信息闭合的“正逆双向八步法”（见图 7）。

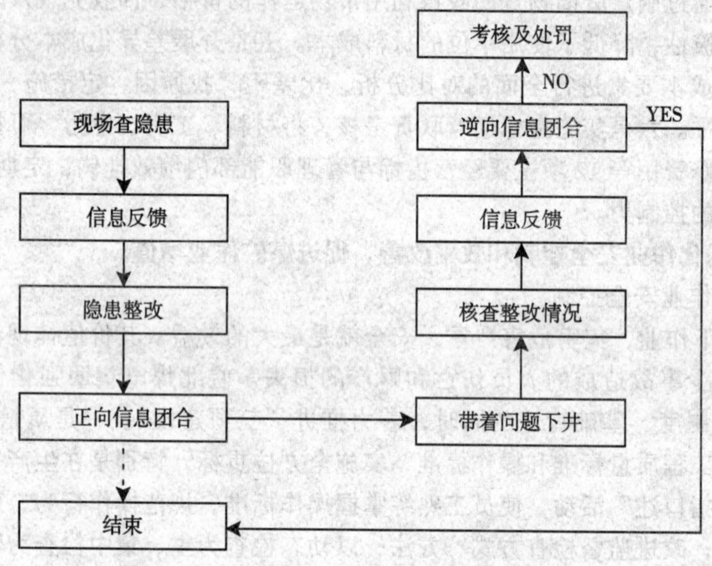

图 7 安全信息闭合的“正逆双向八步法”流程图

2. 强化作业效率改善

集团公司通过实施“五个优化”，强化生产现场精益管理，力求简约高效，实现效率增值。一是优化设计。依据条件，采取合理的技术、工艺、装备、材料，合理布置巷道及生产系统，力求准备和开采实现安全高效、优质低耗。具体步骤包括：确定任务、评审资料、方案设计、讨论选择、贯彻实施、优化设计、效果分析。条件发生变化时，优化设计的步骤包括：条件变化、分析原设计提出问题、确定任务、优化设计、效果分析。二是优化系统。根据矿井规划和客观条件，对矿井各个系统进行科学论证，找出薄弱环节（“瓶颈”），进行系统和环节的配套改造、优化，以达到系统的最优配置，减少系统浪费，提高系统的可靠性。三是优化作业工序。分析作业工序，找出作业工序中影响效率的因素，制订优化（改进）方案并加以实施，以提高作业效率。四是优化工时利用。做好工时的规划与运用，减少不必要的搬运、不必要的等待、不必要的动作等，避免工时浪费或工时不足、形成效率下降，努力实现在最少的时间内，以最少的人，产出最多数量的合格产品。五是优化劳动组合。在分析的基础上，根据组织职能、员工技能、组织和员工工作内容进行合理组合，从而提高劳动效率。

基层各单位在实践中结合实际，以问题为导向，进行改进优化，取得了显著成效。比如刘桥一矿开拓区推行"六平行作业法"，进尺效率提高 30%以上；祁东煤矿在采煤单位实行"2916"工作制，工效提高 6%；恒源公司采煤二区通过优化劳动组合，由 176 人减至 113 人，减少人员 63 人，原煤月产量增加 1 万多吨，工效提高了 71.3%，人均月收入增加 660 元。

3. 建设精细化标准班队

采掘区队、班组是实现安全生产、提供合格产品、创造经济效益的基本单元，皖北煤电集团坚持把精细化管理标准班队建设作为实施煤矿精益管理的载体，以组织扁平化、作业精细化、核算市场化、管理自主化为精益管理标准班队建设的主要内容。一是加强班队长管理。突出班队长在现场管理的核心作用，明晰班队长的责、权、利，建立了班队长培养、选拔、管理机制，打造专业化班队长队伍。结合"PDCA"循环的特点，创造了适合煤矿特点的班队长"七字诀"管理流程，即"讲"（班前讲）—"接"（现场接）—"分"（人员合理分工）—"查"（走动式检查）—"教"（现场示范手指口述）—"验"（工作验收）—"评"（班后评比）。二是强化现场管理。普遍推广创新看板管理、定置管理、6S 管理、走动管理、手指口述法等区队现场管理方法，提升了班队现场组织水平。三是强化作业核算，以内部市场为载体，强化班队核算和分配。四是实行自主管理，通过班队的自主实践，形成了包括末端管理、过程控制、标杆推进、员工激励等内容的班队工作法（见图 8）。

（五）构建煤矿精益管理的支持体系

1. 建塑企业文化，为煤矿精益管理提供思想保障

在实践中，皖北煤电集团把企业文化建设由理念认知向渗入管理转化，成为引领、推动精益管理不断深入发展的重要因素；多年来，大力推行企业文化建塑活动，形成了以理念、行为、视觉、听觉四大识别系统为主要内容的特色鲜明、引领发展的企业价值观体系。加大企业文化要素宣传和灌输力度；通过充分利用广播、电视、报纸、网络等平台和各种文化礼仪活动，全面介绍，深入诠释，全方位、多角度地传播集团公司视觉要素、价值理念，提高了员工对企业理念的认知度、认同度；着力培育企业价值观，近两年，先后开展了企业价值观大讨论、争做合格皖煤

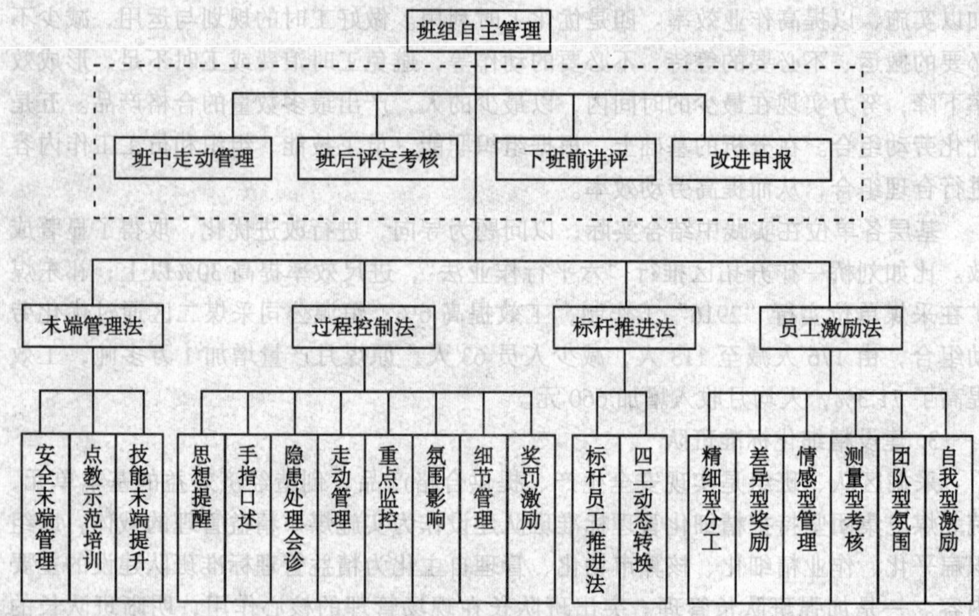

图 8 班组自主管理实施示意图

人主题实践、《皖煤人哲理故事》征集及宣传、建立“诚信档案”等活动，增强了员工对企业价值观内涵的理解，增强了对企业价值观的认同和践行的自觉性，增强了员工的归属感、忠诚度，增强了企业的凝聚力、向心力，实现了认知与践行的有机结合，为煤矿精益管理的顺利实施奠定了良好的思想基础。

2. 推进人力资源培训和开发，为煤矿精益管理提供智力保障

集团公司大力倡导“培训使我们伟大”的理念，加强培训体系建设，形成纵向到底的“集团—矿—区队—班组”四级培训网络，每个层面都配备人员（区队、班组设兼职），充分保证了培训活动在分级推动、逐级落实中得到深入持久的开展。不断创新培训方式，改进培训方法，突出岗位培训、现场培训、自主培训，推行了全员岗位大练兵活动、领导干部井下现场示范教学、差异化培训、手指口述、WKB培训等多种形式，坚持365日区队培训模式，增强了培训的针对性和实效性，取得了很好的培训效果，为精益管理的实施提供了素质支持。

3. 加强信息化建设，为煤矿精益管理提供技术支持

集团公司以精细化带动信息化，以信息化提升精细化。依托局域网的资源，建立了涵盖安全、生产、经营、人力资源、综合管理等10个方面的企业管理信息系统，将生产和管理的各个环节统一在集成化的信息平台上，消除“信息孤岛”，实

现信息共享，并自主开发了内部市场网络管理信息系统，实现了作业成本一、二、三级核算业务信息、结算数据的网上传输、网上结算，做到了网上成本分析、工分工资日清日结。同时，公司还开发出井口超市条形码技术、网上批料、设备网络定置化管理、工资查询等软件，提升了精益管理的及时性和可操作性，提高了运行效率。

三、以价值增值为导向的煤矿精益管理的效果

皖北煤电实施煤矿精益管理几年来，在保障安全生产、提高效率效益、推动企业发展等方面取得了显著成效。

（一）促进了成本降低、效率提高，创造了显著的经济效益

公司通过实施精益管理，强化作业过程控制，使可控成本费用（在安全生产投入加大、原材料价格持续上涨的情况下）持续下降。2007 年，全公司原煤全部成本费用完成 321.38 元/吨，其中可控成本完成 160.65 元/吨，比 2004 年下降 15.56 元/吨（剔除不可比因素）。

通过实施精益管理，优化业务流程，推进“三减”工作，企业效率明显提升。截止到 2008 年 6 月底，集团公司煤业（不含三对基建矿井）共有在岗员工 27534 人，原煤年产量 1260 万吨，比成果实施前一年（2004 年）末的在岗员工 32846 人减少 5312 人，产量增加 242 万吨，企业效率大幅度提高。同时，集团公司所属各矿精减了大量的组织机构和中层管理人员，企业管理费用大幅下降。

按照复合因素分离计算法，集团公司近三年合计创造经济效益 26809.10 万元，平均年度效益额 8936.37 万元。企业上缴利税逐年增长，2007 年达到 9.62 亿元，比 2005 年增长 2.14 亿元。员工收入大幅增长，2007 年人均年收入达到 3.3 万元（其中原煤生产一线人员达到 3.6 万元），比 2004 年的 2 万元增加了 1.3 万元。预计 2008 年，员工人均年收入达到 4.3 万元。

此外，矿区安全生产形势持续稳定，杜绝了重大人身伤亡事故，百万吨死亡率始终控制在上级下达的指标之内，近四年平均达到 0.33。

（二）初步建立了灵活高效的内部运营机制，有效提升了煤矿管理水平和竞争力

通过实施精益管理，集团公司使煤矿业务流程顺畅，组织运作高效，形成了科学合理的分配机制，有效调动了员工积极性，激发了煤矿内部活力。特别是通过持续不断的理念培植，精益管理理念已深入人心，员工思想观念得到很大改变，改进创新蔚然成风，员工队伍整体素质明显提高，促进了企业管理水平提升。

(三) 促进了企业战略实施，推动了跨越式发展

2007年，集团公司销售收入达到79.92亿元，比2003年的19.1亿元增加60.91亿元，平均年增幅达到42.5%；总资产2007年末达到162亿元，比2003年末的44.68亿元增加117.32亿元，平均年增幅达到38%，其中净资产为63亿元，增加43.43亿元，企业经营规模和经济实力显著增强。

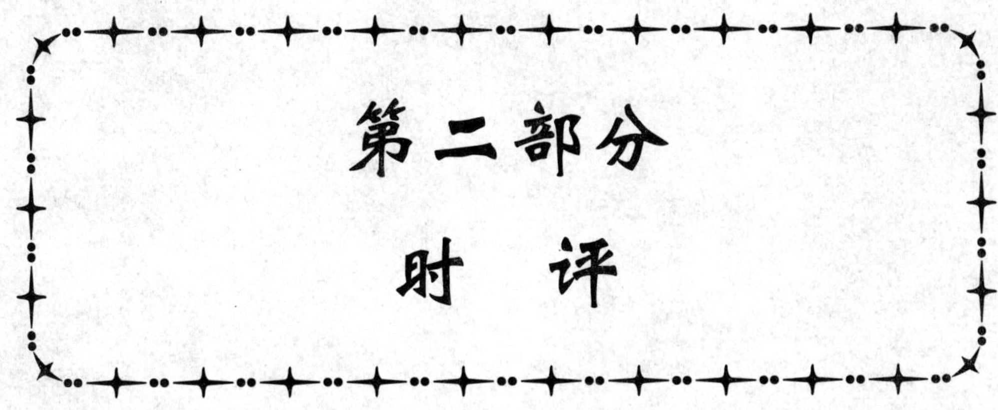

第二部分

时　评

第 14 篇　消费者网络购物的三层次思考

——从世纪电器网刷新一项国内网购纪录所想到的

最近，国内家电第一门户世纪电器网刷新了一项国内网购的纪录，以 29.5 万元的价格成功地在线销售一台三星 70 英寸液晶彩色电视机。这是目前中国国内首次通过网络渠道销售的高于 65 英寸的大屏幕液晶电视，从而创造了中国家电网购市场中单宗交易额的最高纪录（以下简称其为“该事件”，详细内容请参见 2009 年 2 月 27 日《中国企业报》第 7 版的报道）。

这一事件标志着中国的网络购物进入了一个新的阶段，其主要特征为：网络购物市场安全信用体系已经初步成熟，中国家电网购市场开始进入普及期，一个新兴的家电零售主流市场已经逐渐形成。

可以认为，21 世纪是电子商务的时代。在这里，让我们对消费者进行一下分类。如果说在 20 世纪在文化方面我们可以将不认识字的人群称为“文盲”的话，那么，在 21 世纪我们可以将完全不上网的人群称为“网盲”。当然，在关系到网上购买的事项时，我们还可以采取三分法：第一部分人根本不上网，因而只能去商场购买；第二部分人有上网习惯，但是从来没有在网上购买过东西；第三部分人则至少有了网上购买的经验，其中的一些人甚至远离了实体商场。

当今的中国，网上购物已经越来越普及了，越来越多的消费者加入到电子商务的滚滚大潮中来。当然，在相当长的一个阶段，仍然会是到商场购买的传统模式与网上购买模式二者同时并存。这不仅是由于许多中老年人还不习惯上网因而不了解网上购物的奥秘，而且，逛商场与网上冲浪本身的体验感也不同。在网上购买中，又可分为 B2C（商家对个人）与 C2C（个人对个人）两种基本模式，其特点也不相同。另外，为了更有效地完成网上购买，应该对商家的服务水平做到心中有数。

这样，我们可以对该事件从以下三个基本层次来进行思考：

第一，传统商场购买与网上购买或电子商务的比较；

第二，在网上购买中，C2C 与 B2C 两种基本模式的比较；

第三，在 B2C 模式中，对咨询服务与支付条件的分析。

一、商场购买与网上购买

1. 商场购买的特点

传统商场的典型代表是百货店，后来业态有所改变，一些专业店开始分离，典型的是自行车，再后来家用电器、纺织品等专业店也分离出来。超级市场是另一种综合，其自选模式给人以体验式感觉，其商品种类也在不断扩张，结果是，不仅自行车、家用电器等又回到了商场之中，而且把电脑、手机等似乎最初属于专业店的商品也拉了进来。

尽管有了上述所谓“合—分—合”的变化，作为实体店销售，其基本特征并没有改变，主要表现为以下几点：

第一，时间、地点、现人、现物。实体店有建筑物，有营业时间，有实体商品陈列摆设，有售货员进行咨询、提供服务，消费者看到商品后决定是否购买。

第二，钱货两清现场交易。买卖双方一手交钱一手交货，当然，对于某些耐用消费品业可能分期付款，多数交易都是现场完成。

第三，成本较高价格偏贵。由于场地费、人工费、货品费、仓储费等，致使商品价格偏高，商家节日搞打折等促销活动，归根结底也会转嫁到消费者方面来。

2. 网上购买的特点

网上购买的特点与商场购买在某些方面正好相反，例如：

第一，没有时间、地点限制。商家的铺子随时开着，消费者随时可以购买，消费者也不知道商场开在哪个城市，也见不到销售人员，电话、电子邮件、QQ 等为主要联系方式。

第二，资金物流相互分离。消费者同意购买后，履行必要的手续，对方发货，买方看到货后，完成交易，整个流程与实体店销售完全不同。

第三，成本较低，价格便宜。由于没有建筑物场地费、店员人工费、货品占用费、仓储费等，致使商品价格比实体店有明显降低。一般来说，同样的商品，网络购买比实体店购买要便宜 10%左右。

以该事件为例，那款三星 70 英寸的液晶电视在初上市时三星中国官方网站公布的价格为 40 万元，目前国美、苏宁等家电商场售价为 34.9 万元，而世纪电器网的售价要比其低 5.5 万元，相当于低了 15%。

3. 商场+网站的功能

既然网上销售便宜，会不会传统商场就要“坐以待毙”了？情况恐怕没有那么简单，因为二者有着不同的客户群，其功能也不完全相同。实际上二者开始走向融合，例如，国美也有自己的网站，也有网上销售，手机卖家迪信通也有自己的网上商城。再进一步，生产厂家也可以有自己的网站进行“直销”。

至此，稍稍精明的人一定会想到这样一个问题：最理想的购物方式应该是对二者的巧妙结合：先商场看货，后网上购买。这种“线下看货线上购买”的方式岂不是让传统商场“为人作嫁”，成为了网上商店的“免费展销厅”？确实如此，有的人就是先到国美看好了货再去网上购买；有的人先到书店看好了书再去当当网上购买。反过来，有的实体店正在把网站作为展示窗口，也起到了很好的宣传作用。

不管怎样，现在两种模式还是可以相安无事，这种“和平共处”的局面还能维持相当一段时间。

二、C2C 与 B2C

由于看不到实物，良好的电子商务体系一定要设法保证质量和交易安全。说到电子商务或网络购物，有两种最基本的类型，两种类型又有各自的特点。

1. C2C 的特点

C2C 即个人到个人模式的最大特点是买家与卖家的融合，是家庭与商场的融合。另外，不仅仅是全新的产品，就是有一定的使用年限的产品也在进行顺畅的流通。因此，在淘宝网等网上开店成为了增长速度最快的就业方式。为了保证质量和交易安全，“支付宝”这种第三方监督、虚拟货币的中介工具起到了至关重要的作用。

2. B2C 的特点

B2C 即商家到个人模式的最大特点是延续了人们与传统商场交易的感觉，个人与商家打交道，可靠感较高。商家规模大、实力强，大都有 800 或 400 的免费电话，消费者购买咨询成本低。另外，从个人那里购买东西，卖方可能用一个随意的纸板盒代用包装，因为店小不可能自己定制包装物。而如果从商家购买，比如说从当当网上买一部手机，送到家里的小包装上印有“当当”字样，一看就是专业商家出售的商品，信任感较好。

3. C2C 与 B2C 的结合

虽然从理论上讲 C2C 与 B2C 是两种类型，但是实际上，二者也有很好的结合，即网络销售商在经营 B2C 的同时，也在 C2C 网站上开店。例如，该事件的主体世纪电器网既有自己的网站，同时也在淘宝网上开了店。由于二者都是网上销售，仅仅是一种信息的链接，因此，如此合作的结果对双方都是有益的。

如果说网上购买信用最重要的话，找有知名度和信誉度的商家购买是一种合理的选择，对于价值高的商品，更要考虑交易的安全性。在该事件中，买家并不在北京，买家就是直接在网上下的订单，通过电话与世纪电器网进行沟通，最后成交。实际上，其中包含了买家对卖家信誉的认可。如此高价值的商品，也主要会通过B2C来完成。

三、咨询服务与交易条件

现在让我们对B2C的最关键环节进行分析：从购买的内容来看，可以分成实物商品与服务两个大的方面；从交易过程看，则可以分成售前、售中与售后三个阶段。那么，网络购买最重要的因素是什么呢？

1. 买商品还是买服务

如果将购买分成商品与服务两个大的方面，那么，商品本身的真实性、可靠性并不是由网站单独提供的，就是说，不管是国美商场还是世纪电器网，都不可能自己生产彩电，那些都是由生产厂家来保证。不仅如此，安装服务、售后维修等也都是由厂商来负责。此外，仓储地点、环境等也都几乎完全一样。所以，关于商品的真实性、可靠性以及安装、维修服务都不是最主要的问题。

如此看来，买实物商品是第二性的，买服务则是最本质的和最重要的。因为商品的性能和质量几乎是同质的、一样的，服务则是千差万别。接下来，在服务中又有哪些是必须注意的呢？应该说，在售前、售中与售后三个阶段中都有服务，售前的咨询、售中的交易条件与售后维护等都很重要。考虑到售后维护主要由生产厂家负责，那么，最值得重视的是网站的售前咨询服务和售中的交易条件。

2. 咨询服务

消费者决定购买，希望进行多方面比较。多样化既给消费者带来多种选择，也加重了选择的困难，更不要说厂家、商家有主动的宣传，可能会给消费者带来不小的麻烦。对于耐用消费品，由于价格较高，消费者更需要反复比较才能最后决定。换句话说，消费者在决定之前，最希望能得到真诚的、专业的咨询服务。那么，从厂家那里能得到吗？不敢保证，因为厂家总会要宣传自己的产品。从商家那里能得到吗？也不敢保证，因为店员不一定具有各种产品的技术知识。厂家代表直接进入商场还是不能解决问题，因为仍然不可能为消费者提供公正的、客观的、全面的咨询服务。

真正优秀的网站本质上是在提供最优秀的咨询服务。它们当然要卖商品，但是，其超越厂家与商场的咨询服务才是比价格优惠更重要的因素。例如，携程网的诀窍不仅在于呼叫 20 秒接通，更在于最专业细致的咨询服务，不管是问在哪个时间段可以买到最低折扣的机票、哪个酒店停留 5 天有价格优惠，还是电子机票极速预订服务、“一小时飞人通道”，甚至酒店房型以及游泳池是露天的还是室内的等等，都会得到客服人员快速而热情的回答。在这里，信誉已经不成问题，关键是有问必答，让你心服口服，购买成功便水到渠成了。

同样，该事件的世纪电器网，其成功的根本也在于优质的服务，消费者打电话进来咨询，好像是在问一位最忠实可靠、又最具有权威价值的朋友。这比去商场所能得到的要珍贵得多。消费者问过之后当然不一定在这里购买，这时的网站似乎已经成为了一家提供免费咨询服务的机构，而且打电话的话费也是免费的。举例来说，在传统卖场，只要消费者驻足在某个柜台前，这个厂商的促销员肯定会向这个顾客介绍其服务品牌的产品如何如何好、有什么优点、采用了哪些先进技术，而对其他品牌的产品基本上闭口不谈，或只强调竞争对手的缺点，客观性和中立性都会打上一个大大的问号。但是在世纪电器网，消费者咨询购买问题时，客服人员绝对不盲目推荐产品，而是通过“您电视墙离沙发的距离多远，您是否用即将购买的电视接驳电脑，您是否喜爱看体育节目，您家是否已安装了数字机顶盒”等问题，待这些问题问完后，消费者的需求已经被客服人员了解清楚，再做推荐就是“有的放矢”了。另外，若消费者已经看中了几款产品，那么客服人员则会客观公正地结合消费者的特定需求来分析这几款产品的优缺点，帮助消费者摒除产品生产厂家夸大的宣传信息，真正地从实际的使用效果出发，让前来咨询的消费者能够选择到最适合自己的产品。

当今消费者“不差钱”，差的是真诚、高技术的专业咨询意见。从购买过程看，比较决策是必不可少的环节。因此，在这方面的优势就是世纪电器网等生存发展的空间所在。优秀网站的本质不仅仅是在卖商品，更是在卖优质服务，而且是完全免费的。如此看来，假如您想成为一位精明的消费者，是不是应该多到网站上享受免费的咨询服务呢?

3. 交易条件

同样是购买，支付条件特别是支付安全非常重要。对于许多小件物品来说，支付宝是一种有效的解决方式，当然，还有其他的方式。世纪电器网坚持提供的支付条件是有自主物流的区域支持“货到付款”。这等于说网站把货款、运输费等完全都押在了自己的一方，消费者在家里看到实物后再交钱。其他情况鼓励用支付宝，特殊情况可以先付部分订金。在该事件中，买家在外地，也仍然是运到家里货到付全款的。这是何等的真诚，就算是好朋友，也未必能达到这样的程度。

所以，网站销售不仅要与厂家、商家竞争与合作，也要体现自己独特的服务价值。当然不同商品关键点不同，例如，在日本，一些厂家将4S点店全部撤销，改造成网上交易，其关键点则在于“试驾”：在网上选好车后，卖方把车开到你家门口，把钥匙交给你说声“请试驾”后转身就走。我们中国还远没有到达那个程度。

通过该事件，中国网上销售已经达到了几十万元级的水平，再继续努力下去，前途一片光明。大家共同奋斗，网络销售的更大光辉前景就在面前。

第 15 篇　企业管理创新的一个方向[①]

党的十七大提出，要把中国建设成一个“创新型国家”。在社会主义市场经济中，企业是经济活动的主体，也是创新的主体。企业管理创新有许多方向可供选择，其中之一就是让消费者为企业“免费打工”。

一、概念的提出

消费者“免费品尝”是商家常用的促销手段，而消费者为企业“免费打工”则还不很普遍。探讨这一问题涉及“体验经济”和“产消合一者”两个基本概念。

1999 年 4 月，美国哈佛商学院出版社出版了美国学者约瑟夫·派恩和詹姆斯·吉尔摩二人合著的《体验经济》一书。[②] 在该书中，作者提出可以将到目前为止的社会经济形态区分为产品经济、商品经济和服务经济三种基本类型，而体验经济则是更高更新的经济形态。所谓的体验是使每个人以个性化的方式参与其中的事件，是当一个人达到情绪、体力、智力甚至于精神的某一特定水平时在意识中产生的美好感觉。体验策划者不再仅仅提供商品或服务，而要提供最终的体验，充满了感性的力量，给顾客留下难忘的愉悦记忆。换句话说，农产品是可加工的，商品是有实体的，服务是无形的，而体验是难忘的。

2006 年 4 月在北美公开发行了世界著名未来学家阿尔文· 托夫勒的新作《财富的革命》，一个多月之后，其中文版即在中国面世。[③] 在该书中，托夫勒使用了一个新词“prosumer”多达 145 次。基于经济分析传统内的斯蒂格勒和贝克尔的“生产者—消费者”概念，所谓的“prosumer”概念应当被译为“生产者—消费者”、“消

① 本文的部分内容在《企业管理》2008 年第 1 期发表了。

② 2002 年 4 月，该书的中译本由机械工业出版社出版。

③ 阿尔文·托夫勒著：《财富的革命》，吴文中、刘微译，中信出版社，2006 年版。

费生产者”或“产消合一者”。

prosumer 特别适用于“知识社会”和“体验经济”，因为此时我们每一个人的消费和生产都是个性化的。[①] 作为充分发展的“个性化生产”的一个方面，或者如马克思预言过的，劳动作为“人的第一需要”，劳动将日益成为“义务的”而不是“雇用的”。托夫勒指出，此处“义务”一词仅仅表示不收取货币形式的报酬，志愿者从义务劳动可以获得足够丰厚的精神形式的报酬。

在这里我们提出一个更为形象的命题：让消费者“免费打工”。其本质是将消费者最大限度地引导到生产线或供应链的各个环节上来，而且企业不需要支付任何报酬。

二、正面的例子

如前所述，消费者自己制作即 DIY，是由消费者完成生产的最后环节，这是将产品个性化的一个重要方面。以往的典型例子是自动售货机、自助取款机、自己组装收音机和电脑、采摘园采摘、垂钓园垂钓等。现在，又有许多新的形式出现，例如：

自助值机——以前到机场要到服务员那换登机牌，后来机场有了自助换牌机，但是还没普及就过时了——现在在家中就可以选好座位，打印好登机牌。乘客在家中用自己的电脑、打印机干着机场工作人员的活，而且心甘情愿，因为这样可以任意挑选自己心仪的座位，输入自己的旅客号码。现在，在机场托运行李的手续也可以自己完成了。[②]

超市自助扫描——在英美一些超市，消费者进入超市时可以得到一把扫描仪，在把货物装入推车时就陆续扫描好了，到出口时已计算完毕，这样就能压缩排队的长度。[③] 人们心甘情愿地免费地干超市收银员的活，换来的是更宝贵的时间。

其他还有许多例子，如餐馆的自助点菜器、比萨饼店的自助制作等等，日本甚至有回家自己组装的小汽车。

在生产的前端即设计环节甚至于整个过程都引进消费者的参与是更加重要的方面，例如：

① 作者认为，所谓的“DIY”（自己拼装）电脑、家具、住房等商品，就已经体现了这一理念，而 DIY 组件的标准化则表明消费生产者尚难割舍“规模经济”的好处。

② 王志彦：《托运行李也能自助》，《解放日报》2007 年 12 月 11 日。

③ 当然，对于恶意偷窃的行为也得有一套预防的办法。在中国已有类似的实验超市。

旅游线路——大理旅游部门曾公开征求旅游线路的设计，市民可以在网上发表自己的创意，最后的优秀方案便为旅游部门采纳，作者可以得到奖励。

包机回长沙——春节之前，一群在上海工作的湖南老乡商议如何返回家乡过年，后来的决定是集体包机回长沙。单纯的交通已经没有什么新意了，他们想体验一下全是老乡一起乘机是个什么滋味。经历是难忘的，在飞机上大家讨论的话题是下次怎么回家？

类似的例子还有 NBA 全明星由大众推选、“超女”的大众评选、海尔对消费者参与设计予以奖励等等。另外一个例子是，为了克服产品功能多难以操作的情况，日本通产省曾发出过通知，规定家电产品的说明书要由家庭主妇参加编写。

三、反面的例子

有些企业还没有意识到这个问题，还把消费者放到可有可无的、陪衬的位置。例如：

红外线燃气灶——在商场中可以看到一种叫做“红外线燃气灶”的产品，据说有专利，在产品介绍上写的是“有 8600 个孔”、“节能 20%”、“不黑锅底”等等，功能不错。问能不能实际看看，回答说不行，因为商场不允许明火，这一点可以理解；给公司办事处打电话，问能不能向已经购买了该产品的使用者进行咨询，回答说：“把你们家的电话号码告诉别人你高兴吗？”一句话能噎得你喘不上气来。实际上该产品的第一大特点是“快”，而不是担心比普通燃气灶慢；最特别的一点是需要消费者改变操作习惯——连续地用火。难道这些在使用中的知识不是更重要的知识吗？难道企业不应该把消费者的意见放到企业网站最醒目的位置上吗？

乘客“黑名单”——最近一家民营航空公司为了惩罚曾经“恶意霸机”的乘客，制定了一个“黑名单”，不允许这些人再次购买该公司的机票，写一份像样的检查就可以免除此项惩罚。一时间网上议论纷纷，有的赞成，有的反对，有的认为那些乘客违法，有的认为航空公司的规定违法。航空公司自己也承认，这种决定是“没有办法的办法”，是“下下策”。那么，为什么不采取“上上策”呢？或者说，到底有没有更好的办法呢？至少，别如此莽撞出台，先让广大乘客和民众讨论一下不就行了吗？常言道，“嘴边是路”，自己没有办法，问一问不就有了吗？

其他类似的情况还很多，比如春节联欢晚会的节目，等演出结束后有一个观众的评选，到正月十五发表。尽管从长期观点看，以往的评选对后来的安排有一定参考作用，但是，从当期看，仍然是事后的活动，这与 NBA 全明星由大众推选的做法还是有着根本的不同。

四、主要的原因

为什么会产生上述的情况，可以从市场化、虚拟化、信息化、知识化、人性化等方面来寻找原因。

市场化。随着市场竞争的加剧，企业必须突出自己的核心能力，必须进一步降低成本。产品的差异化使得自己的产品与他人的产品相区别；规模化使得成本降低。除了垄断行业外，一般市场经济中的企业只有在产品创新上下工夫才能获得竞争优势，这是来自外部的压力。

虚拟化。企业内部资源是有限的，无论是产品创新、技术创新还是降低成本，仅仅靠企业内部的努力效果总会有限。因此，企业便把目光转向外部，企业必须借助外部的力量发展，企业必须与其他组织建立策略联盟，单纯的企业管理演变成对整个供应链的管理，企业寻找外部资源也必然会找到消费者方面来。

信息化。信息技术的发展给企业经营管理带来了根本性变化：国际互联网打破了企业与企业、地区与地区、国家与国家的边界，信息网络系统使得信息处理成本极大地降低，企业内部组织趋向扁平化，整个业务流程发生改变，电子商务彻底颠覆了传统交易方式。在这一过程中，许多信息处理工作也完全有可能由消费者来完成。

知识化。现在我们正处于“知识爆炸”的时代，如何制造产品或者说制造技术是重要的知识。但是，这仅仅是供给方面的知识，还有另外一个方面就是需求以及使用方面的知识。显然，技术人员对于技术本身比较感兴趣，也很精通，但是，并不一定了解需求和使用中的情况。一个典型的情况是，某些家电产品功能日益复杂，而一些消费者用不了那么多的功能，也不适应过于烦琐的操作。

人性化。如果说产品质量是整齐均一的话，那么，消费者对服务的要求便会千差万别。同样质量的产品、同样的服务面临的是条件、习惯、教育背景、经历等各不相同的消费者。在这种情况下如何才能让大家都满意？解决问题的一个方向就是让消费者最大限度地参与进来。消费者亲自参与设计、制造，得到与别人不一样的、个性化的产品，又怎么能对自己不满意呢？

总之，把消费者当成企业生产的一员，变客为主，事情就好办了。

五、内涵的扩展

实际上，把消费者引导到供应链上来并不是企业外部关系特有的现象，在企业内部管理、在许多事业单位甚至于政府管理中也有应用，例如：

职工授权。在企业“金字塔”结构中，似乎只有最上边的领导有决策权力，下边的只有执行的责任。但是，一线职工要面临许多紧急情况，来不及请示领导，因此必须科学地放权。美国钢铁大王卡内基早时曾在铁路调度室工作，一次为了处理紧急情况果断地违背规定以领导的名义发出指令，避免了车祸，正所谓生命重于制度。[①] 黄骅市信誉楼董事长张洪瑞认为，有些事不是你比职工高明，让职工代替你去做，而是你根本不如职工。[②]

学校教育。教育中教师供给与学生自主学习几乎是同样重要的要素。博士生学习是一个极端的例子，这时主要靠自己，指导教师、其他学习条件都不很重要。大学、中学、小学的教育也是如此，“填鸭式”教育效果肯定不好。换句话说，教师因素只占一半，另一半在学生。

医疗服务。医疗效果也是医生与患者合作的产物。以高血压为例，医院大夫开了药方，每天血压多少还得自己在家测量，控制血压的因素除了药物还有饮食、运动、精神等非药物因素，大夫只管了其中的一个部分。在家测量血压要用血压计，水银的、电子的哪个更合适？答案是因人而异。水银的与电子的差异是多少、左臂与右臂的差异是多少？一个人每年、每月、每天的波动是多少？大夫与产品生产厂家当然不会知道，因此，没有消费者即患者的主动参与，是不可能治好病的。

公共管理。现在，一些公共管理部门也积极采取类似的办法放手让群众参与，例如，两位司机在马路上发生小的刮碰就可以自己解决了，这是干了本该公安交警干的事。[③] 养路费也可以网上交了。[④] 镇江市的一个马路市场商户都想占据有利地段，警察怎么协调也没有管理好，后来让商户自己解决就顺利找到了办法。[⑤] 深圳、上海等地政府开展网上办公，让广大市民参与决策，效果很好。

---

① 邓兴东：《制度与生命孰重孰轻》，《解放日报》2007 年 11 月 27 日。

② 早先一次张董事长出差看见一款皮衣感觉挺好，就进了货，结果销售得并不好。他感到一线职工最了解什么服装好销什么不好销。董事长根本不如职工，也就不应该有这个权力。

③ 不及时处理的损失是可能被警察以妨碍交通名义被特别罚款 200 元。

④ 张奕：《养路费网上缴费系统开通》，《解放日报》2007 年 12 月 11 日。

⑤ 他们的办法是轮流占据好的位置，比原来按照某某条件划分更简单合理，这样最公平。

看来，企业要想提高消费者的满意度，就应该提高其参与度。同样，所谓的行政科学民主决策关键在于民主决定科学。政府也应放下“父母官”的架子，现在到了向企业学习的时候了。

第 16 篇　城市综合改革试点的可喜探索[①]

党的十七大报告提出了建设一个创新型国家的号召。报告进一步明确了要加速经济特区、上海浦东新区、天津滨海新区的综合改革试点作用（以下简称为“三区试点”）。三区试点的试验工作，主要包括经济管理创新、社会管理创新以及行政管理创新三个方面。

一、改革试点的意义

首先，让我们来认识三区试点的背景和意义。

1. 改革从重点走向综合

在改革开放初期，改革的重点放在了经济体制改革方面，现在则逐步转化为全面的改革，即从重点的企业体制改革，深入到事业单位、全社会以及行政管理体制的改革。

2. 路径依赖的改变

以往改革的特点有二：一是以前比较注重资金的投入、优惠政策的“干货”等物质层面的内容，现在则几乎没有资金、优惠政策的投入；二是以前多为自上而下的改革，落实上面的部署和精神，现在则更注意发挥下面的主观能动作用，即自下而上地进行摸索和总结。实际上，三区试点在摸索过程中特别注意到发挥基层组织直至个人的积极性。前者是“要我改”，后者是“我要改”。这一点与企业管理中对授权的认识有些相似。[②]

---

① 本文是作者 2007 年 11 月 24 日在深圳，沪、深、津三城市发展论坛上讲话稿的基础上完成的，发表在 2008 年《经济要闻》第 42 期。

② 所谓的放权，并不能以为上边比下边高明。黄骅市信誉楼张洪瑞董事长认为，有的授权不是因为你忙不开，让别人帮助，而是你根本不如别人。例如，在创业初期，一次他去外地时看见一种皮衣感觉不错就买进来了，结果销得并不好。因此，进什么皮衣，应该是柜台一线的人员最有发言权。

3. 如何试、试什么是必须考虑的问题

以前我们把“上有政策，下有对策”当做错误的倾向进行批判。实际上，政策是不可能完全覆盖的，总会有空隙和边缘的地方。例如，改革初期我们曾提出过“抓大放小”的策略，结果很快地遇到了中型企业怎么办的问题。山东同志到广东学习后总结出的差距是：山东人认为“抓大放小”，没有说可以放“中”，因此就不能放开中型企业；而广东人认为“抓大放小”，没有说不可以放“中”，因此就可以放开中型企业。[①]

对此，上海浦东的经验是下面的三条：[②] 第一，现行规定没有明确说不可以的，就都可以试；第二，凡是有明确规定的，根据实际需要也可以进行适当的变通；第三，如果有行政与司法交叉的部分，应报人大备案。

总之，改革就是要不破不立，大破大立，先破后立。

二、经济管理创新

三区试点的改革与创新主要是在经济管理、社会管理、行政管理三个方面进行了探索。经济管理方面的创新仍然是重要方面，具体来说有以下一些内容：

1. 做强做实企业

三区试点认为，必须继续深化企业改革，使企业成为社会主义市场经济的主体。例如，深圳将90%的专利、经费、力量、成果等都放到了企业；2006年专利成果近3万件，在全国名列前茅；国际发明专利全国第一；实施了“创新型企业路线图计划”，鼓励和支持中小企业到境内外上市；搭建平台与中国科学院联合成立“先进技术研究院”；等等。

2. 产业结构调整

三区试点在继续提升制造业竞争优势的同时，还特别注意到发展现代服务业，加强综合服务功能。试点都在努力建设物流中心，全面提高海、陆、空的立体交通运输的能力；在加强基础设施建设方面，特别重视轨道交通的建设。深圳提出到2020年建成585公里的目标；[③] 上海、深圳探索了城市市区与郊区不同的运营区间与

① 这一点与左拐交通信号灯的三种情况很相似：第一种信号是左转指示灯，就是可以左转的意思；第二种是禁止左转的信号，那就不可以左转；第三种是直行灯，这时可以直行，也可以左转，只不过不可以影响对面直行的车辆。

② 根据上海浦东新区万大宁副区长2007年11月23日深圳讲话整理。

③ 董超文：《16条轨道线路覆盖深圳》，《深圳商报》2007年11月23日。

价格水平；深圳对城市公共交通举行了票务降价改革听证会，取得了很好的效果。[1]重庆代表介绍说，已经运行的城市单轨系统发挥了重要作用，计划还要建设类似的轨道交通系统。

3. 金融业改革

三区试点都把金融业的发展放到高端服务业的核心位置。例如，深圳市探索了发行“中小企业联合债券”，首期为 10 亿元；天津提高直接融资的比重，创立了产业基金，探索了港股直通车，开始了保险业参与金融企业改革的试点工作，[2] 计划打造国内产业与私募基金交易中心，[3] 等等。

三、社会管理创新

从侧重经济到全面覆盖社会各个方面，是三区试点的重要任务。社会管理创新涉及城乡统筹、土地管理、住房、就业、社保、养老、能源、生态等方方面面，这里只能略举一二。

1. 土地管理细化

深圳对城市用地规划探讨了“五线四区”的办法。[4] 所谓“五线管制”是将城市用地分成蓝线、绿线、紫线、黄线和橙线 5 个管制空间，对具有区域价值的战略性地区实施政策统筹，综合协调各项建设行为，保障规划实施；所谓“四区管制”是指根据资源环境、工程地质等城市安全条件，规划将城市用地分为禁建区、限建区、已建区和适建区 4 个区域，加强对各个区间的管制和建设引导。

2. 城乡发展与生态环境

城乡统筹发展的一个极端模式是深圳。深圳目前户籍人口有 200 多万，而非户籍人口近 1000 万，也是国内第一个没有农村的城市。没有农村人口，没有了征地、维权等事情，但依然有许多新的社会问题需要解决，例如人口倒挂、住房、生活、就业、社保、养老、慈善、能源等一系列问题都需要配套解决。天津努力建设生态、环保的绿色城市，正与新加坡协商联合建设示范的生态城。成都的探索也很有

① 综合开发研究院（中国·深圳）：《以制度创新全面推进综合配套改革》，《第四届三城论坛资料》2007 年 11 月。

② 卢晓平：《支持大型保险集团参与天津金融企业改革》，《上海证券报》2007 年 11 月 22 日。

③ 徐玉海：《天津产交中心欲建首个私募基金股权交易市场》，《上海证券报》2007 年 11 月 27 日。

④ 王永长等：《特别地区重点开发》，《深圳商报》2007 年 11 月 22 日。

特色。[1]它们出台了相关文件，从实现城乡居民均等化公共服务、缩小生活水平差距等方面切实推进城乡统筹发展，特别是对过去已征地农民中，男的年满 60 岁、女的年满 50 岁的，由政府一次性缴纳养老和医疗费后，每月领取养老保险金并享受医疗保险待遇。

3. 和谐社会与过细工作

改革的不断深入，必然会触及不同人群的利益，社会矛盾也会逐步增加。这时需要周密的安排和耐心细致的工作。例如，上海市某主要动迁户集中居住的小区，一些人在最顶层即第 6 层又加盖了一层，住在下边的人有意见，让上面的人拆掉，阻力又很大。如果强制拆除，势必会引发社会矛盾。考虑到这些人也都是弱势群体，都有着一定的实际困难，社区通过细致的思想工作，投入了一定的人力物力，用三个月的时间顺利地拆除了违章建筑。深圳市在进行地下铁车站拆迁工作中，采取了充分人性化的策略，不仅按规定进行赔付和补偿，还调动各方面力量帮助动迁户解决再就业、再创业以及孩子上学等实际问题，使得工程进展比较顺利。[2]

四、行政管理创新

三区试点一致认为，行政管理创新是综合配套改革的重中之重，也是最大的难点所在。试点将政府机构与业务进行梳理，很像企业已经普遍接受的“流程再造”。

1. 体制内组织创新

体制内组织创新包括许多方面，例如：

增加层次——上下纵向增加的有深圳设立的光明区，作为“区中区”；天津在滨海新区中又设立了一些功能区，与原有行政区有交叉。

减少层次——上海在一些地方撤销了镇建制，下面直接面对社区委员会作为基层组织。

增加机构——深圳在发展与改革局中设立了公共关系处，有利于与市民的沟通。这些都属于体制内机构的调整。

精简机构——深圳要筹办 2010 年的世界大学生运动会，按照以往的办法，可能得增加一个 800 人到 1000 人的庞大机构，深圳并没有由政府大包大揽，实际上只设置了仅仅几十个人的机构。

① 丛峰等：《实现梦想要不了那么久》，《解放日报》2007 年 11 月 21 日。
② 万金红、张景琼：《南山拿下天字号工程》，《深圳商报》2007 年 11 月 23 日。

事权划分——上海浦东新区将街道办事处的招商功能上调，即街道不再负责招商，而是专心做好社区服务工作。深圳调整了国资委的部分职能，有利于其出资人职能更加强化。

信息共享——以前，政府部门之间有时联络协调性差，比如马路下面管道分别由不同部门负责，协调起来非常困难。深圳将各个部门的信息进行整合，分别界定为可共享信息、有条件共享信息和不可共享信息。

合理授权——以前编制部门有规定得过于具体的情况，深圳市注意对一些机构只管理总量，具体下属部门的设置则给出足够的灵活性，避免了情况不明乱指挥的矛盾。

2. 阳光行政

行政管理创新最核心的问题是公开透明、阳光行政、建设诚信政府，三区试点在这方面很有突破，例如：

端正认识——此前我们已有了多种层次的监督，比如党内监督、人大代表监督、政协委员监督等等，但是光这些还不够，必须加强社会监督，特别是广大群众直接的监督。

公开程序——到目前为止，已经有了“首问责任制”，但是这还不够，必须公开办公程序，应该让每位来办事的民众知道应该找谁，明白整个的业务流程是什么样的，做到心中有数。

网上办公——深圳发展改革局设立了“体制改革”网上专区，作为常年性的改革创新公共信息互动平台，并派专人整理市民的意见；上海定期举行网上办公会，每期一个主题，广大民众积极参与，深受欢迎。

听政于民——深圳设立了“市民审议会”，对于各项政策与市民进行面对面的交流，请市民品头论足地进行评议，这样做的好处是可以提前发现矛盾；上海设立“市民议政会”，每月一到两次，使社会矛盾得以缓解。

民主理财——上海政府采购业务尽量公开，投资项目的规划论证、每笔预算以及整个过程都有公开评价；街道的预算按单项展开，实行“两上两下”的充分论证，社区规划有严格的问责制，深度实现社会参与。

效益挂钩——上海市民进行公交运行的评价，不仅仅对服务质量提出改进意见，而且与公交基金相挂钩，这样对于改善公交运行服务质量起到了切实有力的作用。

其他还有许多不错的做法，例如资产管理听取专家意见等，总之，科学决策、民主决策是行政管理改革的方向。

3. 调动社会力量

以前在政府机构之外，政府养活了许多事业单位，人们把这称为“小身子大尾巴”。三区试点也有很好的探索，它们进行了政事分开的试验，即将某些政府要做的事情交给社会去办，例如：

清理整顿——深圳清理了以往政府系统的500多家事业单位，保留308家，撤销27家，转为企业124家，有的则行政化，最后剩下了339家，精简了机构，提高了效率。①

事业法人——深圳将事业单位定格为法定机构，建立了适应于举办主体、管理层、利益相关者、监督者之间关系的，以理事会或管委会为核心的法人治理结构。

虚拟机构——深圳为筹办世界大学生运动会，将按传统办法应设立近千人的机构只设置了几十个人的小机构，主要借助社会力量，这种做法与企业管理中的“虚拟企业”和“策略联盟”非常相像。

社工服务——三区试点大力推进社会工作的职业化与专业化，培育和发展一批能够承载并促进社会工作的社会公益民间组织，NGO组织也日益发挥更大的作用。

总之，扩大社会参与的程度，发挥体制外的作用，是建设“小政府大社会”的正确途径。

五、值得注意的问题

三区试点工作取得了显著的成绩，但是还有一些问题值得更深入地思考。

1. 基本判断

对于推进综合配套改革取得成绩的原因应该有清醒的认识，比如：

国际化——如果说改革初期是“改革促开放”的话，那么，加入世贸组织后，就变成了“开放促改革”，这是生产关系促进生产力的一个表现和因素。

信息化——我们正处于信息革命的时代，信息化、网络化使得生产力的发展促进了生产关系的改变，业务流程再造从企业波及包括政府在内的各类组织，电子政务日益普及和深入。

产消合一——2006年管理学的一个重要概念是“prosumer”，即“生产者—消费者”，意思是说最大限度地把消费者引进到生产线或供应链上来，心甘情愿地“免

① 在清理的过程中，有的工作人员问领导，事业单位的机构设置是怎么决定的，是不是领导拍脑袋说了算，领导回答说，要不是那样，还是你说了算？

费”为企业打工。[①] 这个原理对政府服务工作也适用。

因此，国际化、信息化、网络化等一系列变化给企业、城市以及政府的工作环境和条件都带来了深刻的影响，在许多情况下，不是我们能否领导潮流的问题，而是适应不适应的问题。

2. 高端与低端

三区试点立志在高端服务业方面有所突破，这个想法很好。但是，不能忘记的是，在一些中端或低端领域也还有许多事情要做，甚至是必须补的课。例如，现在的银行储蓄所终端 ATM 机多为自动取款机，但也能自动存款的就很少，异地存取收手续费等也需要改进，等等。城市公共交通的情况也是一样。因此，我们不应该好高骛远、眼高手低，而应该“千里之行始于足下”，踏踏实实地把基础工作做好。

3. 敢于突破

现在改革到了“啃硬骨头”的时期，有些项目需要更大胆一些。比如农村乡镇的“小产权房”，有的地方就是想“赌一把”，把已经盖好的房子卖出去，看最后谁能坚持到底。有的城市局部正在“换防”：城里人到乡下去，乡下人进城里来。有的农村人士到过城里观念发生了改变，一位农民曾一心想去城里打工，转了一圈又回到农村办起了“农家乐”，还从城里带回了一个“上门女婿”。[②] 因此，应该想清楚的是到底该是谁租谁的房子。

总之，土地问题、城乡差距问题等都必须在思想上有所突破才行。

4. 周围环境

城市发展离不开周边环境，或者说离不开都市群的发展。三区试点情况各不相同：上海自然成为长三角地区龙头。深圳在珠三角地区，广州为一端，香港为另一端，由于离香港更近，所以在探索“深港国际大都会”的问题，特别是想建设共同资本市场。[③] 当然，深圳本身也有特区内外一体化等问题。天津滨海新区本身有一个与市区协调、市区基础设施需要发展的问题，其外部环境情况更特殊，在京津冀都市圈中的位置与上海在长三角的位置很不相同，在环渤海以及整个北方的位置更

---

① 其典型标志是航空公司推出的自助值机，人们在家中用自己的计算机操作，输入旅客号码，用自己的打印机打出登机牌，免费干着机场服务人员的事，却没有任何怨言，因为可以选择自己满意的座位。同样，小汽车驾驶员交通事故处理也启用了自主处理程序，大家干着交警该干的事，因为如果耽误了挪出公共道路可能被特别罚款 200 元。

② 丛峰等：《实现梦想要不了那么久》，《解放日报》2007 年 11 月 21 日。

③ 王丽娜：《深圳香港拟建共同资本市场》，《上海证券报》2007 年 11 月 23 日。

不可能是自封的。比如，山东港口正在整合，目标直指东北亚国际航运中心。[①]

5. 国内不自封

尽管三区试点进行了宝贵的探索，但是切记不要“夜郎自大”，先进性不是自封的，否则别人不服。因为其他许多地方也进行了很好的探索，例如：无锡试行了管办分离与管事分离、广州东站各类公共交通无缝衔接、上海东方书报亭调动社会力量、湖南电信农村地区发挥行政特许作用、合肥市民评议政府机构排出名次、南海市政府协助搭建中小企业电子商务平台、镇江靠群众自主解决马路市场摊位整治等等。成都户籍改革已经取消“城里人”和“乡下人”的界限，一律登记为“居民户口”。[②]

6. 学国外经验

在国内不可自封先进，对国际经验也应提高重视，不可闭门造车。例如：

（1）金融体制改革。天津想建立非上市公司产权流通试点，但是，从全国范围看，还是应该从柜台交易或店头登录做起。

（2）日本东京中小企业投资育成股份公司是由地方政府与银行、大企业联合举办的为中西欧企业投资的机构，对好的企业出资但不派董事，正所谓“哑巴子大股东”。当然，其前提条件是有流通退出机制。

（3）北京、上海、深圳等地都有建设400到500公里轨道交通的计划，有人讲超过了巴黎、伦敦、东京等，其实，那仅仅是地下铁而不是轨道交通的全部。东京郊区轨道长2000多公里，我们的差距还很大。

（4）如果发展小汽车，我们的轨道交通发展得太慢，让小汽车成为城市交通的主力根本不可能，一味限制也不对。希腊雅典400万人口400万辆车，我们还有很大发展空间，应该实现不同交通工具的分工和衔接，实现小汽车与轨道的双赢。

（5）事业单位法人化呼唤法人体系建设基础建设。国外将法人分为公法人和私法人，私法人又分为财团法人与社团法人，社团法人又分为营利法人、公益法人、自益法人等等，日本有学校法人、医疗法人等等。这些不是靠一两个城市就能解决的问题。

（6）加强审议会制度。日本在每一项政策出台前，都安排一些官产学参加的审议会，多由大学教授做主席，这样政府与企业沟通起来就比较柔和。在这方面我们

---

① 徐炜旋：《山东港口群整合框架：一港两翼模式探索》，《21世纪经济报道》2007年11月28日。

② 丛峰等：《实现梦想要不了那么久》，《解放日报》2007年11月21日。

还很欠缺。[①]

总之，应该认识到，在一些官员甚至民众心中，“政府是万能的”思维已经根深蒂固，当官的就认为自己是“父母官”。政府需要在观念上来个自我革命，这好比自己把自己抱起来的改革，当然很困难。

最后我们还必须清醒地知道整个改革的方向在于群众满意。因为如果我们认识到政府的职能不仅仅是领导，更重要的是服务的话，那么，就要问政于民，而且服务对象的满意才是最重要的评价标准。现在社会上有各种指数和指标，如 GDP、CPI、股票指数等等，每个人都有自己的既得利益，情况变得十分复杂。人们在享受改革成果的同时，要求也进一步提高了，现在是“打着手机骂电信”、“住着新房还骂娘”，股价、房价升了降了都有人不满意。但是我们没有别的什么标准，只能是使大多数人满意。

① 一个典型的反例是北京主管部门曾拍脑袋宣布由车主自己确定车牌号，结果有人选了 USA911、IBM、BTV 等等，后来很快就取消了这项措施。

第17篇 经济体制改革的方向性问题[①]

——重温蒋一苇先生的“经济民主论”

在我们认真回顾改革开放30周年的日子里，特别怀念那些曾为经济体制改革奋勇呐喊、现在却已永远离开了人间的志士们。在那些志士之中，我们特别记得在30年正中即1993年不幸逝去的蒋一苇先生。在蒋一苇先生提出的诸多论断中，人们感觉最突出、印象最深刻的也许是“企业本位论”。他本人则明确指出，“我的观点总的是经济民主，这才能够有社会主义的特色”。[②]为此，我们有必要再次进行领会和把握。

一、“经济民主论”在“三论”中的地位

我们可以把蒋一苇先生的经济改革观高度浓缩成“三论”，即企业本位论、职工主体论和经济民主论。那么，这“三论”之间存在着怎样的联系呢？

1. 最先提出的“企业本位论”

1978年，蒋一苇先生被调到中国社会科学院工业经济研究所任副所长，开始全身心地投入到改革开放的理论研究之中。第二年，他就高屋建瓴地提出了“企业本位论”。[③]他认为，我国经济体制改革的本质是从高度计划的、统一核算的、以国家

---

① 本文为提交中国国有企业改革与发展三十年学术讨论会暨中国企业管理研究会2008年年会的论文。

② 蒋一苇:《我的经济改革观》(代序：我的改革思想)，经济管理出版社，1993年版，第2页。该书是蒋一苇先生病故后出版的文集。1992年11月4日到5日，中国社会科学院工业经济研究所和中国企业改革和发展研究会在北京共同举办了“蒋一苇社会主义经济民主理论讨论会”，蒋一苇先生因病住院未能到会，但为大会提供了讲话录音，这个代序就是根据他的录音整理而成的。

③ 该论文最早是以《企业本位论刍议》为题发表在《经济管理》1979年第6期上，后经修改以《经济体制改革的一个根本问题》为题发表在1979年8月14日的《人民日报》上，后又以《企业本位论》为题发表在1980年1月的《中国社会科学》创刊号上。参见《改革》杂志社编：《生命不息，奋斗不止——纪念经济学家蒋一苇》，经济管理出版社，1996年版，第5页。

为基本单元的“国家本位论”过渡到以具有独立经济利益的、能动活跃有机体的企业为基本单元的“企业本位论”。尽管当时遭到了一些人的非议，但是，到现在为止，已经没有什么不同的意见了，这个问题似乎已经完全解决了。

2.“经济民主论”的提出

1981 年 4 月，蒋一苇先生在成都召开的“经济管理体制理论与实践问题讨论会”上发表了题为“经济管理体制改革的实质是实现社会主义的经济民主”的讲话，经整理后发表在《中国经济年鉴》1981 年刊上。[①] 实际上，蒋一苇先生在这篇文章中提出了“经济民主论”的同时，也提出了“职工主体论”。[②] 至此，蒋一苇先生的“三论”思想已经基本成形，后来的一系列文章都可以被看成是对这“三论”的完善和发展。

3.“经济民主论”与其他两论的关系

关于“经济民主论”与“企业本位论”、“职工主体论”的关系，蒋一苇先生多次作出说明。为纪念改革开放 10 周年，蒋一苇先生出版了《论社会主义的企业模式》文集。[③] 虽然这本书主要是讲微观层次的企业的，那时“企业本位论”已经广为流传了，但是，他在文集前言中指出，“可以认为我对整个体制改革的基本认识是实现社会主义民主”，“在国家和企业的关系上，我主张企业本位论；在职工和企业的关系上，我主张职工主体论”，“这两者的正确关系，实质上是社会主义经济民主的体现”。他甚至认为，“经济民主是政治民主的基础”，因此，“有些同志概括我对我国经济体制改革的基本思想是主张实现社会主义经济民主，我接受这个概括”。[④]

在《我的经济改革观》一书的序言中，蒋一苇先生认为，自己的改革思想大致分三个部分，出发点和基础是企业本位论，“从整个经济体系看，政府仍然有着经济的职能，但应当是民主基础上的集中”，“我的观点总的是经济民主，其中的基础是企业本位论，而企业内部则是以职工为主体”，“所以，整个社会主义的特色是民主经济或者说经济民主”。[⑤] 图 1 是对“三论”之间关系的描述。

---

① 蒋一苇：《我的经济改革观》，经济管理出版社，1993 年版，第 601 页。

② 蒋一苇：《我的经济改革观》，经济管理出版社，1993 年版，第 1 页。

③ 到了 1998 年，中国社会科学院经济研究所与广东经济出版社决定出版“影响中国经济建设的 10 本经济学著作”，蒋一苇先生的《论社会主义的企业模式》也在其中。考虑到在这 10 本著作中有一些是“文化大革命”之前的成果，因此，蒋一苇先生的这本书对于我们回顾改革后的思想历程就更为宝贵了。

④ 蒋一苇：《论社会主义的企业模式》，经济科学出版社，1989 年版，第 2–3 页。

⑤ 蒋一苇：《我的经济改革观》，经济管理出版社，1993 年版，第 2 页。

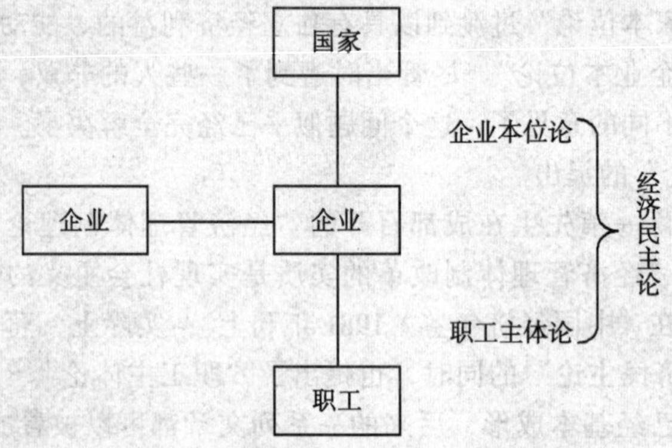

图1 蒋一苇先生“三论”之间的关系

二、“经济民主论”的主要方面

如前所述，我们可以认为，“企业本位论”和“职工主体论”为分论，“经济民主论”为总论。但是，这个总论并不是两个分论的单纯叠加。那么，作为总论的“经济民主论”的思想来源是什么，其本身又有哪些内涵呢？早在 1981 年 4 月，蒋一苇先生在题为“经济管理体制改革的实质是实现社会主义的经济民主”的讲话中就提出，“经济民主论”的思想根源可以追溯到马克思、恩格斯早年的学说；“经济民主论”大致可以分为企业内部、企业之间以及企业与政府三个方面。

1. 从马列主义经典中寻找答案

蒋一苇先生认为，“改革后的体制究竟是什么模式？马克思、恩格斯早年关于联合体的设想很好地回答了这个问题”，即“企业应当是自由平等的生产者的联合体，社会经济则是这一切联合体的大联盟”；“列宁也说过，应该把民主集中制应用到经济领域”。“以这些设想作为我们改革的指导思想和目标，是完全符合四项基本原则的”。他还认为，前苏联的体制过于集中，南斯拉夫的模式过于分散，“我们必须吸取这两方面的经验教训”。①

2. 企业与企业的联合

如前所述，经济民主包括企业内部、企业之间以及企业与政府三个层次。关于企业内部企业是自由平等的生产者联合体的论述与“职工主体论”等方面的内容在

① 蒋一苇：《我的经济改革观》，经济管理出版社，1993 年版，第 602 页。

此不一一赘述。在此，我们特别关注后两方面的内容。关于企业之间的关系，蒋一苇先生认为，可以包括以下一些方面：第一，企业与企业的协作；第二，行业的联合，“每个企业可以加入一个或同时加入几个有关的协会”；第三，区域联合，“以一个城市为中心，进行跨行业的区域联合”。这样，“就可以把经济组织网络化，也可以说是把一切联合体组成一个大联盟，但是这个大联盟是建立在民主基础上的，因而体现着社会主义经济民主的本质”。①

3. 企业与政府的双重关系

企业与政府关系的调整是经济体制改革的中心环节。政府职能总的来说包括资本所有者和一般管理者两个大的方面，用通俗的话说，就是“老板”和“婆婆”两大类。蒋一苇先生的“企业本位论”特别针对的是“老板加婆婆”的情况。他后来又提出，为了实现“政企分开”，必须实现“政资分开”，即由专门的国有资产管理部门管理国有资产，此外还应该包括利税分开、投贷分开等等。②

政府不仅要当一个“好老板”，也要当一个“好婆婆”，这些在“企业本位论”一文中就有说明。蒋一苇先生在文章中指出，作为一般管理者，国家对企业的领导和管理需要采取各种经济手段，例如制定经济政策、实行经济立法、制定经济计划以及运用各种经济杠杆调节和控制企业的经济活动。这些都渗透着企业与政府之间经济民主的思想光辉，在“经济民主论”中则谈得更为细致和具体。

三、国家层面的“经济民主论”

现在，我们再次聚焦蒋一苇先生是如何描述在国家与企业关系层面体现经济民主的。蒋一苇先生在许多文章中都有所论述，我们特别注意到以下几点。

1. 宏观调控职能的转变

在“经济管理体制改革的实质是实现社会主义的经济民主”的讲话中，蒋一苇先生认为，国家宏观调控可以采取多种经济手段，如行政管理、法制管理、重点建设、物资管理、资金管理、劳动管理等等。此外，国家还应该用物价、税收等经济杠杆进行管理，“这样就体现了既有集中又有民主、既有纪律又有自由的原则”，

---

① 蒋一苇：《我的经济改革观》，经济管理出版社，1993 年版，第 605–607 页。在这篇文章中，他还特别指出了行政性总公司的不彻底性。

② 蒋一苇：《我的经济改革观》，经济管理出版社，1993 年版，第 340–342 页。

“也就是把民主集中制的原则应用到经济领域”。①

2. 民主科学决策

相比上一个观点，政府决策的民主化、科学化问题更为重要。蒋一苇先生在1989年为七届全国人大二次会议所写的建议中指出，“需要建立起一套民主化、科学化的决策程序，才能减少失误”，“所谓决策民主化，既是为了集思广益，也是为了调动亿万人民的积极性，使改革成为全民的事业，所谓决策科学化，就是要使改革尽可能符合客观的发展规律，要从理论到实践构成一套科学的体系”。②

蒋一苇先生在列举了国家决策传统做法十方面的弊端或缺陷后，提出了十项决策程序：第一，提出项目；第二，专家论证；第三，展开讨论；第四，要有不同方案；第五，不同方案分别试点；第六，对试点结果进行比较；第七，广泛征求意见，全民讨论；第八，综合意见修改方案；第九，在较大范围试行修改方案；第十，总结经验，相应立法。③

3. 发挥专家和舆论的作用

为了实现民主科学决策，还必须采取一些相应的组织措施，其中特别重要的是充分发挥专家和舆论的作用。蒋一苇先生认为，“以往的政策出台，缺乏专家学者的客观论证，有的政策也征求专家学者的意见，但只是走一走群众路线，听听而已，符合口味的吸收一些，并不是一种必须通过的论证程序”。改革不能仅仅“在行政部门之间做组织协调工作”，必须“建立若干专门委员会和综合委员会，组成一支民主化、科学化决策的基干队伍或智囊团”。④

另外，关于舆论监督，以往“政策措施出台后，只能说好，不能说毛病，报纸电台报喜不报忧”。报刊电台等舆论工具“应成为广泛讨论改革的园地，允许发表各种不同的意见，只有全国人民都来关心改革，探讨改革，改革才能真正成为全民的事业”。⑤

关于科学决策与民主决策，蒋一苇先生虽然是主要针对当时改革措施出台的情况而言的，但是这些论断对于其他经济决策也是完全适用的。

---

① 蒋一苇：《我的经济改革观》，经济管理出版社，1993年版，第608-611页。
② 同①，第95页。
③ 同①，第97页。
④⑤ 同①，第96-98页。

四、“经济民主论”任重而道远

改革开放过去了 30 年，成绩显著。按照蒋一苇先生的“三论”，特别是“经济民主论”的观点来衡量，究竟还有哪些问题和差距呢？在此我们暂时不讨论“企业本位论”和“职工主体论”的实现情况，[①] 也不讨论“经济民主论”中企业内部民主以及企业之间的民主情况，而主要看看在宏观决策层面的问题。

1. 关于决策程序与方案

现在，一项政策的出台增加了听证会的程序，但是，仍然有“走过场”的嫌疑。有一些群众反对意见很大的项目，并没有认真采取对策，仅以城市交通管理部门的情况为例：对于交强险，用户、保险公司反映增加了负担，主管部门却报出巨额亏损；北京出租车一下子全部合并成 2 元一公里的价位，扼杀了乘客的选择权；交管部门让网上自己查被罚款，有的农民工被罚 100 多次总共 1 万多元却还不知道；某些路面、桥梁的限制通过速度拍脑袋决定，结果让许多司机白白交了罚款；最典型的是北京市曾仓促推出汽车牌号自主选择，用意可能不错，结果却不得不草草收场；[②] 等等。

最近的一个例子是关于节假日的调整，一定要取消五一长假，并不一定是明智之举。

2. 关于发挥专家作用

与 30 年前相比，一个重要的变化是“官员学者化”了，有了这样“学者化的官员”，似乎那些没有“当官本领”的学者的意见就更不值得一提了。因此，不仅在中央企业的外部董事中没有多少专家学者，在各项政策决策中，专家的作用也很不突出。这一点可以借鉴日本的经验。日本的各项政策出台前，分别成立由官、产、学等各方面人士组成的专门的审议会，一般都是由著名大学的教授担任会长。审议的过程宽松开放，审议的结果供政府决策参考，如果与政府的意见相一致，算是有了充分的论证和依据；如果出现不同意见，也有专家的意见顶在前面，这样就比较柔和。

---

① 比如说，国资委一直推行为中央企业招聘副总经理，这实际上是办了董事会的事，正好反映了代理人的缺位。再如，在中央企业中引进了外部董事，但多为其他国企退休老总，在结构上还需要调整。

② 因为马上就有人选择了“USA911”、“BTV001”、“IBM001”等等，真是让人忍俊不禁。

3. 关于舆论监督

关于群众监督和舆论监督，现在比30年前有了重大的变化——通过互联网，人们可发表自己的意见，结果影响了政府的决策。一个最典型的例子就是厦门市PX项目的决策，由于人们通过网上呼唤以"散步"的方式表达对政府决策的不同意见，使得政府采取了对话的方式直接与群众代表以及专家交流，结果取消了原来的决定。政府把钱还给了台商，得到了群众的拥护。这是中国政府与民众互动实现现代科学民主决策的成功案例，是走向"学习型社会"的可喜探索。

当然，中国真正实现经济民主还有很长的路要走，因为我们是从几千年的封建主义历史中脱胎而来的，"父母官"、"长官意识"还根深蒂固。在一些官员的心中，"为人民服务"仅仅是一块金字招牌而已。

五、简短的小结

通过以上讨论，我们可以得出以下一些认识：

(1) 也许人们特别深刻地记得蒋一苇先生的"企业本位论"，但是，"经济民主论"才是蒋一苇先生"三论"的总论。"经济民主论"包括企业内部、企业之间以及企业与政府的关系。

(2) 企业之间的民主是要形成不同层次的联合体。现在政府依然做了许多应该由企业自己来办的事情。

(3) 国家与政府不仅要当个"好老板"，更要当个"好婆婆"。国家与政府当个"好婆婆"的关键是决策民主化和决策科学化。决策民主化是决策科学化的前提，没有民主化，就没有科学化。

参考文献：

[1] 蒋一苇：《我的经济改革观》，经济管理出版社，1993年版。

[2] 蒋一苇：《论社会主义的企业模式》，经济科学出版社，1989年版。

[3]《改革》杂志社编：《生命不息，奋斗不止——纪念经济学家蒋一苇》，经济管理出版社，1996年版。

第 18 篇　2007 年中国企业改革评估[①]

2007 年，企业改革取得重要进展，成就显著。随着三九并入华润，中央企业减为 151 户；[②] 中央企业预计实现利润接近 1 万亿元，同比增长 30%以上；16 家中央企业跻身世界 500 强，其中不乏宝钢、中建这样的竞争性行业企业；近 70%的央企实现了股权多元化，公司治理结构日趋合理；[③] 2007 年一年融资 8300 亿元，接近 1990 年到 2004 年 14 年融资的总额；[④] 等等。

一、2007 年的主要成就

2007 年主要表现在国有企业改革继续深入、改革提升管理、改革环境进一步完善等方面。[⑤]

（一）国企改革力度加大

2007 年国有企业改革力度进一步加大，经营机制转换成效更加明显，主要表现在以下一些方面：

1. 股份制改革步伐加快

2007 年以来，中央企业抓住资本市场快速发展的有利时机，加快整体上市和回归 A 股市场步伐：9 家企业实现了境内外首次公开发行股票并上市；中国中铁实现了主业资产整体上市；6 家企业 H 股回归 A 股；鞍钢股份、中国船舶等 12 家企业境内增发、配股。

① 本文是为《2008 改革评估报告》所写的《第二章　企业改革》。

② 叶勇：《并入华润三九退出央企序列》，《上海证券报》2007 年 12 月 25 日。

③ 白天亮：《风帆正举看国企》，http：//www.sasac.gov.cn，2007 年 12 月 20 日。

④ 陈建军：《融资额突破 8300 亿　沪深股市急速扩容》，《上海证券报》2007 年 12 月 26 日。

⑤ 本节主要参见李荣融在国资委会议部署 2008 年工作的讲话，中国国企改革网，2007 年 12 月 18 日；孙汝祥：《2007 年国资国企改革 8 大热点》，《上海国资》2007 年 12 月 18 日。

2007年已成为央企整体上市元年。进入2007年以后，中国船舶、东方电气等通过资产注入的方式实现整体上市，拉开了央企整合的帷幕。2007年4月6日，葛洲坝公告，拟通过换股方式吸收合并控股股东葛洲坝水利水电工程集团有限公司，实现实际控制人中国葛洲坝集团公司主业资产的整体上市。目前，已基本完成整体上市的行业有钢铁、航空、航运和煤炭。根据wind资讯统计，2007年共41家上市公司发起涉及大股东注入资产的方案，13家公司完成整体上市。①

2007年诸多海外上市的大型国企纷纷踏上了回归A股的路程。中国铝业、中国远洋、中国石油、中海集运、建设银行、中国银行、中海油服、中国神华、中石油等海外蓝筹批量回归，使A股市场结构进一步完善。与此同时，中国中铁、中国太保则尝试了“先A后H”的模式，这被认为更有利于维护A股市场的话语权。②

2. 多种形式重组整合，积极构筑竞争优势

2007年共有13家中央企业参与7次重组。例如，国投对中包公司及下属企业的破产重组改制，诚通集团对中唱公司及下属企业的托管重组改制，都取得了积极进展；宝钢重组新疆八一钢铁、武钢重组云南昆钢、中国建材联合重组部分地方水泥企业，扩大了企业规模，优化了资源配置；中铝公司收购云南铜业部分股权，实现了强强联合，增强了竞争优势。

中央企业积极实施“走出去”战略。例如，鞍钢收购澳大利亚金达必公司，中铝公司收购秘鲁铜业和开发澳大利亚奥鲁昆铝土矿项目，中冶集团收购阿富汗铜矿，中国五矿与俄罗斯北方钢厂签署战略合作框架协议，南航、国航先后加入天合联盟和星空联盟，等等。央企配置全球资源、拓展海外市场步伐加快，国际化经营水平进一步提高。

另外，2007年年底之前，上汽与南汽的整合终于告一段落。③本钢集团200亿资产整体并入鞍钢转换为辽宁国资持有鞍钢33%的股权，也是对中央与地方企业成功合并的可喜探索。④

3. 中国投资公司挂牌成立

经国务院批准，中国投资有限责任公司2007年9月29日在北京宣告成立。中投公司是依据《公司法》设立的、从事外汇资金投资管理业务的国有独资公司，注册资本金2000亿美元。公司的经营目标：一是以境外的金融组合产品为主，开展

① 周羽中：《央企引领风尚，整体上市在规范中快速发展》，《上海证券报》2007年12月28日。
② 王潞：《“先A后H”应更注重A股市场话语权》，《上海证券报》2007年12月28日。
③ 薛凌：《“大上汽”下线中国汽车驶入整合记》，《中国经济时报》2007年12月31日。
④ 张向东等：《辽宁国资持股33% 本钢有望整体并入鞍钢》，《经济观察报》2007年12月24日。

多元投资，提高外汇资产的长期收益；二是向国内金融机构注资，依法履行出资人代表职责，实现国有金融资产的保值增值。中投公司将强化风险管理，建立分级授权的决策机制、有效的内控体制和风险管理体制，监控和管理市场风险、信用风险、流动性风险和操作风险；按照国家财务制度，实行审慎的会计制度。中投公司成立后，汇金公司作为全资子公司将继续发挥国有金融机构国有股份持有人和注资平台的作用。

4. 军工企业上市破茧

2007 年 11 月 15 日，国防科工委出台了《军工企业股份制改造实施暂行办法》、《中介机构参与军工企事业单位改制上市管理暂行规定》，这意味着军工企业股份制改造中整体上市"瓶颈"被打破，同时也意味着"剥离军品后民品上市"的改革思路已经改变，为军工企业整体上市扫清了障碍。此次《暂行办法》有以下几大亮点：一是按 4 种类型实行改制。鼓励境内资本以及有条件地允许外资参与的军工企业改制；二是国有控股境内上市公司可收购重组军企；三是本土券商可能独享军工企业改制盛宴。此后不到半月，西飞国际定向增发获得证监会的批复，注入了西飞集团飞机总装等资产后的西飞国际成为国内首家实现核心资产整体上市的军工类上市公司，此举对军工企业整体上市具有"里程碑"式意义。

（二）改革提升管理水平

改革的深入促进了企业管理水平的提升，主要表现在：

1. 董事会试点取得积极进展

19 家试点企业各项工作有序推进，17 家企业的外部董事达到或超过董事会成员的半数，3 家企业进行了外部董事担任董事长的探索，绝大部分董事履职良好。实行了董事会年度工作报告制度，初步建立了外部董事人才库。一批中央企业借鉴董事会试点办法，向二、三级企业派出董事、监事，规范董事会运作，取得了较好效果。

2. 突出主业，加快重点行业和关键领域发展

2007 年 1~9 月份，中央企业主业投资比例达到 97.8%，比去年同期提高 0.5 个百分点。石油石化企业投资重点用于油气勘探开发、增加油气地质储量和油气生产能力；电信企业投资主要用于电信基础网络的建设、补充、完善和优化；电力企业加强电网和电源等主业项目建设，新能源建设规模进一步扩大，在新投产容量中，60 万千瓦及以上火电机组容量占 73.2%；华润集团逐步从石油产品经销和钢铁业务中退出，主业更加清晰，竞争能力稳步提高。

3. 深化企业内部三项制度改革取得新进展

2007 年，有 22 家中央企业的 22 个高管职位面向海内外公开招聘；兵器工业集团大力推进以“考评、用人、激励”为主要内容的“新三项制度”改革；中国海油把收入分配和劳动用工制度改革扩展到存续公司；中国联通面向社会公开招聘 15 个省级分公司副总经理；南航集团公开招聘空乘人员和自费飞行学员，市场化用工改革步伐明显加快。

4. 关闭破产和困难企业重组，脱困工作进入收尾阶段

列入总体规划的 312 家拟政策性破产企业基本完成项目审核工作，进入组织实施阶段；中包公司等 4 家企业整体重组脱困工作取得重要进展，债务重组基本完成；76 家企业上报方案并得到批复，涉及改制单位 5043 个，分流安置富余人员 81.4 万人；分离办社会职能工作稳步推进，共移交中央企业办中小学、公检法机构 2021 个，移交在职人员 9 万多人，退休教师近 5 万人，每年减轻企业负担 48.7 亿元。

（三）改革环境继续改善

企业改革环境进一步得到改善，包括法律的健全与制度的创新等。

1. 国资经营预算开始实施

2007 年 5 月 30 日，国务院常务会议决定从 2008 年开始在中央本级试行国有资本经营预算，此举意味着热议多年的国有资本经营预算制度进入实施阶段。2007 年 9 月 8 日，《国务院关于试行国有资本经营预算的意见》发布。中央本级国有资本经营预算从 2008 年开始实施，2007 年进行国有资本经营预算试点。各级财政部门为国有资本经营预算的主管部门，各级国有资产监管机构以及其他国有企业监管职能部门和单位为国有资本经营预算单位。

财政部正在会同国资委等部门研究制定《企业国有资本收益收取管理暂行办法》和《国有资本经营预算编报办法》。央企国有资本收益将按“适度、从低”原则，分 3 档上缴财政部。其中，石油石化、电信、煤炭、电力、烟草 5 个行业的上缴标准为税后利润的 10%，科研院所和军工企业 3 年内暂时不上缴，其余央企均按 5%的标准上缴红利。

2. 国有股转让可循新规

2007 年 7 月，国务院国资委、中国证监会公布了《国有股东转让所持上市公司股份管理暂行办法》、《国有单位受让上市公司股份管理暂行规定》和《上市公司国有股东标识管理暂行办法》3 个政策性文件，对国有单位转让和受让上市公司的方式、定价原则、审核程序、转让或受让方资格、协议签订、价款支付等方面作了规

范性要求，并明确了相关各方的责任。今后，国有控股股东在连续 3 个会计年度内通过证券交易系统，累计净转让股份的比例未达到上市公司总股本的 5%且不涉及上市公司控制权转移的，可由企业按内部决策程序自主决定；超过 5%或者虽然不超过 5%但会造成上市公司控制权转移的，需报经国有资产监督管理机构审核批准后实施。国有股东协议转让上市公司股份，原则上应通过证券交易所公开股份转让信息，广泛征集受让方。国有股东协议转让上市公司股份的价格应当以上市公司股份转让信息公告日前 30 个交易日每日加权平均价格的算术平均值确定，但不得低于该算术平均值的 90%。

上述三个办法是一个有机联系的整体，一并构建起了对国有股东所持上市公司股份进行动态监管的制度体系，且体现了自主性、可控性、差异性、市场化和公开化原则。

3. 央企开始第二任期考核

2007 年 11 月 2 日，国务院国资委召开中央企业负责人第一任期经营业绩考核总结表彰大会，总结中央企业负责人第一任期（2004~2006 年）经营业绩，部署第二任期（2007~2009 年）工作重点，签订首批第二任期经营业绩考核责任书。中央企业在第一任期的 3 年中，圆满完成了业绩考核任务。纳入第一任期考核的 147 户企业，97.96%的企业完成了考核目标。考核结果为：A 级企业 32 户，占考核企业户数的 21.77%；B 级企业 67 户，占 45.58%；C 级企业 45 户，占 30.61%。只有 3 户企业没有完成考核目标，考核结果为 D 级，仅占 2.04%。

中央企业第二任期是提升综合素质和整体水平、实现质的飞跃的重要时期。第二任期要努力实现以下目标：一是建立现代企业制度目标基本实现。公司制股份制改革取得突破性进展，一批企业的母公司实现投资主体多元化，具备条件的企业实现整体上市。二是布局结构调整的目标基本实现。中央企业户数调整到 80~100 家，初步形成一批具有自主知识产权和知名品牌、国际竞争力较强的大公司大集团。三是活力和竞争力明显增强。

4.《物权法》加强国资保护

2007 年 3 月 16 日在十届全国人大五次会议上通过并于 10 月 1 日起实施的《物权法》是市场经济的基本法典。在法律文本中，公有制经济、国有资产、国有经济、国有企业等概念的频繁出现，彰显了这部基本大法对国资工作的重视程度和重要意义。《物权法》明确了国有财产的归属："法律规定属于国家所有的财产，属于国家所有即全民所有。"法律还规定了哪些具体的财产种类属于国有财产，防止因归属不明确而造成国有财产流失。《物权法》还强调"国家所有的财产受法律保护，禁止任何单位和个人侵占、哄抢、私分、截留、破坏”。

此外，《物权法》明确了造成国资流失的法律责任追究制度规定：“履行国有财产管理、监督职责的机构及其工作人员，应当依法加强对国有财产的管理、监督，促进国有财产保值增值，防止国有财产损失；滥用职权、玩忽职守造成国有财产损失的，应当依法承担法律责任；违反国有财产管理规定，在企业改制、合并分立、关联交易等过程中，低价转让、合谋私分、擅自担保或者以其他方式造成国有财产损失的，应当依法承担法律责任。”

二、目前面临的难点与问题

尽管 2007 年改革取得了显著的成绩，但也仍然存在一些问题，主要是治理结构、基础管理以及认识上的偏差等等。

（一）治理结构仍需改进

随着股权分置改革的基本完成，中国公司治理的法规和制度的完善大大推进了中国上市公司向国际公司治理水平看齐。目前主要的问题是：[①]

1. 权责还不到位

研究发现，股东在公司重大事项表决权和在董事、监事和独立董事提名权的问题上，中国上市公司 100 强仍有较大的改进余地。从调查的结果看，仍有 42%的上市公司没有落实股东大会对重大事项的表决权。绝大部分上市公司 100 强都给股东的董事、监事和独立董事的提名权设立了更高的门槛，只有 21 家上市公司符合国际惯例。

在董事会运作方面，上市公司董事会的状态离积极的、战略型董事会的要求还有很大距离。董事会的会议次数和出席率都不令人满意。对于那些不足以提请股东会决议而又不能放权给经理人的事项，在董事会自身缺乏主动作为的情况下，股东行使提议召开董事会临时会议的权力就变得十分重要。中国《公司法》第 111 条的规定是持股 10%以上的股东有权提议召开董事会临时会议。对此，71%的中国百强上市公司在其章程中做出了与《公司法》完全相同的规定，没有发现哪家企业向前迈进了一步，降低一点对股东提议召开董事会临时会议所需持股比例的限制。而降低股东通过提议召开董事会临时会议来参与公司治理的持股比例限制，在股改完成、股票逐步全流通、股权逐步分散化的情况下，变得日益重要。

① 鲁桐：《中国公司治理史上的 2007 年》，http：//www.sina.com.cn，2007 年 12 月 17 日 。

2. 公司治理水平分化

随着时间的推移，上市公司治理水平出现了分化的趋势。在 2007 年市值最大的 100 家公司中，综合治理评分竟然有 30 分的差距。这一趋势意味着，中国上市公司的公司治理水平提升逐渐在从一种完全是迫于监管压力的“强制性制度变迁”过程，转变为一定程度上源自市场压力的、企业自主性的“诱导性制度变迁”过程。我们要相应地调整今后改进公司治理的“政策基调”，不必再过分依赖强制性的具体措施和治理机制安排，逐步增加示范性和可选择性的制度安排；清理有关公司治理的法律和法规中一些僵硬的已经不合时宜的教条和框框，给企业自主性的公司治理改进和创新行为留出更多空间。有关立法和监管机构，也要在其作为“防止、限制和指令”者的同时，担负起保驾护航的角色。

3. 国有垄断性企业的治理问题

在分类比较中，公司治理水平差异显著性最大的是“国有垄断性行业”企业和其他行业企业。22 家属于军工、电网电力、石油石化、电信、煤炭、民航和航运等国家要控股的七大行业中的企业，治理水平平均分比这些行业以外的企业低 3 分；最高分低于其他行业，最低分高于其他行业，也显示出这些行业内企业同受较强的“国有属性”控制而表现不会“太坏”；又因为同享较高的“国有垄断”好处，缺乏市场压力，而不会积极改进，难于表现“太好”。更有效率地配置国有资本，降低单体企业中的国有股权比重，以及打破以国有身份进行的行政性的行业垄断，也许不仅仅是进一步提升中国公司治理水平的要求，也是提高整个中国经济的竞争质量和运行效率的要求。

（二）仍需夯实基础

国有企业特别是中央企业必须提升管理水平，夯实基础。[①]

1. 部分企业盈利基础不牢固

部分中央企业集团内部发展不均衡，利润集中于少数子企业。2007 年 1~11 月份，在累计实现利润超过 5 亿元的 86 家企业集团中，有 43 家盈利额的一半以上来自于所属的 1 户二级子企业；52%的二级子企业实现利润占整个集团利润总额的比重不足 5%；所属二级子企业亏损面超过 50%的企业集团有 16 家。部分企业主业盈利能力下降，75 家企业主营业务利润率低于去年同期。中央企业新增利润中，非经常性收益占 31.2%。

---

① 李荣融：《在国资委会议部署 2008 年工作的讲话》，中国国企改革网，2007 年 12 月 18 日。

2. 部分企业偿债风险加大

2007 年 1~11 月份，中央企业资产负债率同比上升的有 65 家，负债增长高于资产增长的有 69 家，资产负债率高于 75%的有 44 家；流动比率为 104.3%，同比下降的企业有 76 家；速动比率为 78.7%，同比下降的企业有 66 家。少数企业过分依赖银行贷款扩大经营规模，短贷长投，加大了财务风险。

3. 部分企业预算管理有待加强

有的企业预算缺乏科学性，预算目标较为保守，甚至半年完成全年预算目标，难以发挥预算的引导作用。有的企业安排投资、筹资和成本费用预算不合理。18 家企业固定资产投资预算 70%以上依赖贷款；91 家企业成本费用预算增长超过收入增长；86 家企业利润预算下降，但工资预算仍较快增长。有的企业财务风险预算控制意识淡薄，有 74 家企业预算资产负债率高于去年。

（三）认识上的偏差

在存在的问题中，认识上的偏差是更值得重视的。①

1. 改制是目标还是手段

众所周知，美、日、德、英、法等国家之所以强大，重要的原因之一就是这些国家拥有一批在全球范围竞争力强劲的国际型大企业。因此，我们调整国有企业战略布局、深化企业产权制度改革，应是围绕提高中央企业国际竞争力开展的工作，是服务于提高中央企业国际竞争力的，它们本身不应该是目标，而是达到目标的手段。同样，现在时兴的通过改制整体上市等也是手段，但是不能当成追求的目标。因此，要防止跟风现象，防止出现国有企业不论条件、不论目标一窝蜂上市的局面，防止为了上市而上市的情况发生。

2. 做大与做强

目前，要增强国有企业竞争力就要扩大企业规模似乎成为一种流行的见解，但是，这种认识也有似是而非之处。首先，并非所有的大型企业都必然有国际竞争力，许多企业的国际竞争力衰弱正是因为规模太大。例如，20 世纪 90 年代末东南亚金融危机爆发后，韩国大企业“大马不死”的神话破灭了。20 世纪 90 年代后期，欧美一些跨国公司也争相精简规模，增强竞争力。前不久，世界最大的制药企业美国辉瑞公司宣布了涉及万人的裁员计划。摩托罗拉公司也宣布，2007 年上半年在全球裁员 3500 人以节省成本 4 亿美元。从 2007 年起，通用汽车将削减 90 亿美元的

---

① 李跃平、赖海榕、张志跃、刘承礼：《当前中央企业改革与重组过程中应该注意的几个问题》，http：//www.chamc.com.cn，2007 年 12 月 12 日。

结构成本。

其次，目前有竞争力的国际大型企业，其规模之“大”，大在国际布局。比如，诺基亚的总部虽然设在芬兰，但诺基亚在芬兰的资产和业务并不大，它在全球有广泛的布局，这个布局帮助它战胜了很多其他总部设在国内、资产和业务比诺基亚大的手机制造商。没有国际布局，或者国际布局少、小、薄弱，这样的企业，即使从资产总量、员工数量、国内市场份额上看规模很大，也很难说有国际竞争力。因此，看规模的大小，还要看国际布局的面向，缺乏国际布局的国内大型企业，其国际竞争力恐怕不如从国内看规模较小但有较多国际布局的企业。

目前，国有企业常以进入世界 500 强而自豪，实在进入不了，又创造出一个中国企业 500 强。实际上，在世界 500 强里，有 16 家亏损企业，资产是负资产。全球 500 强中有 9 家所有者权益为负值的企业“荣登”强者之列。而在今天的中国 500 强里，同样也有 16 家企业亏损。因此，企业规模与企业国际竞争力之间决不能画等号，提升企业的国际竞争力绝非把企业规模做大这么简单。我们要十分注意在重组中央大型国有企业过程中，防止不加区别以合并企业扩大规模来增强企业国际竞争力的做法。

3. 改革的形式与实质

经过几年的努力，目前中央企业的现代企业制度建设在形式上取得了很大的成绩。但是还有许多中央企业的现代企业制度建设没有取得实质上的进展，现代公司治理结构还没有建立起来，有效的激励机制没有建立起来，产权没有适当的多元化，也没有引入战略投资者；已经初步建立现代企业制度框架的中央企业，有关的制度还很不完善，仅仅处于初始的阶段。实际上，机制问题上的隐忧比规模问题上的隐忧更大，在激烈的国际国内竞争面前，机制落后的企业会首先被市场淘汰，而不是规模较小的企业被淘汰。

4. 政府主导与企业自愿

应该在尊重市场规律的基础上主导中央企业的改革与重组。如果设定重组的数量指标，往往就会造成在实际执行过程中为完成任务而强制执行的局面。这样是否有利于中央企业竞争力的提高，似乎大有商榷的余地。国有企业存在级别，官本位现象还时有发生，中央国有企业表现更为明显。一些管理层担心自己的企业被国资委边缘化，就走向了资产重组的历程，可以很清楚地看到存在“管理层投靠大山”的迹象，这在一定程度上并没有反映产业结构调整和资源优化配置的出资人利益和企业利益，更确切地说反映了管理层的利益。中央企业的重组在某种程度上成为企业之间管理层谈判的砝码。

应该看到，发达国家的行业向少数企业集中是市场竞争优胜劣汰的结果，并非国家机器——政府权力指定的后果。事实上，除韩国、日本的龙头企业在崛起过程中政府的作用较大外，欧洲、北美的大多数龙头企业都是在市场竞争中存活下来并发展壮大的。所以政府在主导中央企业的重组时，应该在尊重市场规律的基础上进行重组，行政手段应该是辅助性的。另外，发达国家的行业集中局面是长期历史演变的结果。在一个行业里，稳定的3~5家龙头企业的形成，少则经历半个世纪，多则经历100多年。我们要在3年的时间里走完其他国家几十年、上百年的道路，是否可能，值得思考；如果强制走完，不但难以达到既定的目标、实现预期的效能，而且是否会产生难以预料的负面效果，值得十分谨慎地思考。

另外，关于集团整体上市，有的专家认为存在着认识上的差异，一种概念是主营业务上市，另一种是集团法人的整体上市。现在主要是前者，而真正意义的整体上市应该是后者。①

三、未来的展望

在对2007年改革评价的基础上，对今后的改革趋势特别是对2008年也可以进行某些推测。②

（一）深入推进中央企业改革发展

1. 推进中央企业公司制股份制改革

积极引进民营、外资等各种所有制经济参与中央企业股份制改革。鼓励支持中央企业在境内外上市，具备条件的实现整体上市；不具备整体上市条件的，逐步把优良主营业务资产注入上市公司。

2. 推进中央企业董事会试点工作

扩大董事会试点户数和范围，按照超过半数的要求配备试点企业的外部董事，继续进行外部董事担任董事长的探索。建立健全董事会运作的各项规章制度，推进董事会选聘经理人员试点工作，逐步落实董事会选聘、考核、奖惩经理人员的职权。继续抓好董事培训，进一步拓宽外部董事来源渠道，创新外部董事选聘机制。

3. 推进中央企业重组调整

进一步落实《关于推进国有资本调整和国有企业重组的指导意见》，积极研究中

① 袁名富：《资产注入与整体上市：精彩与遗憾并存》，《中国经济时报》2007年12月24日。
② 李荣融：《在国资委会议部署2008年工作的讲话》，中国国企改革网，2007年12月18日。

央企业调整重组和资源整合的方案。采取多种措施，鼓励和推进中央企业非主业资产剥离重组。加快组织实施中央企业政策性关闭破产，2008 年 6 月底以前完成。

2008 年国资委将会继续鼓励符合条件的中央企业，选择适当时机，以适当方式，实现集团整体改制上市；同时鼓励中央企业根据公司内部各主业板块发展实际，在主营业务突出、板块归属清晰的基础上，实现以单一板块或分板块整体上市。国资委在把握央企并购重组的方向方面，主要考虑的是：并购活动应符合国家产业政策；无论买入还是卖出，并购都应有利于企业做大做强主业；并购有利于企业发挥整体优势。至于并购形式，今后应以股份制为主，不采取划拨制，根据不同情况区分为绝对控股、相对控股、参股等。

（二）继续做好国有资产监管的各项工作

1. 进一步完善国有资产监管法规规章体系

国资委将配合全国人大、国务院法制办研究起草《国有资产法》，研究起草贯彻实施《公司法》和《物权法》的配套规章，指导中央企业规范行使股权，平等保护物权；研究起草国有资本经营预算、重大资产损失责任追究等规范性文件。

2. 进一步加强业绩考核

在保持考核办法基本稳定的基础上，细化有关规定，完善考核体系。2007 年纳入国资委考核的 138 家企业中，有 84 家选择了经济增加值（EVA）考核指标，部分董事会试点企业也开始采用经济增加值考核。从第三任期开始，要全面推行经济增加值考核。

3. 进一步完善企业国有产权管理

积极探索建立混合产权管理的有效模式，监管重点向上市公司国有股份转移，加强国有控股股东行为管理，确保中央企业所持上市公司股份有序流转和上市公司重大资产重组行为规范运作；加强境外国有产权管理；积极推动国有产权交易立法工作；充分利用现代信息技术手段实现对产权交易、上市公司国有股份流转的动态监测。

4. 进一步完善出资人财务监督体系

继续加强财务预决算管理，做好财务状况的分析监测和财务风险的评估预警；推动中央企业全面执行《企业会计准则》，及时研究解决新准则执行过程中的问题；强化审计监督，深入开展经济责任审计，组织实施中央企业所属重要子企业、境外子企业、特殊业务的财务抽查审计，建立总会计师履职情况评估制度；开展资产损失责任认定和追究工作；选择部分企业进行试点，探索建立财务信息公开制度。

5. 加强和完善监事会当期监督

2007 年是监事会实行当期监督的第一年，通过建立制度框架，改进监督工作方法，取得了积极进展。2008 年要进一步加强日常监督，及时掌握企业重要经营管理活动情况，提高监督时效。加强对重点监督企业、重要经营管理活动、重大决策及其程序合法、合规性的监督，维护出资人权益。

（三）2008 年中央企业要做好的主要工作

对于 2008 年的工作，有关负责人明确提出了包括节能减排、自主创新、社会责任等方面的内容。与改革有关的方面是：①

1. 推进机制创新，进一步增强企业活力

要加快公司制股份制改革，积极引入战略投资者，推进产权多元化。已经实现部分资产上市的企业，要通过增资扩股、收购资产等方式，把优良主营业务资产逐步注入上市公司，实现整体上市。董事会试点企业要完善规章制度，规范董事会运作，充分发挥董事会的作用。

2. 优化结构，进一步提高资源配置效率

要拓展全球视野，树立大局观念，从国际产业结构调整和国有经济布局结构优化的全局，研究企业战略定位，把握调整重组的方向和步骤。围绕做强做大主业、增强核心竞争力，积极开展强强联合、上下游整合等多种形式的并购重组。有政策性破产任务的企业，要层层建立破产工作责任制，与地方政府建立推进破产工作、维护企业稳定的联合工作机制，切实维护职工合法权益。

3. 强化管理，进一步提高集团控制力

要切实管好人、管好账本，创新集团管理模式。加强战略管理，科学制定和适时调整企业发展规划。建立健全内控体系，切实把好对外担保、应收账款、债务等风险管理关口。强化对子公司重大事项的管控，加强对二、三级企业和项目单位的监督检查，确保集团公司的管理理念、管理方法得到贯彻落实。

4. 稳妥启动中央企业国有资本经营预算工作的问题

《国务院关于试行国有资本经营预算的意见》和《中央企业国有资本收益收取管理暂行办法》均已下发，中央企业向国资委申报国有资本收益，由国资委审核，财政部复核，国资委向中央企业下达收益上交通知。国有资本收益主要用于国有企业的资本性支出、国有经济结构调整、弥补改革成本、解决历史遗留问题。2008 年的预算编制要考虑国有资本经营预算收支因素。

① 李荣融：《在国资委会议部署 2008 年工作的讲话》，中国国企改革网，2007 年 12 月 18 日。

5. 对国有资产分类管理的突破

本来，所谓的“国有资产”有狭义与广义之分，狭义的只是指国有资本，广义的则包括各种形态的资产。因此，现在的国资委只是管理着部分国有资本。2008 年，国有资产管理将继续向广义的概念扩展。特别是上海市把国有资产分成四类，并有针对性地提出了管理办法：①

第一类是以经济利益为导向的一般竞争经营性国有资产，对国资不具有优势的领域将加快退出，一些中小国有企业将采取出售、转让、嫁接等方式鼓励社会资本介入；

第二类是以竞争优势为导向的战略经营性国有资产，特别是支柱产业的国有资产，在确保绝对或相对控股的基础上，尽快明确主业；

第三类是不以盈利为导向的非经营性国有资产，如文教科研、卫生体育等领域的国有资产，一方面保证其正常功能发挥，另一方面通过市场化方式剥离其经营资本，鼓励社会资本参与投资；

第四类是以社会公益为导向的政策经营性资产，如水、电、煤、气、路桥、管网、公交等领域的政府投资企业，将采取产权多元化予以保留。

实际上，随着中国人保、辽宁出版传媒的上市，资本市场的道路越走越宽广。京沪高速铁路股份公司实现了中央与地方、铁路与保险甚至于社保基金的混合，这又开拓了更广泛的领域。② 既然《物权法》已经明确规定：国家出资的企业，由国务院、地方人民政府依照法律、行政法规规定分别代表国家履行出资人职责，享有出资人权益，那么，这种“分别代表”模式已经扫除了中央与地方企业合资的政策法律障碍。

总之，2008 年企业改革的继续突破可能方面在于：

第一， 企业化、公司化、公众（上市）化的领域继续扩大；

第二，通过股权交易的方式进行规范化企业重组的趋势更加明显；

第三，中央与地方企业合资更加顺畅。

参考文献：

[1] 李荣融：《在国资委会议部署 2008 年工作的讲话》，中国国企改革网，2007 年 12 月 18 日。

① 丁波：《上海国资在流动中求突破》，《解放日报》2008 年 1 月 6 日。

② 于祥明、索佩敏：《京沪高铁公司创立平安　携 160 亿险资入股》，《上海证券报》2007 年 12 月 28 日。

[2] 白天亮:《风帆正举看国企》, http: //www.sasac.gov.cn, 2007 年 12 月 20 日。

[3] 李跃平、赖海榕、张志跃、刘承礼:《当前中央企业改革与重组过程中应该注意的几个问题》, http: //www.chamc.com.cn, 2007 年 12 月 12 日。

[4] 高建锋:《央企并购重组将以股份制为主而不是划拨制》,《中国证券报》2007 年 11 月 27 日。

[5] 孙汝祥:《2007 年国资国企改革 8 大热点》, http: //www.jrj.com, 2007 年 12 月 17 日。

[6] 鲁桐:《中国公司治理史上的 2007 年》, http: //www.sina.com.cn , 2007 年 12 月 17 日。

[7] 丁波:《上海国资在流动中求突破》,《解放日报》2008 年 1 月 6 日。

[8] 薛凌:《"大上汽" 下线中国汽车驶入整合记》,《中国经济时报》2007 年 12 月 31 日。

[9] 周羽中:《央企引领风尚, 整体上市在规范中快速发展》,《上海证券报》2007 年 12 月 28 日。

[10] 袁名富:《资产注入与整体上市: 精彩与遗憾并存》,《中国经济时报》2007 年 12 月 24 日。

[11] 王潞:《"先 A 后 H" 应更注重 A 股市场话语权》,《上海证券报》2007 年 12 月 28 日。

[12] 陈建军:《融资额突破 8300 亿 沪深股市急速扩容》,《上海证券报》2007 年 12 月 26 日。

[13] 叶勇:《并入华润三九退出央企序列》,《上海证券报》2007 年 12 月 25 日。

[14] 于祥明、索佩敏:《京沪高铁公司创立平安 携 160 亿险资入股》,《上海证券报》2007 年 12 月 28 日。

第 19 篇　国有企业改革评论[1]

国有企业的特征是多重维度的关系。

第一，我们做国有企业的治理结构，我觉得好像有点东施效颦。我们将这个套到一般的企业上去，行不行？如果我们瞄准的企业是世界 500 强，最大的区别就是世界 500 强是一个倒三角形的，上面有很多的股东，下面是分公司。而我们是正三角形的，上面是一个国家，这点结构非常像日本的家族企业，再怎么变也改变不了这个情况。整体上市的概念是含糊的，似乎成了一个倒三角形，其实不是，是经济资产上市了，代表的是国家的利益。这是第一点心得。

第二，内部人和外部人的关系。无论美国的上市公司还是中国的国有企业，如果是讲到全民所有制，国有企业是一个非常弱的所有者，全体老百姓民意上是所有人。但是国有企业政府有时候是一个非常强势的政府，因此国有企业的特征是一个很弱很弱的全民，加上看似有时候很强大的政府，内部人控制依然照旧，这在一把手体制上非常明显。

关于外部控制和内部控制，我觉得应该探讨一下。董事恰恰是内部控制和外部控制的结合点。因为董事是代表所有者的，进入企业内部，你不能够说是外部的，也不能说是内部的。因此，应该把这个结合点再明确一下，把职责明确一下。这是我第二点心得。

第三，独立董事要代表中小企业的利益，特别要独立于经营者的利益。从这一点来看，我们的外部董事，关键一点能不能够也是独立于经济运营，必须具有独立的人格来起到这个作用。我讲了我们的外部董事，国有企业外部董事概念关键是必须要独立于经营者的利益。你起到这个作用没有，你有没有独立的人格？我们的外部董事具有一定的外部性，但是独立性很差。

第四，关于公司治理模式。日本的监事是以个人为基础进行决策的，最后检查

① 这是 2008 年 1 月 16 日在国有企业改革与发展论坛上的讲话。

权既有股东大会的召集者，也有诉讼公司的代表者，没有监事会。中国学日本似乎学得不像。现在的问题是，有了独立董事，为什么没有监事会？我认为这是两个概念。董事主要是负责决策，获得利益的前锋，而监事的职责是作为后卫，不要触犯法律。

第五，关于外部董事会和外部监事会跟国有企业的关系。我想这一点还是应该回到刚才提到的，是不同层次的责任问题，也就是我们一般的董事是负责的经济利益，追求经济的目标，而外部董事会的独立要负责和谐，要调整多方面的利益关系，要负责社会责任，这是道德层次的东西。监事就是负责法律。

第六，董事与经理人。关于央企招聘副总经理之上的经营者，在这个问题上意见非常对立。学者认为，这样做国有资产管理委员会不愿意，这是我自己的看法。本来说是两种人的分离，应该非常明确，当时如果有钱的是财东，管事的是掌柜，当时就分离了。现在企业的治理结构归根到底是“瞎子背瘸子”的结构，这和国足请外国人做教练是一样的道理。

第七，对外部董事会的来源，我们国有企业搞的是外部大企业下台的人，一半是政府背景的人，一半是企业家，要求董事会的成员既能跟政府打交道，又能是经营者，我们提出来民营企业、外部企业、专家等等。归根到底在这个里面，专家学者重视不够，我们要求外部董事具有独立性，独立性可不可以考核？我认为也很简单，你做了哪些独立的东西，你干了什么独立的事情，当然可以考核。不过，我要说清楚，我们现在上市公司的独立发挥作用也是有限的，一个人有没有独立性这点是可以考核的。

第八，我们国有企业归根到底是有级别的，在很早以前我们的试点就是说，要求当时写的意见，要求国有企业的董事长是部级、总经理是部级（音）。我们股份制或者市场经济企业的原则，跟我们传统的行政体制原则是格格不入的，那不行。

第九，挑选董事的程序。在美国那么大分散的股东结构中，怎么去挑选董事呢？不挑选了，委托一个有名的咨询公司让它们挑选，把咨询公司的名誉压那里。

第十，考核。我觉得国有企业尤其是私有企业，必须要增加考核性。我们现在有的网络经济，就更应该全体所有，在网上评议，学一学厦门 PX（音）事件。

第十一，关于激励。给多少钱？给少了不行，给多了也不行，主要是无形资产的投入，显然不是为了谋生而去。

第十二，关于利润分享制。由于我们有些垄断行业的利润，这点很难实现。

第十三，我们的国有企业是套的《公司法》，这是很有意思的。我们不要太勉强了，在这个套路上不要勉强这个公司。

第十四，关于中央跟地方的合资问题。如果中央企业老是这么叫的话，通过股权交换是可以的。

第十五，关于企业行为分红的问题。美国形成了一种惯例，上市公司是将税后利润的 30%分掉，是这么一种模式；日本按照额定的股份，民营的资本 10%分掉。这都是可以的。

所以，我觉得我们现在要做的事情就是应该规范企业的行为。我用一句话总结我的思想，国有企业的改革这样也好，那样也好，最后要跟谁负责？这个服务对象还不是很清楚。一方面是政府满意；另一方面就是全体人民满意、大众满意。我想如果失去了这个标准，那么你的改革就失去了决心，那样将是非常危险的。

第20篇 旅游饭店管理的双重复合特征

这里旨在对于旅游饭店经营管理的有关方面进行一分为二的分析。

第一，手段性与目的性。旅游饭店在旅游行业中具有独特的功能性，主要是有“住”的功能的同时，也可以有餐饮、健身、会议等辅助功能。这些功能使得饭店既可以独立于旅游业（如当地人的会议、婚庆、宴会等），又可以与旅游其他部门如景点、旅行社、吃、行、购物等有所交叉和密切联系。如果说旅游是目的性消费、睡眠休息在某种程度上只是手段性消费，那么，饭店的消费属性就是手段性消费与目的性消费的双重复合。

第二，支付者与享用者。对饭店服务的客体、客户或消费者进行分解时可以看出，有的来店的客户是自己出钱的单纯的消费者。但是，也有的情况则是分离的，即来店住下的人是某单位请来的客人，个人享用而由单位出钱。换句话说，饭店接待的是客户的客户，这是客户关系管理的一个基础。因此，饭店的消费者可能是单位与个人的双重复合。

第三，一般需求与特殊需求。接下来对享用者再分类。从时间长度看，有的是长期客户，有的是短期客户，其要求、服务内容、价格、结算方式等自然不同。就是一般客户也可以进行分层分析，比如外宾与内宾有所不同，商务旅客与一般旅行团客人有所不同。有的家庭主妇团不习惯传统的六小件，希望按所住期间换成别的方式，等等。总之，不同客户需求不同，必须注意到一般需求与特殊需求的双重复合。

第四，两分法与三分法。这里是指对于客户的时段分析。一般来说，对于饭店客人可以采取来店前、来店中与离店后的三分法。但是，饭店消费与耐用消费品不完全相同，特别是售后服务内容差别较大。因此，我们也可以考虑店内与店外的两分法。当然，这时的店外既包括来店前的宣传、潜在客户调查等，也包括离店后的回访等。因此，客户关系管理也应该是店内与店外的双重复合。

第五，无干扰与全天候。客人住店具有私密性。有的时候需要别人的帮助，多数的时候不希望别人的干扰。因此，客房的服务应该是一种无干扰的服务，同时又应该是随叫随应答和随叫随到的服务。这是一种看不见人的、全天候的隐性服务；这是一种看似无人却有人的服务，是有人与无人的双重复合。

第六，集权式与分权式。管理需要高度的统一，要有严格的纪律。但是，与后台的指挥相比，前台的、一线的服务更加直接。因此，需要注意向一线的倾斜，授权给他们进行灵活、果断的处置，以满足客户细小、层层上报来不及解决的需求。酒店的知识管理也应包括这方面内容。换句话说，所谓的“学习型组织”就是让员工“带着脑袋上班”，而不是单纯地、机械执行制度和命令。管理的艺术是巧妙地处理集权与分权的双重复合。

第七，总经理与总代理。酒店设置有大堂副理，其职能一方面是加强内部管理的需要；另一方面是保证客户服务的质量。比如一个不管部长，就是要随时调度和协调内部资源，以柔性化管理满足客户任何需求。那么，大堂副理的名字是否也应该改为让客户感到更亲切的名字呢？如此看来，总经理也应该是代表消费者客户利益的，总经理是与总代理的双重复合。

第八，内向型与外向型。酒店的某些设施如餐厅、卖场、健身房、游泳池等很可能与客房的能力不匹配，有时经营不饱和，形成负担。而如果这些设施对外开放，又有可能影响对住店客户的服务、质量不保证。完全对内与完全对外是两种极端的模式。有的饭店采取分开区域的办法，保证住店客户的消费环境，利用健身、游泳池等设施给予优惠。总之，酒店设施的功能是对住店客人与非住店客人提供服务的双重复合。

第九，实体化与虚拟化。酒店虚拟经营一方面是指将餐厅、洗衣房、健身房、休闲娱乐等辅助业务和设施外包出去；另一方面是指与旅行社、订房系统、信息机构等结成策略联盟，如与航空公司的相互奖励。这种“内分外合”的策略使得管理渗透到外部。酒店管理是内部管理与外部管理的双重复合。

第十，重有形与重无形。酒店行业所有与经营的分离可能采取引进管理公司的形式。这是因为客户的高度流动性，酒店行业具有跨地区甚至跨国家的网络化性质。管理公司的优势一方面是掌握客户资源，特别是国际旅客资源；另一方面是具有管理经验、制度与诀窍。品牌、信誉等无形资产是有价值的。酒店管理是有形资产管理与无形资产管理的双重复合。

第21篇 组织变革的本质[①]

2007年10月19日，委内瑞拉马罗科科技公司总裁马罗科博士在工经所作了一场关于组织变革的专题报告。现将其报告中的若干观点简介如下：

软理论与软技术。理论的本身是一回事，如何应用又是另外一回事。同样的道理，一项好的技术，也有如何应用的问题。比如，电脑再好，如果没有合适的软件，也就没有了用途。可以把好的理论实践出来的理论称为“软理论”，把好技术应用的技术称为“软技术”。软理论也是理论，软技术也是技术，而且，软理论与软技术是并不被广泛认识的理论和技术。

环境变化的特点。以前，生产力的提高主要靠便宜的劳动力，只要使用便宜的劳动力就能创造出巨大的财富。但是，今天的生产力与知识紧密地联系在一起。以前的财富主要依靠自然资源和原材料，而今天的财富则体现在技术与专利。以前的企业可能受到本土化的保护，而现在的企业则要面对全世界范围内的竞争。这些变化都是以前企业所没有遇到过的。

人与物的结合。企业为了应对环境的改变，需要运用人力与物力资源。但是，在一些组织中往往将二者分开考虑。有的组织偏重于技术网络，比如银行注重发展自动取款机系统，但是，可能会忘记人与技术的关系。有的企业注重员工，但是，可能会忽视新技术的应用。实际上，企业要发展，应该在重视员工的同时采用新技术，改变业务流程。再好的技术与流程也要人去执行。

组织变革的要点。组织变革要求人们改变个人的习惯。在原来的组织结构中，每个人有固定的工作，形成了各自的习惯，新的组织形成新的结构，彼此之间的联系不同了，从而产成了新的效益。组织变革要求人们改变原来的做事方式，学习新的方式。总之，学习型组织要求每个人清楚地意识到改变的必要性。

两种评估机构。企业有每天的日常工作，还必须应对可能的变化。这样就需要

---

① 本文是2007年10月19日委内瑞拉马罗科博士报告的简介。

一方面评估员工完成现有工作的情况，另一方面评估员工的新的发展。为此，组织应该形成两种工作方式或成立两类评估小组，一个是确保公司的运行和做事的方式，另一个就是看出逐步的改变。

从失败中学习。如何认识至今为止发生的事情？那些只能代表过去。就算是太阳每天出来，那也仅仅是过去的事情，明天会发生什么不知道。成功的经验固然可贵，但是，今天的成功不能肯定明天的成功，特别是错误、失败和挫折也是宝贵的财富。

组织再造的步骤。首先，列出原来组织目标的清单，列出原来各个部门之间的联系；其次，列出新的目标；最后，试图列出新的组织战略目标、新的组织结构并让新的组织之间更好地结合。当然，这里需要人与技术更好地结合。

关键在于人的提高。任何改进都需要人的参与，提高员工素质是关键。员工素质分为智力、社交、情感和身体等几个方面。智力也包括做事情的能力，社交属于与他人交往，比如谈判的能力与技巧、接受人们之间的不同认识等等。必须改变人们的行为方式，以适应新的变化。

已经应用的情况。马罗科科技公司已经将上述管理创新应用到委内瑞拉的一些企业中，如在一石油公司实施了 8 年，在天然气公司与银行都有应用。有的企业生产力上升了 7%，有的缺勤率大大降低，有的企业事故率降低了 75%，有的甚至于降低了 100%。实践证明，采取这种办法可以明显地提高企业的生产能力，形成协调力更强的组织和机构，组织的反应更敏捷，能更快速适应环境，创新性更强。

应用的范围。尽管目前已经成功地应用到委内瑞拉的矿产资源等部门，但是，并不能认为这种理论与方法仅仅适合于委内瑞拉的矿产资源领域或国有企业。这是因为任何组织都由人所组成，人总是有共同性的，因此，上述原理也可以应用到任何组织与机构中去。

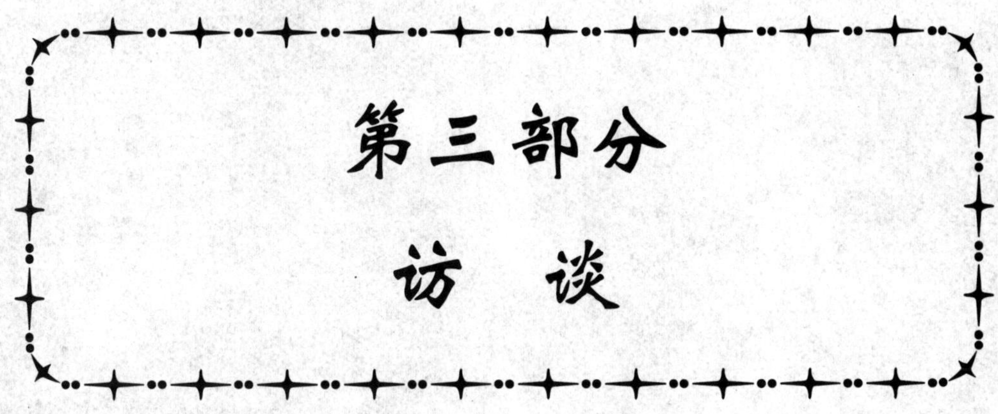

第三部分

访　谈

第 22 篇　铁路运输大发展的时代①

这两年铁路的改革发展速度非常快，越来越成为经济社会发展的重要“引擎”。特别是 2008 年 8 月 1 日京津城际铁路的顺利开通运营，标志着我国拥有了领先目前世界平均水平的高速铁路。“建设和谐铁路，服务人民群众”是铁路提出的发展理念。现在，北京铁路局以科学发展观为指导，正在根据经济社会发展的新要求，大力推进客运工作“上质量、上水平、创品牌”工作，并将其作为一项长期战略任务抓紧抓实。请您结合当前中国经济社会发展状况，联系国际经济危机的影响，谈谈铁路运输服务的现状及未来走向。

中国改革开放已经走过 30 年历程，各方面都发生了深刻变化。这些变化反映在铁路运输服务上，发生了哪些深刻变化？

改革开放 30 年来，我国在铁路运输方面，发生了翻天覆地的变化。

在体制变革方面，最早的试点有南宁铁路公司、萧甬线、大秦线、广深线、三茂线、大连铁路公司等，后来又进行了主辅分离、路局与分局体制改革等等。在运输服务方面的变革，一方面表现在大规模的建设，其中包括世界瞩目的青藏铁路和多条客运专线的开通；另一方面是连续多年多次的提速：广深铁路率先进入 160 公里准高速，夕发朝至、动车组 D 字头、直达 Z 字头等等。今年的北京天津城际铁路最高时速达到了 394 公里，这是我国技术后发优势典型代表。日本 1964 年开通世界首条高速铁路，后来设计时速 300 公里，但一直没有实现。

必须看到，中国的铁路主要是在与其他交通工具的竞争，如航空、水路、公路等等。这种情况在美国、日本也都遇到过。铁路与其他交通工具各自有各自的优势。同时，中国的铁路还遇到了与磁悬浮模式的竞争，上海磁悬浮试验段时速可达 470 公里，京沪高速、沪杭方案等也都经过了反复的论证。

① 本文是应《北京铁道报》写的访谈稿，刊登在 2009 年 1 月 10 日的《北京铁道报》上时有删改，中央电视台《朝闻天下》进行了报道，部分内容还刊登在了 2009 年 1 月 27 日的《人民日报》上。

与中国铁路不同的是，日本国铁一直有民间铁路的存在。国铁是在竞争失利的条件下开始改革的，日本国铁是建设与运营相分离的，为走出改革困境进行了拆分、股份制改造、新干线租用等。日本铁路是以客运为主，而美国则是以货运为主。美国在拆铁路，而中国在建设铁路。

相对于其他服务行业，铁路运输业也有着深深的时代烙印。如果单从服务行业来看，铁路运输服务的差距主要体现在哪些方面？

尽管中国铁路的改革与建设取得了显著的成就，但是，在以下一些方面并没有根本的改变。第一，客货混运，但客运与货运速度不同，作业方式也不同。第二，以路养路，长期以来，我们一直是从货运中提取专项建设基金，最多时达到总价的50%，年度筹集 400 多亿元。第三，地域分割，就是实现路局制也仍然存在干线分割这个问题。第四，收支两条线，路局并没有独立收入。第五，条块分割，就是与地方政府的矛盾。

中国铁路可以说是目前唯一的政企合一的行业，其典型代表是由铁道部发行铁路建设债券。专项建设基金是收入与利润的转化形式，是用短期资金充当长期资金。这是不科学也不合理的。因为短期资金可以调动长期资金，如果其比例为 1∶15，那么 1 元钱就能调动 15 元钱。

计划经济是短缺经济、排队经济。早年准备建设高速铁路时先对京沪、京广、京哈三条线进行论证，后来选定了京沪线。

铁道部与地方发展也有矛盾，三茂铁路的划分产权经过了艰苦的一段过程。中国早就有“地铁”两个字，那是讲的地方铁路，而不是现在说的地下铁路。那时的“地铁”不是地下铁。

铁路改革困难有一定的技术原因。航空领域分割成机场公司与航空公司就行了，各自搞股份制；水路方面，码头与船队很好分割；高速公路更不用说，公路与车队自然就是分离的。但是，铁路的车站与火车是一体化的，彼此之间通过内部价格进行结算。一件货物从齐齐哈尔运到乌鲁木齐要通过几个路局。铁路的技术特性使得清算困难，外边人不会算，里边人不好算。

造成这种困难的另外一个原因是铁路为了国防安全，要运送军事物资、救灾物资等等，还有支援西部、地区差异、学生半价等等。最突出的矛盾是季节差异，特别是春运，如何运力配置？如果春运足够，平时就太多，节日不足与平日虚靡（过剩）的矛盾不好解决。

可以认为，目前铁路运输的矛盾突出表现在：客货混运以及春运高峰时车票紧张，票贩子猖獗，人们怀疑有内外勾结，这种猜测让人十分的反感，以至于把铁路职工节日加班的辛苦劳动完全平衡掉了。

另外还有一些问题，例如铁路与城市交通连接性差、换乘不方便；部门垄断明显，如北京到天津城际列车在代售点买不到票；电话购票网服务很差，电话购票很不方便；专业售票网实行会员制，效果不理想；有时高速不高，乘客要求赔偿诉讼无门；等等。

北京铁路局地处首都，责任重大，位置重要。随着铁路运输生产力布局的逐步调整完善，北京局的定位越来越清晰，那就是要建设成为一个客运大局、客运强局。请结合当前经济社会发展的趋势和要求，对北京铁路客运服务提出些建设性意见。

北京铁路局责任重大。从铁路的功能划分来说，我们可以把铁路分成城际铁路、城郊铁路和城区铁路三大方面。我们可以分别从这三个方面进行考察。

城际铁路的一个重要功能是实现城市化，即都市圈化。法国有大巴黎圈，日本的东京与横滨连成一体。可以认为，经济一体化的关键在于交通一体化，而交通一体化的关键在于轨道交通一体化。现在北京到天津的城际铁路有后发优势，87%是高架的；南京到合肥的已开通；郑州、长沙、沈阳、淮北等许多都市圈都有可能。

城郊铁路的作用也很明显。城郊铁路将从根本上改变人们的居住模式。伦敦、巴黎的人许多是住在郊区，开小汽车到铁路车站换乘进城。我们有的宣传说我们的地铁快赶上国外大都市了，其实从轨道交通看差得远了。日本东京交通 2000 多公里。轨道交通效应有多大？看看房山的广告就明白了。北京郊区是在建设铁路，但是 13 号线建设铁道部能参加吗？现在搞了个 S2 号线，那是多么微弱。上海的情况也很类似。

城区铁路是被完全忽视的角落。日本国铁的山手线即现在的 JR 线就是“大铁路”经营的。北京是什么状况？北京的几个火车站与城市交通如何连接？到北京站换乘的旅客必须出地铁站再进入北京站；到西客站的旅客下了地铁还得走几百米。据说有一次地铁出了事故不让铁道部参与，铁路方面要求将北京站、西站、东站、北站、南站几个车站连接起来，北京方面说什么？请便！北京地铁建设的“世界纪录”是 10 年 1.8 公里（复兴门—西单），其原因是财力不够。

总而言之，中国的铁路是两张皮，铁道部名不副实。

有人说，21 世纪是服务经济的时代。铁路这一传统服务行业，怎样做才能在本世纪服务经济中占有一席之地？

21 世纪是服务经济，中国铁路必定迎来大发展的新阶段。现在问题的关键是改革与发展紧密联系在一起，发展的紧迫性又使得改革不那么从容。而从长远的观点看，改革又将制约着铁路的发展。

首先，对于改革的态度，日本是一个参照。日本国铁当年亏损，社会一片对改革的呼唤，但是业内坚持对立的态度，提出了100多条不可分割的理由，最后被强行解体分割，塑造了客运专线公司，实现了客货分离。中国铁路的日子比它们好过得多，改革的压力也就小得多。

铁路大发展的一个出路在于构造科学合理的铁路企业。这种企业必须与铁路技术特性相吻合。干支分离是一种选择，新中国成立前就有京汉铁路公司。干线公司由国家主导，独资或控股，支线可以放开，由地方政府主导或交给民间。没有社会资本的广泛参与，光靠铁道部自己是不行的，而吸收社会资本的前提是划小核算单位，保证有足够的独立收入比例。因此，重新划分是前提。当然，然后确定清算单价也是技术上的难点，但是不应该形成障碍。

如前所述，中国铁路是两张皮，铁道部名不副实。换句话说，铁道部一方面是行业垄断的受益者，另一方面又是地方垄断的受害者。城郊铁路、城区铁路制约的本质要素是土地的短缺。只有打破地方行政垄断，中国铁路才可能有根本的突破。

北京铁路局拥有全国铁路最快速的铁路运营线和最高等级的列车（客运产品结构中高档产品比例全国最高），如动车组列车、一站直达快速列车以及2008年12月21日刚刚开通的全球仅有的全列卧铺动车组列车。您认为，客运工作“上质量、上水平、创品牌”除了必须有的硬件外，软件方面应该如何同步并获得长足发展？

首先，在信息技术方面还有很大的差距。与航空相比就很清楚。航空客票全部实现电子化，旅客在家订座，打印登机牌。铁路春运紧张，有的人提出用身份证提前买票，验证进站，铁路方面说不行。人们不明白到底是哪里不行。

其次，不能变相涨价，剥夺旅客选择权。例如，京津城际铁路票价58元和69元，原来的D字头动车组40元取消了，长途车11元、20元的都有，但是太少了。而且城际铁路的要在代售点还买不到票。

看看日本东京到大阪的新干线，500多公里2小时多就到，按每天开12个小时、每小时开11班计算，在某个事业单位例如东京大学校内就有代售点，提前两个月买9折车票，有11×12×60=7920次车可供选择，他们的便利性与我们相比有天壤之别。

此外，关于票价，全列卧铺动车组当然不错，但是票价与飞机机票相比不可能出入太多，磁悬浮也同样如此。航空公司在激烈竞争之中，早班机票价格已经比车票低了。因此，车票价格也不可能随意提高的。铁路的票价只上不下是垄断的最直接的证明。

近一两年来，北京铁路局的运营完成了从“吨公里”向“人公里”的转型，服务对象不再是货主和旅客并举，而是转向了以旅客（即客运）为主。请您谈谈，客运服务要创品牌，如何真正在贯彻好“以人为本”的理念中实现这一目标？

2008 年底，尽管美国金融危机有影响，但是中国政府及时出手，4 万亿投下去必有效果。2 万亿投向铁路也是大势所趋，从当前看，有应对危机的功能，从长远看，是在补课，或者说是在“恶补”。不仅在建设过程中有带动作用，而且在运营过程中的带动作用更不可小估。

北京铁路局有着很好的传统。北京铁路局以及以前的几个铁路分局在全国管理现代化创新成果中都有贡献。记得北京铁路分局的一项创新成果是与郊区旅游景点联手经营，去景点的旅客可以免费在西直门站乘车。

在信息技术方面还有很大的改进空间。如何让旅客更方便地买到车票，如何收集旅客的意见，如何打破垄断价格，如何发展与城市运输的联系，如何使得旅客有被尊重的公平感，这些都还得下很大的气力才行。

您认为整个社会以及普通老百姓，对发展中的中国铁路客运服务，有哪些新的期待？铁路应该怎样应对这些新期待？

应该看到，中国的经济发展正开始进入一个新的阶段，其主要标志是从农业经济、工业经济走向服务经济；城市化进程紧接着都市圈的进程；企业从提高产品质量、服务质量上升到全面提高生活质量。在这之中，铁路的发展是关键，因为，人们“衣、食”已经基本解决，“住、行”大有潜力，而住的关键在于行，特别是在于轨道交通的建设。铁路建设将从根本上改变人们的生活方式。因此，在新的历史阶段，仍然可以说那样一句古老的话：“要想富，先修路”，或者说：“要想好，先路好”。

中国铁路如何应对这样一个伟大的历史使命？至少现在中国铁路还没有准备好。特别是体制上还没有进行根本的调整。当然，这不是北京局自已能够解决的问题。人们最大的担心在于，忙于当前的发展和建设，掩盖或忽视了体制的改革，那样将会是得不偿失。

铁路与老百姓的生活将会发生越来越紧密的联系。办好铁路、提高服务水平的唯一出路在于把乘客当上帝，让他们参与到计划、改革、运营的各个环节之中，他们是主人了，也就没有意见了，就满意了。

第 23 篇 中国企业改革 30 年回顾[①]

和讯网：各位网友大家好，欢迎来到和讯改革 30 年系列访谈。今天的话题是中国企业 30 年。我们有幸连线到了中国社会科学院管理科学研究中心副主任、有着丰富管理实践和理论功底的张承耀教授，欢迎张教授和大家共同探讨该话题。

张承耀：各位和讯网友大家好。

和讯网：张老师，您曾经发表过《建造企业帝国》、《中国企业改革与发展案例》等多本专著，相关的论文、文章数百篇，对 30 年来中国企业整个的发展历程有过理性的思考，所以，先请您为我们回顾一下，这 30 年中国企业走了一条怎样的发展路线？

张承耀：我想，对于这 30 年可能有各种不同的划分，两个阶段、三个阶段、四个阶段等等。我感觉我们可以更突出地把它分成两个阶段，30 年的前 15 年，1987 年到 1992 年，这前 15 年主要是一些没有涉及产权制度的改革。从 1992 年到现在这十几年，就是深化产权制度改革，这给我们建立社会主义市场经济制度带来了非常深刻的变化。

和讯网：有观点认为，"产权制度的原罪" 深深地制约了企业的发展。举例来看，伊利、光明、蒙牛三家乳品企业在产权改革上走了不同路线，但是从伊利老总郑俊怀被逮捕、光明的老总辞职，确实可以看到产权改革为企业发展打下的深刻烙印。您如何看待我国企业尤其是民营企业发展与产权改革的关系和下一步产权改革的发展去向？

张承耀：一开始说到产权制度改革主要是针对国有企业的。解放之后很长一段时期我们都是处于计划经济时代，当时也没有什么民营企业，都是国有企业。因此，主要改革重点都在这里，现在国有企业还是在改革阶段之中。第二个方面就是所谓的集体企业的改革，"大集体、小全民" 等等。民营企业按照理论上讲，本身

① 本文是根据和讯网 2008 年 9 月 5 日中国改革 30 年系列访谈直播记录整理而成的。

产权就清晰，不存在不清晰的问题。但是，有一些民营企业反而出现这方面问题，其中有原来江苏那边一些所谓的“集体企业”，其实是戴上“红帽子”的情况。就是纯粹民营企业也有一个产权制度变革的问题，比如说家庭成员的问题、如何走上市之路，等等。因此，产权问题是各类企业都会遇到的问题。

和讯网：现在产权改革方面有很多争论，包括网友已经发了一些帖子，他们说产权改革和股改让我们遭遇了此次股灾，这是什么问题？

张承耀：这是两回事。前边提到了产权制度问题，一个是改革，一个是建设，这是必需的，任何企业都必须过这一关。这是因为对于一个企业来说，产权建设为管理搭建了一个基础的平台。产权有基本的稳定性，有法律的保护性，在这个平台上可以产生各种生产、经营和管理等活动。中国的企业改革，包括股份制改革在这方面是没有问题的，在基本方向上是没有问题的。至于有的网民朋友说到有关股灾的事情，这是一个非常现实和重大的问题。我认为是由于我们国家资本市场建设路径有问题。当然，这个问题本身存在二重性。一方面，产权明晰走到上市这一步，这是一个企业形态很大的进步，因为必须公开很多信息、接受股民监督，这是毫无疑问的，这个方向是没有问题的。但是，另一方面，在进行的过程中也出现了很多问题，其中有一些非常的现实，表现得也非常的不好，这也是有着深刻原因的。如果我们讲的再具体些，整个资本市场建设是走了一条我把它形象化叫“一步登天”的路，就是说企业长大了之后，立即就到证券交易所——上海的或深圳的去股票上市。股票上市之后形成了上市热，其中特别是国有企业可能是一夜之间构造出来了一个上市公司，有的还走到圈钱的邪路上。实际上，股票上市并不是我们产权制度改革的终极目的，只是具有了一种形式。也就是说，现在回顾起来我们这一条路有一定的偏差。

和讯网：太急了，是吗？

张承耀：我们现在需要客观地来说这件事。企业想要进入资本市场的话，应该“一个台阶、一个台阶”地走，就是说因为企业有了业绩希望扩张资本的话，必须公开信息，以便于让任何人都可以买企业的股票。但是，公开并不等于上市，公开第一步叫做“店头登陆”或者“柜台交易”，也就是局部地区性的证券公司给它卖股票，因为企业不自己卖自己的股票。在某个区域之内企业的规模也不需要那么大，比如 5000 万元资本，它的信息也相对比较对称，这样就保证了投资者资本的安全性。接下来比如说有了三年的盈利而且效果还不错，那就可以慢慢做大上升到证券二板市场，最后才是一板市场。就是说我们应该建立不同规模的、分级的资本市场，我们搞成了“一步登天”之后，最后效果肯定不太好。我想如果有可能的话，还是应该把这个基础重新打牢。

和讯网：你刚才说产权改革的方向还是正确的，但是可能在过程当中有一些问题。有一个网友评价什么叫企业产权改革，就是“把原来国家的东西变成自己的东西”，这可能比较偏激，现在国有资产流失挺严重，2004 年郎咸平和顾雏军有过一次“郎顾之争”，他们争论焦点就是产权改革，你对那个争论看法是怎样的？

张承耀：对那个争论我发表过意见。从字面上看，郎咸平的意思形象概括起来就是企业的高管“当保姆不要想着当太太”，当“保姆”就应该干“保姆”的活，不能老想着取而代之。郎咸平认为国有资产流失就是国有资产高层管理人员偷窃了国有资产，或者把它们变为己有，就是说他们的道德行为有问题，大概是这样子的。我当时就说，这样一个基本判定是不正确的，为什么不正确呢？因为“保姆”想当“太太”，她可以有这个想法，那仅仅是她的想法而已。她在脑子里有就有了，也不能怪她，至于她能不能当上“太太”则是另外一回事。高管人员想把东西偷走，他有这个想法是不是在脑子里谁也不知道，关键是为什么能够偷走。所以我想要注意它只是问题的一个方面，这种动机我们可以有这种假设。但是如果能够实现的话，首先要知道国有资产是由谁所有的，应该是谁所有就由谁来卖这个东西，不可能让高管随随便便地就能拿走。我反问道，为什么一个民营企业的资产、你们家的资产不能让别人随便地过来拿走去卖掉呢？为什么就偏偏把国有资产卖掉了呢？我的意见就是在这儿，我想说明的是，问题的根本并不是出在高管那边，而是出在国有资产本身。

和讯网：出在制度的缺失，是吗？

张承耀：为什么外国企业没有说随便让人家给偷卖了？为什么你们家东西别人不拿去给卖了？为什么国有企业往往会被人偷了走后门？就是因为国有企业产权不明确。问题的根源就是出现在这儿，而不要怪“保姆”想当“太太”。

和讯网：国有产权确实很难明确，你说全民所有，13 亿人落在哪个人头上了？这个主体太抽象了。

张承耀：因此这是一种模模糊糊的东西，名义上谁都所有，实际上谁都不所有，这种东西不适合在产权市场上生存。它的产权不明晰，是一种必然被淘汰的形态。我的意见的根本就在这点。至于应该加强什么，名义上叫全民所有制的，实际上我们更多用的概念是国有制。国有制是谁的呢？是人民代表大会还是国务院的呢，还是国资委的呢？搞不清楚是谁的。就是这样一种模糊的情况造成了这样一个结果。

和讯网：您觉得下一步产权改革的方向是怎样的呢？

张承耀：在这方面我就想从国有企业来说必须深化，在这方面当然和以前相比有了很大的变化，但是依然存在一些争论。比如，国资委在全球招聘高管人员，很多年前就已经开始了这个情况，现在还在这么做。从一开始我就提出过不同的意见，到现在我依然保留，当然我说这是改革过程中出现的问题。什么意思呢？尽管和以前相比是进步的，但要注意的是，所谓的现代企业制度，就是一个所有者跟经营者相分离的制度，特别是所有者的代理人进入到企业内部。所有者代理人进入企业内部主要指的是那些董事，董事是股东人格化的代表。现在国有企业还是由国资委来招聘，那么去招聘什么呢？比如说去招聘一个副总经理。我们认为关键点是，国资委如果属于产权所有者，它是一个国有资产所有权的行使者的话，那它最应该做的事情是选择它的代理人，也就是找到董事并放到企业里去，由董事会再去招聘经理人员，我认为这才是正确的做法，结果却不是。我当时把这种情况叫做“越俎代庖”，你“耕了别人的地，荒了自己的田”。国资委的网站上竟然全文转载了我的那篇文章。

和讯网：您觉得现在对于我们现代企业制度的建设来讲，走到了哪样一个阶段，取得了怎样的成就，还存在哪些制度上的缺陷？

张承耀：至少我认为在形式上面有了很大的改进，现代企业制度的代表可能主要指的是股票上市的股份公司。我承认上市公司具有了现代企业的形态，但是这也是徒有虚名。类似的例子有很多，其中的一些中间的过程我们说过了，里面就是有问题的。如果说到要深入的改革的方面，就是我们已经并继续进入更艰难的阶段。比如说我们要做大，但是不一定是在做强，比如说我们要国际化和走出去等问题，比如说垄断行业企业的改革问题等等，我觉得这些都是不那么容易深入进行的。

和讯网：是更加深层次的问题了。

张承耀：有一些问题经过简单的对比，从外面层次也能观察出来。我举个例子，我们要进入世界 500 强，就好比是想在奥林匹克运动会上多拿点金牌。做 500 强的话一个最简单的办法就是往大里拼，拼起来就是大个的，把十几个、二十个合起来也都很容易做到。但是，大家感觉到这样并就是世界上的大企业了。从结构上与外国大企业的对比也可以看出差异：我们国有企业多数都是中央级的，就是上面一个什么集团公司，下面弄几个上市公司。我把它叫“正三角结构”，上面是一个国有投资公司，下面弄几个上市公司。而观察外国大企业可以看出，它在顶上面这一层是一个在许多地方股票上市的股份公司，股东涉及很多地方。比如说诺基亚，它是芬兰国家的企业，股票在伦敦、巴黎、纽约好几个地方上市，股东则是各国的投资者，董事也是多个国家的经营者，它们是“倒三角结构”。虽然表面都是冲进了500强，依然有很大的不同。

和讯网：从现在我们进入500强企业名单来看，大部分挂着国字头的企业。

张承耀：中石油、中石化进去了，假如把中石油、中石化捏起来造出来一个世界第二，这样有没有作用？结构上还是有很大差异的。

和讯网：真正做大做强里面核心的问题是什么呢？

张承耀：我们应该认真比较一下。我们想成为世界第一的大企业这个愿望不错，咱们拿奥运会金牌也是多了更好，这都是可以理解的。但是人家的大企业与我们有着重要的不同。我们的一些企业觉得，在中国最大的企业那就是挂着“中国”两个字的企业，那就是最大的，那是最了不得的了，因为地方企业只能挂上某个省。但是从世界企业的情况来看却不是这样子的，最大的企业不是在某一个国家。一个非常形象的例子，在路边可能看见“西门子（中国）公司”的牌子，就是说西门子是全球性的公司，中国只是一个局部的地方。中国的企业最大就是“中国某某”公司，这给我们一种感觉，中国的企业最大公司就是挂着“中国”两个字，外国一个小企业也是一个全球性的企业？

和讯网：好像这种现象光注重形式或者名号，不注重实际内容的现象还挺普遍的。

张承耀：我讲的意思是，我们真正要构造国际上有竞争性的企业的话，我们得和外国大企业“对标”，不是说简单地“照猫画虎”，你得跟它相对应、相参照。世界500强企业不是说一下子就达到了某个阶段。刚才说到的诺基亚，它是芬兰一个企业，芬兰大约500万人口，小国能产生出一个大企业，我们大国为什么出不来这样的企业呢？这个事说明我们应该从客观上看清这个事情，改变布局。

和讯网：现在来讲大家感受比较深的就是民营企业，国有企业是国家有支持的，但是对于民营企业来说，国家政策要调控就调民营企业，所以以前很多好企业、有希望走向世界的企业，在一次一次的调控当中被打落下来。

张承耀：这个问题涉及几十年的历史。从表面说新中国成立后三年五年下来，我们整个搞的就是计划经济，已经进行了很长的时间。改革开放之后情况有了变化，但是路途却非常艰难。你想想当初江苏那边的一些个体企业，明明是个人办的，还得戴上一顶“红帽子”叫“股份合作制”企业。这个意思都是说当时必须要戴上“红帽子”。因此，民营企业做得很艰难，而且确实在有相当一段时间内，人们可以感觉得到民营企业发展受到歧视。我们可能遇到很多这样的情况，比如说有的新药品，报批时要查你身份，你是民营企业就不考虑；南方一个地方要招聘室外装修的，招聘的时候就写明民营企业不要，这个就是受到了歧视。同样，最早股票上市时给指标就给国有企业，根本不考虑民营企业，后来民营企业有一些是借壳曲线上市的。

在改革的早期确实存在着这样一种情况。尽管有这么一段长期历史是这么走过来的，但是情况还是发生了很大变化，主要的分水岭在 2000 年，我们加入 WTO 了。在这之前除了国有、民营，还有一个力量就是外资，对于外资我们也在摸索一些办法，有的地方热衷于利用外资给优惠政策，个别地方又有追求政绩的情况，许多年都是这么搞过来的。搞过来之后在“入世”的时候就提出一个“国民待遇”，中国方面许多好的待遇都给了外国企业，不能说是歧视外国企业，不可能歧视外资。甚至有许多方面大家感觉到外资实际上在许多方面不是没有得到国民待遇，而是已经是“超国民待遇”了，已经在引进外资时给了许多的优惠政策。关键一点是，在这个过程中，民营并没有得到如同外资的国民待遇。但是实际上在“入世”的过程中民营企业得到了实惠。因为在说到某些国有企业领域向外资开放的时候加上了一句话，就是民营企业也可以参加进来，结果民营企业是我们“入世”的一个实际受惠者。不管怎么曲折，民营企业在中国的地位，从各方面讲都有了显著的提高。

和讯网：也有一个网友在评论说，中国企业的发展史就是国企、民企和跨国企业三股力量互相博弈的结果。请张教授为我们剖析三股力量的格局。

张承耀：这个东西看起来或者听起来有点像“三国演义”。确实咱们从理论上把企业划分成三个大的类型，是可以这样划分的。本来是国有企业力量百分之百，当然，国有企业本身还可以有一些细的划分，如中央企业、地方企业等等。外资进来了之后，又涉及民族产业之类的东西，在这方面也是问题一大堆。民营企业的情况刚才也讲到了，它总归是市场经济的一股力量。我想，光是这样一个理论上的划分是可以的，而在现实中不是这样的。现实中我们要特别关注所谓三股力量的“叠加”地带，或者说是它们的“重合”地带。比如上市公司，上市公司里面不是纯粹的国有企业，民营企业也融合进来了，外资也有中外合资的。这样三股力量我们要特别注意，它们是逐渐走向融合，你中有我，我中有你，它们界限是模糊的，这个东西值得关注。比如说，国有企业控股的上市公司还能算是纯粹的国有企业吗？那就不是了，它的性质不是那么简单划分的。如果百分之百是国有企业，那肯定是国有企业，国家持股 51%是国有上市公司，它也算是国有企业；49%是国家持有、51%是个人持股的上市公司说是私人企业也不对，说国有企业也不对；国家 49%也可能是控股的。我想我们在理论上已经开发出了一个新的概念，叫做“混合所有制经济”，所以我们产权改革的方向就是走向“混合所有制经济”。

和讯网：有一个逐渐过渡的过程。

张承耀：大家你中有我，我中有你，不是你死我活的问题。

和讯网：有观点认为产权改革方向是产权彻底的民间化，您说这种混合所有制，实际上有一点中庸的感觉是吗？

张承耀：这个问题应该说从理论界、实践界都在思考，我们国有企业改革方向就是从纯而又纯的国有企业变成混合所有制，民营企业也不是家族企业，也都是混合的。但是，搞来搞去我们有一个问题并没有明确，尽管国有企业、民营企业都在建立现代企业制度，至少在现阶段是以股份制公司代表的体制，现在问题是，中国优秀企业最后的股东结构应该是什么样的呢？这个事并没有思考好，咱们是走着瞧。国有企业改革改来改去最后就是改股份构成，从单一所有变成混合所有。那么，最后的股东构成是什么样我们就没有考虑好。我们可以找两个参照物，比如说美国，美国企业的股东构成在变化，一开始是零散的个人，最后都是集中化，如果都是小股东，最后一定出现内部人控制，或者叫做"经理人革命"。这是因为如果股东极大分散，谁说了都不算，最后就是经理人说了算，经理人说了算就可能会侵害股东利益。因此，最后美国股票会有一个集中，最后集中在哪里去呢？集中到像保险公司、投资基金这样一些机构投资者中去。

和讯网：就是到券商那去了。

张承耀：最后还得让零散投票权集中起来，如果非常分散的话，结果一定会违背股东利益。美国最后是透过了一个中介组织，通过养老基金这样一些中介的组织机构，至少机构投资者会形成一种新的股东结构。这是美国情况，日本情况又不一样，日本一开始也是个人，最后也是集中，集中到哪儿去了？不是美国那样的机构，而是集中到法人主要是企业法人中去了，这叫做"相互持股"，我持你的股，你持我的股。比如说住友集团，一个企业股东是另外 29 家企业法人，29 家各持有 1%~2%的股份，加起来就是好几十了。这 30 家企业每家都是另外 29 家企业持股法人，这样就构成一个在日本这个叫做企业集团的东西，在我们中国还没有这样的东西，它们弄成了，就是有大股东的存在，然后企业还各自有活力。我们中国的情况，谁也不敢断言最后股东结构是什么样子，第一我们不是美国那样机构投资者，基金买股票现在表现得并不怎么样，现在看不出来，而且养老基金、保险公司这些中国也没有，所以看着也不像。日本法人相互持股，中国一看也不像，所以现在搞不清楚是什么样子。但是，最后一定要形成一种稳态的结构，既要维护股民的利益，又不要使得经营者没法工作；既不能让经营者侵害股东利益，又不能让股东压迫经营者，那样就没有办法干活了。所以这种稳态最后股东是什么情况，我也不敢断言最后一定会是什么样子。所以我想我们还是处在一个茫茫探索的历史过程之中。

和讯网：现在可能大家都普遍觉得制度方面可能有一些扭曲，所以产权改革已经走在曲折过程当中，您觉得怎样的制度才能使我们的产权改革走向正规？

张承耀：现在也许大家心里都有一种感觉，就是我们很多的企业，无论国有企业还是民营企业，都有一种行为短期化的倾向，就是没有一个长期考虑，不去想什么百年老店，过不了几年就短期卖了，这种心态非常不好。这不应该埋怨企业，因为它没有稳定的预期，人们可能总是想着改革前几年政策多变，有些企业老害怕变，我觉得还是应该建立一种稳定的企业体制，必须提供稳定的基础，企业才会有一个长期的行为。

和讯网：还是让我们回到国企、民企、跨国企业三股力量博弈上面来，三股力量现在出现融合的阶段，大家比较关注市场准入方面，国企和民企之间在 1998 年那个时候提出国退民进，而近些年有国进民退的情况，2005 年提出非公 36 条把以前电信、铁路等不对民营企业开放的行业也对民营企业开放了，但是这个条例出来后的效果并不是很好。

张承耀：国退民进这个概念大家的理解不太一样，至少在许多领域国有企业进行调整，这个有进有退，这个方向是合理的，也是正确的。确实民营企业在许多方面作出了非常大的贡献，实际的变革也有许多。但是并不能认为都已经做得很好了，和刚才讲的问题相呼应，现在垄断行业改革是大家议论的热点问题，实际做的还有很大问题。几个行业比较突出，比如说民航，按理说它的规模比较大，民营航空公司不容易进来，一进来就会受到种种的限制，民航一个企业租来飞机成本就很高，而且只能租飞机飞支线，挣不了多少钱，但是它一降价就说它犯法。但是实际降价的事情有许多原因，降不降价应该是由市场决定，市场决定就是供求决定价格，供过于求就应该降价。一些人在骨子里对于民营企业有抵触，不管怎么说，政策归政策，文件归文件，在执行上很多领域有差别。但是有些领域是有一些技术原因的，比如说铁路，铁路投资这么大，我们按照现在的情况，铁道部属于政企合一，铁道发行债券是铁道部发行，它们资产几千亿谁也不能参加，按照现在这种体制是各个路局自己没有独立的收入，也就是收支两条线，都是交到铁道部，铁道部按照什么比例返还，根本没有独立收入，谁敢把钱投到这里面？所以说还有一些条件尚不具备。

和讯网：用你刚才举民航的例子来看，确实有些民营企业进入了基础设施领域，但是很多政策没有给它支持，比如说飞行员，以前有三个学校培训飞行员，培训完之后直接分配到国有公司，飞行员跳槽也有很昂贵的成本。

张承耀：这个情况也在国有企业内部发生过，飞行员一跳槽赔偿几百万，但是本身这种要求是不合理的，按照航空公司来说我算账算出来，我培养你多少钱，这个数字并不错，但是认为飞行员必须还给我这么多钱，这个本身是不成立的。这个情况可以拿足球队的例子来做参照，比如说俱乐部球员有转会，这个转会所有权在俱乐部，甲俱乐部转让给乙俱乐部，乙俱乐部支付转会费，这个并不是球员个人为自己转让出钱，我们连起码的规则都没有搞懂，这里面确实是一个非常混乱的局面，根据不科学、不合理，乱要一气是不对的。

和讯网：从银行领域来看，前一段大家争论比较多的是建行H股低价卖给外国资本，民营企业就没有参与，大家觉得这就侵害到我们金融安全，这样过程中民营资本有没有一些优惠条件让它们参与呢？

张承耀：追溯的远一点，我们几千年历史就有一个崇洋媚外的思想，是不是有一个现代版的崇洋媚外，这个帽子也不能随便扣上去。至少表现出我们政策上对民营企业不平等，实际上不仅对民营企业，对广大老百姓也是不平等的待遇。不要说对国外企业的“国民待遇”，我们国民自己都没有公平待遇。为什么这么讲？我们国有企业的一些股票，包括当时中国移动等等，这些拿到香港去卖，为什么我们的东西，企业非要卖到外国，中国人自己不能买，为什么非跑到香港上市。这是什么意思？这种情况由来已久，问题是很多的。这个改革路径大家意见是不完全一致的。刚才说到民营企业待遇的问题，我说过WTO带来收益的一方面，但是实际上在和外资竞争过程中，今后在许多方面外资会更有强势。我举个例子，比如说直销这种形态，外国是大鳄，政府弄一个“直销法”，“直销法”要求重新登记，企业必须有资本金3000万元以上，中国中小企业就完蛋了，根本是不合格的，一下子被灭到法律里面。外资喜欢这样的竞争，因为它的规模很大，它等于动用了政府，动用了法律力量，不是在市场竞争中把中国中小企业给弄死了，而是在法律层次就把它们给搞死了。我想这种情况还是很多很多的。

和讯网：实际上这样子一个是通过一种叫做市场的规律的力量，再加上通过政府行政或者政府力量两个结合一起，让民营企业走起来非常艰难。

张承耀：我感觉外资企业是非常非常熟悉中国规律的。中国规律就是在走向市场过程中，市场在这儿配置资源，政府也是一个强势的政府，它也得配置资源。所以也有许多的外商找到了一种途径，下工夫通过政府这边，然后得了一个有利的机会。我想这种情况也是有的。

和讯网：如果说我们真要把企业做大做强、做成百年企业，除了要进行市场经济体制的改革之外，让国家进一步退出资源配置的角色，在政治方面进行改革也是有必要的。

张承耀：是这样的，根据我们这种国情，政府一定要起到作用，而且在许多方面起到了非常好的作用，这一点是不应该有怀疑的。但是确实得一分为二，不能够拿成绩来做掩盖缺点，掩盖问题是不行的。确实有许多地方政府角色应该定位在“裁判员”的角度，维护市场稳定，结果却错位了，它去当起“运动员”了，然后就使得环境并不好。所以，我想在这方面这种问题也是很多的。我觉得成绩与问题是同时存在的，应该一分为二，客观公正比较合适。

和讯网：说到百年企业，就是眼前发生的事，汇源被可口可乐收购了，汇源老总在去年年底、今年年初还说把汇源做成一个民族企业和百年企业，短短一段时间好像有点彻底把自己的话否定了，您觉得朱新礼或者汇源给我们带来什么启示呢？

张承耀：广大网民和我也非常希望朱新礼能直接跟大家沟通，这是最理想的情况。出现了这样一种局面大家非常惋惜，我的感觉是，大家认为应该有民族品牌、应该有一个长期行为、应该有一个做大做强这么一种良好的愿望，和当事人本身想法并不一致。至于当事人为什么作出这样一种决策，他一定是一个理性的决策，他有他的原因，他有他的道理，这个道理能不能得到保障，至少有一点，我们站在局外人一些想法，可能不太符合当事人本人的实际。

和讯网：有分析人士认为朱新礼他的困局有三点。第一个是他一个人在战斗，他举目无亲，康师傅、娃哈哈都有强大国际化背景，只有他一个人在经营。第二个在资金链方面，咱们中国经济形势对中小企业来讲是非常不利的。第三点就是企业本身的问题、营销策略还有管理方面的问题。这三个问题是不是我们现在中国企业或者中国的民营企业普遍面临的一个问题呢？

张承耀：刚才说到的这些问题肯定带有普遍性，包括国际化和国际大鳄的竞争，在许多产业、很多企业都涉及。比如最近美国联邦快递在中国大幅度降价，就是想搞死中国民营企业。资金紧张这些情况民营企业都遇到，这些原因都存在，只不过在这样一种情况下，不要说汇源已经搞成国内那么大的规模，比它规模小的有很多。但是面临这种困难的抉择，是不是都卖出，都退出上市？不全是这样的，不是所有的企业都选择走这样的路。中国对中国的企业也遇到类似的问题。比如说国美对大中，这不是外商，都是咱们民营企业，在北京市大中的规模超过国美，为什么退出？当事人本人的想法和局外人想法是不一样的，我觉得出现这种情况也有问题的普遍性，归根结底，局外人认为，大中、汇源应该坚持，前途是光明的，有困难可以过去，但是当事人并不这么想，还有别的想法，他并不认为，应该要坚持那么长的时间。我想，归根结底还是回到我们刚才讲的，企业都是短期行为，没有想到百年，短期行为是一个通病，这个不赖企业。

和讯网：话说到百年企业，咱们中国企业从管理方面来讲，开始提到朱新礼管理压力和营销方面都存在问题。这几年热谈中国式管理，中国式管理是怎么样的定义？

张承耀：中国企业联合会从1990年开始每年进行企业管理现代化创新成果的评选，每年评100来家，现在共1000多家；另外还在搞中国式管理的案例，我们还在搞中国管理杰出奖的评选，大家都在这里面思考，思考中国式管理的内涵。中国的企业跟外国的企业相比一定有特殊性，同时又有一般性，哲学讲有特殊性也有一般性，这是一个大的道理。我们来归纳中国的企业特殊性，我们的民族有特定的历史，有几千年的历史，我们的企业有特定的地理环境条件，我们的企业来自我们有这么多的人口、我们文化的传统等等，这些都是我们的企业脱胎而来的东西。对于天生带下来这些基因我们要有所认识。我们时代是什么呢？我们时代的特征第一是我们处于从计划经济走向市场化的阶段，第二是我们市场化没怎么开展就变成国际化，第三是我们还有信息改革、技术、现代化。我觉得我们的企业处在一个很特定的历史条件和技术条件下，因此我们中国企业有许多地方向国外借鉴了学习了，有许多我们做到的只是带着深深的烙印，叫做中国特色也好、中国式也好，这个我们也都在不断地探讨。

和讯网：有观点认为我们中国大企业一直是借鉴美国方面或者美国式管理的经验，而到现在有人反思这种管理模式可能不太适合我们中国企业，我们更多应该借鉴日本、韩国的经验。

张承耀：这个我想从一个非常技术性的角度讲，现代企业制度就是股票上市股份公司，它本身有缺陷咱们不管，但是股票公司在外国不是完全一样的模式。美国有美国模式，美国股东是一些机构投资者，日本模式股东是法人相互持股，德国模式大股东是银行可以持股。我们学谁呢？我们总归得学一个吧，我们一会儿学到日本的不错，咱们引来一个监事会，这是跟日本学的，日本当时也是瞄着德国，美国公司没有监事会，美国公司有独立董事，咱们是不是学一学独立董事怎么回事，咱们也引进了独立董事，所以在技术上抄来抄去，都想抄一抄，等于是“照猫画虎”。但是，更深层次的问题不在这儿，我们似乎认为国外什么都好，都比我们先进，我们不如人家，其实不然，我在2000年写了一篇关于“晋商现象”的评论，在古时出资者为财东，经营者为掌柜，经营者管理着企业。他们有一套分配的办法，人力资本参与分配，甚至有的时候人力资本分红的比例高过财东，我们不要学习美国模式，这是不对的，古代人做到的两权分离，这一点我们国有企业能做到吗？我们上市公司能做到吗？我们光学美国的东西，实际上我们有点“今不如昔”，我们应该向古人学习。我们几百年过来的，我们很多方面还都不如古人，我们面对现实就是这样子的。

和讯网： 这儿还有两个网友的问题，我补充一下。一个网友说日本企业高管工资和一线员工工资差两到三倍，我们大企业高管工资跟员工工资差几十倍或者十几倍，这是管理思路的问题。还有一位网友说他就是企业里的员工，看到企业体制根本没有改变，管理效率依然低下，而且管理层还拿着灰色收入。

张承耀： 日本和美国不一样，美国就是高管拿高工资，最后也闹得矛盾大，日本情况跟民族特性有关系，他们比较平等化。但是我们还要看到，日本高管在许多上市公司有利润分享制，也就是股东会把利润的百分之几拿出来给经营者分享，这是广义利润分享，也是广义激励机制，这是没有问题的，他们做到了，我们却没有做到。第二个网友认为国有企业没有实际性改变，我完全同意，在一定范围内国有企业改来改去，弄很多花样，其实并没有改变，最后国有资产流失一定是必然的结果，因为你不是科学的企业制度，那就必然流失，是正常的，流干净就完了。

和讯网： 归根到底是没有建立现代企业制度。

张承耀： 国家所有制不知道国家是哪一级，这种企业必然发展不下去，没有什么可同情的，我们认为这种结果是企业制度缺失造成的。

和讯网： 由于时间缘故我们今天访谈就告一段落，感谢您的精彩观点，也感谢各位网友参与，再见。

张承耀： 谢谢。

第24篇　关于商帮的谈话[①]

主持人：众所周知，中国传统商帮在很远以前即已形成了各具特色的经营管理智慧，在今天看来，还有哪些关乎商道的要旨与精髓值得汲取和吸收？放诸于国际化全球化大背景之下，催动中国商道新势力复苏前行的动力之源究竟何在？较之传统商帮的辉煌成就，中国商帮新势力还有哪些遗憾、迷思与困惑挥之不去？

张承耀：以晋商为例，早期阶段，晋商的人力资本已经与财东资本分离。东家是有人事任免权的大股东，但不具体参与经营；掌柜的则是东家请来的职业经理人。这基本上与现代微观企业制度相似，也就是出资人和经营者分离，这说明中国传统商帮的机制已经接近产权清晰的现代企业制度。在长期发展过程中，晋商人力资本与财东资本定位不断修正，双方关系不断优化，以适应当时的经济发展要求。一个方面是，财东这个出资者的行为受到了约束。财东更多的是长期行为，财东对店铺不是过程控制而是结果控制，同时给予经营者足够的权力。到了财政年末，财东要看执行的结果，以进行奖惩。晋商的财东，以三年为一个财政周期，看重长期经营行为和效果，这使得掌柜有了经营的周旋余地。这种长期经营行为，使得晋商发展非常稳健，在一段时间内，晋商的人力资本的分红甚至超过财东分红，这说明晋商的开明。

主持人：改革开放30多年以来，中国经济发展的一个显性特征便是新商帮的复兴，新浙商、新粤商一时领风气与潮流之先，该如何评论、看待当下的新商帮文化？

张承耀：中国新商帮在改革开放之后开始了历史性的重新崛起。目前，环渤海、环三角和长三角占中国经济总量的绝大部分比例，而这些区域经济圈中，私营经济增长迅速。

① 这是与《中国经营报》记者的对话。

财富提升的同时，浙商的商业形象也在提升。过去，大家可能对浙商有偏见，认为产品质量不好，假货比较多。但是现在，浙商的品牌知名度在大幅度改善，浙江的中国名牌和中国驰名商标数量都位居中国最前列。同时，在产品质量提高的同时，浙商正在从财富浙商向公益浙商转变，更加强调企业的社会责任。

主持人： 应该承认，中国新商帮的经济和文化已经或者正在获得长足的提升，或许可以据此断定中国新商帮已然走上了重新崛起之路。但是我们看到的事实是，在新的竞争态势下，新商帮的某些比较优势已经不再明显，甚至在减弱。比如新商帮中很多制造类企业在全球分工体系中处于末端，产品的竞争力主要靠低成本来维持。

张承耀： 我有一个基本判断，就是新商帮的发展仅限于复苏而已。相对于国民经济的重要性而言，相对于整个社会商业价值体系而言，新商帮并没有完全复兴，甚至在一些领域，新商帮的文化影响力是弱化的。

有三个例证：一是国民经济的支柱产业少有新商帮的影子，中国商帮的竞争力主要体现在劳动密集型产业；二是缺少标志性的商帮领袖人物；三是价值观并不主流，甚至有边缘化的危险。比如大家现在谈到新晋商，多联想到一些煤老板暴富的形象。还有谈到新浙商，大家可能想到炒房团，哪里房价高，就到哪里炒作，四处投机哄抬物价。新商帮的社会形象较之过去其实是弱化了，这是中国新商帮发展应该关注的问题。商帮的完全复兴，需要全社会构建一个宽松的商业文化氛围和体制，但这需要我们进一步改革开放。

微观上分析，中国商帮经济处于中国经济的低端，产业结构亟待升级，这些问题还是出在中国企业自身，中国商帮的企业领导力需要提升，企业管理有待进一步国际化。所以，新商帮“破茧”有两条：一是宏观体制的进一步松动，二是中国商帮企业必须提升企业管理和领导力。

[资料] 商业地理之晋商、徽商

勃兴与覆灭

晋商： 兴起于明初，即 14 世纪中叶，从明初到清末活跃商界 500 余年。

徽商： 从明中叶到清道光年间活跃商界近 300 年。

宅院特色

晋商： 山西大院有着城堡式的古朴与厚重，占地广阔、规模宏大是其主要特色。

徽商： 徽宅为南方特色的重水、重绿、精致优美、朴素淡雅。

衰败之因

晋商：

（1）票号缺乏正式的对经营者的责任追究机制及对其经营行为的审计、监督机制，造成总经理（大掌柜）责权利失衡。

（2）清政府在山西票号制度创新中没能发挥强制性推动作用，设立官商银行和官银钱局号与票号争夺业务，大大缩小了票号的生存空间。

徽商：

（1）未能与时俱进，未能适应新的思想潮流。很多徽商在发迹后衣锦还乡安于享乐，没有继续扩大再生产。

（2）与官方的紧密勾连既是晋商、徽商辉煌的因由，也是覆灭的必然。

（3）太平天国运动，在这场运动中受到破坏的，首当其冲就是徽商。

（4）徽商兴起于河流经济，河流经济是中国原始的一种经济形式。辛亥革命以后，中国许多公路和铁路发展起来了，内河运输逐渐衰弱。

（5）清末帝国主义的入侵，战乱连绵。

精神遗产

晋商：

提倡人本主义和建立信用系统，义利兼顾、以义取利。

徽商：

吃苦耐劳、诚实守信、百折不挠、艰苦创业的“徽骆驼精神”。

第 25 篇　用两只眼睛仔细看企业[①]

第一次见到张承耀教授是在北京召开的一次资本市场论坛上，当时正是证券市场建立八年之际，经济界的活跃人物都把证券市场走过八年历程当做改革开放过程中一件很了不起的大事情。为此，由经济科学出版社承办了一次有关中国资本市场未来发展的研讨会。会上，知名学者纷纷慷慨激昂发言，盛赞中国改革开放的成果，也直言资本市场未来面临的难题和出路。张承耀教授作为演讲人之一，他的发言针对证券市场公司治理问题，坦率尖锐，获得与会者热烈的掌声。他观点独特、直言快语、表达方式幽默，演讲时还不断引用典故。

一、八年前就研究推广淡马锡模式

最近我国成立中投公司，人们认为这是我们学习新加坡淡马锡的一种方式，新加坡淡马锡不久前还作为一大亮点被学界和媒体不断研究、关注，这对中国产权改革，尤其是国有企业产权改革来说是一件大好的事情。

淡马锡被介绍到中国与张承耀几年前的研究是分不开的。2000 年，国务院领导人到新加坡访问，谈到新加坡淡马锡公司的经验值得借鉴，委托经贸委人员组织淡马锡公司来人到北京进行宣讲，宣讲后，还安排了两位学者进行评论，一位是张承耀，一位是国务院发展研究院的另一名专家。张承耀回忆说："当时我发表了 12 点评论，后来我将他们的资料整理成文章，先后在一些报刊上发表转载过。可是，当时并没有引起注意，到了 2006 年之后，才逐步引起注意。"我记得，他对淡马锡的研究报告 2000 年也送到过我的手里，本报曾经对淡马锡进行介绍。只是，那时改革的紧迫性不如现在，关于国有企业产权问题也不如眼下深入，那一次的介绍的确

① 本文是《上海证券报》记者的访谈稿，见《上海证券报》2008 年 3 月 7 日。

没有引起太大的反响。

张承耀说："直到最近，学习淡马锡公司的经验成为中央国有企业、地方国有投资型企业学习参考的一个模板。有三个重要的方面是我们应该关注的，一是淡马锡公司与财政部的关系（如利润上缴关系等）；二是淡马锡公司本身的治理结构（国有人员与民营企业人员基本对半、组织部门设置等）；三是淡马锡公司与下属企业的关系，特别是对下属企业的管理原则。这些都值得我们借鉴，我们对国有企业的管理比人家还差得多。"

我注意到，在张承耀的研究报告中有一个很形象的表述："一臂距离"交往。这是指淡马锡和他所管辖的企业一定要保持一定的距离。其实就是我们说的政府管理部门，不要把国企当做孩子，只施以父爱。淡马锡公司也将按照商业准则来评审，评估投资回报是否合算。淡马锡公司与国联企业的任何交往都要保持着"一臂距离"。

在淡马锡的介绍中，张承耀有针对性地总结出一些重要的经验：政政分开是政企分开的前提；独立债权人存在的必要性；国有企业是企业而非事业单位，政府没有另外派出特派稽查员而是让企业按照《公司法》进行自律并接受社会监督；整个企业集团的经营者基本上都没有国家公务员的身份，因而没有行政级别；就是淡马锡控股公司每年也要将红利的一半上交给政府；董事会的人员结构值得学习，新加坡淡马锡控股公司的董事结构具有特色，在10名董事中既有政府官员，又有民间企业的代表，这就将二者的优势结合起来；对下属企业实行结果管理；企业改革分为两步走，对于国有企业的改革，新加坡采取了"两步走"的办法，第一步是"企业化"，第二步是"民营化"，即吸收社会资金使企业投资者多元化，政府逐步减少在许多企业中的股份；企业改制的主要目的不是筹资，而是通过入市接受公众监督。

张承耀认为，新加坡全国约300万人，有140万的大众拥有了新加坡电信公司的股票，这是最为接近"全民所有制"的典型。我们一直特别强调"国有资产保值增值"，那么，能不能做到老百姓的资产也一起"保值增值"？中国现在利息率一再降低，还收了利息税，但是在疏通大众直接投资渠道方面还应更下工夫。

张承耀之所以对淡马锡的研究如此上心，与他多年研究我国国有企业改革不无关系，在过去的30年中他对于股份制、国内公司治理、公司成长环境等等课题的研究都有过专著并有所建树。

二、在他眼里，晋商也懂“两权分离”

张承耀在经济界也算得上是一个文笔尚好的学者，他对于企业案例的点评，批评和赞扬同样有分量，有时候你会觉得他可堪称“怪才”，对于企业案例的分析点评，让你听后不能不在笑声中琢磨其中的沉重。他把自己写的书定名为“两只眼睛看企业”，就实在让人搞不懂，人本来就是两只眼睛看任何事物，是我们缺失了什么？他才会如此强调“两只眼睛”的作用。

张承耀最早是在 1994 年中国铁道出版社出版的《现代企业制度原理》一书中提出这一概念的。1999 年他在国家社科重点课题“企业管理现代化、科学化问题研究”(经济管理出版社出版）中，详细地列出了“两只眼睛看企业”的各个方面。2006 年，广东经济出版社出版了《两只眼睛看企业》一书。其根本之处是认为应该从两个角度观察企业：左眼睛看企业的资产结构，右眼睛看企业的资本结构；企业是生产经营组织与所有分配组织的二重符合，是管理者管理与管理管理者的二重符合。

张承耀研究企业的知名度很大，经常是在正统的研究之余，研究一些很大众化的课题。他说：“2001 年第 12 期《企业管理》杂志发表了专访文章，介绍山西晋商的情况，让我写了一篇评论。我讲我们只顾学习西方股份公司两权分离等等。实际上，山西晋商早就实现了两权分离。我们是否还真有些今不如昔？”

我知道他说的是那篇“向前人学习企业管理”的评论。他认为晋商 500 年的兴衰史可以说是一本不可多得的教科书，西方企业出资者与经营者的分离，在晋商就是“财东”与“掌柜”的分离。形成这种结构的必要条件是产权清晰——“财东”就是“财东”，“掌柜”的能耐再大，也不能与“财东”换位。后来晋商衰亡的一个原因就是“财东”不务正业，放弃管理，即“出资者缺位”，这是一个教训。

在他眼里，东西方管理文化在某一个时点上是惊人相似的。在西方管理学上出资者将企业交给经营者经营，就会遇到经营者的选择、激励和监督的问题。经营者掌握着市场与企业经营情况，特别是其自身的能力、德行与积极性都是难以被所有者知道的，这就是所谓的“信息不对称”问题。晋商“财东”挑选“掌柜”是严格任人唯贤的，既重视其祖上的诚信史，又要将其放到基层，一级级地考察和提拔，就是“财东”也不可随意安插子女，足见其认真的程度。而中国国有企业改革至今，经营者的产生并没有确定的程序，这是很不正常的。

另外，激励经营者、监督约束经营者等晋商都做得有板有眼。张承耀说：晋商对经营者个人信用要求十分严格，有严格的个人信誉档案，自己有劣迹还将影响到下几代，这些对个人行为有相当的限制。这一点正是我们面临的公司信用问题的难点。“财东”与“掌柜”按照某个规定分配利润，在极端的情况下，“掌柜”人力资本的分红甚至超过了“财东”。当然，“财东”并不是傻子。我们的国有企业有吗？我们的上市公司行吗？

虽然晋商的历史地位不可忽视，但是晋商的衰败也是事实，这一点更是张承耀研究时所关注的。虽然晋商是“出资者与经营者相分离”的制度，但由于是无限责任制，也不是规范的股份制度，更不是股票上市的股份公司，最后导致经营风险全部由“财东”负担，以致家破人亡。因此，有限责任制度，特别是股票上市的股份公司是更加科学的制度。另外，晋商在出现经营危机时，没能及时进行体制创新是其走向灭亡的重要原因。而政府作为一种管理者，对企业来说是一个重要的环境条件，晋商之所以得以发展，得益于政府的放手，这些企业基本上不是国有的，政府也很少有不当干预。但是到了后期，企业对政府依赖加大，甚至于发展到“买官卖官”，最后增加了企业的风险。这也从另一个方面证明了“政企不分”的危害性。

听起来有些奇怪，但是他却提示人们，当我们发展经济的时候“眼睛向外”，是不是也要“眼睛向内”，向我们的前人学习呢？张承耀运用自己对中国企业多年研究的经验，对应晋商发展衰亡的史实提出了发掘中国商业历史中的价值部分，也不失为企业改革的模板。

三、企业创新永无止境

如今张承耀虽然已近退休，但是对于企业的研究依然很上心。中国企业与现代新技术融合正在创造新型的消费形式，消费行为的变化反过来又将成为企业创新的动力。这是西方新近诞生的消费者参与理论。他在《企业管理》杂志 2008 年第 1 期的文章中提出：企业管理创新有许多方向可供选择，其中之一就是让消费者为企业“免费打工”。何谓免费打工？其实就是人提出的体验经济，在这里我们提出一个更为形象的命题：让消费者“免费打工”。其本质是将消费者最大限度地引导到生产线或供应链的各个环节上来，而且企业不需要支付任何报酬。其实，那些自助型消费就是这样的形式。生产力促进着生产关系的发展，信息革命改变了企业内部组织的管理以及与外部的联系方式，这是经济发展最活跃的因素。中国企业处于“实体化”与“虚拟化”的两波叠加之中。

张承耀对企业的热衷，与他过去的生活有很密切的关系。他 1947 年 5 月出生于河北省秦皇岛市，1964 年入清华大学上学，后还有过在本溪钢铁厂做技术员的经历。1982 年到 1988 年在中国社会科学院研究生院就读，师从蒋一苇先生，为我国第一批企业管理专业毕业博士研究生两名中的一名；毕业后留工经所工作至今。他历任助理研究员、副研究员、研究员，硕士生导师、博士生导师（研究方向：组织管理），企业经营管理研究室副主任、主任，现任中国社会科学院管理科学研究中心副主任，1990 年到日本东京大学任客座研究员一年。

张承耀说起对企业的研究，有一件事情是他研究生涯中很重要的一笔。“那是 1996 年 6 月，《上海证券报》发表了我们对沪市上市股票所做的分类分析。我们将 200 家股票按综合规模与综合效益分成了 4 种类型。非常有趣的是，我们事前并不知道当时正在筛选 30 指数的消息，而后来公布的结果与我们所做的分析基本吻合：高规模、高效益的股票 14 只，低规模、高效益的股票 10 只，高规模、低效益的股票 6 只，而低规模、低效益的股票则一只也没有。1997 年我们采取了相同的方法对沪市 287 家股票进行了分析，1998 年，我们又采取相同的方法对 387 家股票进行了分析。”

我们的股市就是这样走过来的，从老八股到 287 家上市公司，30 指数到 387 只股票，涨涨跌跌的何止是指数，就是上市国内公司也是此起彼伏、此消彼长。也许有很多缺陷，也许不完美，但是它是中国经济必须走过的历程，张承耀的研究就伴随着中国企业的沉浮走到今天。他之所以选择了企业创新这样看似不如过去企业改革那样沉重的话题，是因为我们再加入 WTO 之后，我们参与世界的竞争，企业间的较量主要是看企业的创新和盈利能力。

他还以此深入研究行政管理模式的改革，并用很有趣的描述表述：企业要想提高消费者的满意度，就应该提高其参与度。同样，所谓的行政科学民主决策关键在于民主决定科学。政府也应放下“父母官”的架子，现在到了向企业学习的时候了。最新他研究的城市综合改革时提出，应该认识到在一些官员甚至于民众心中，“政府是万能的”思维已经根深蒂固，当官的就认为自己是“父母官”。政府需要在观念上来个自我革命，但是，这好比自己把自己抱起来的改革，当然很困难。

很多人说那些有改革情结的人，无论何时都要想到改革，即使是很技术性的操作，也会如此。张承耀大概就是其中的一个，永远把企业如何改革放在他的第一个研究目标里。张承耀说，正所谓“物竞天择，优胜劣汰”，历史一定会把那些落后的、反动的组织形态彻底抛弃。人类经济社会发展的历史也是企业制度竞争发展的历史。